SPLENDEURS DU CANADA
LES PARCS NATIONAUX

SPLENDEURS DU CANADA

LES PARCS NATIONAUX

Avant-propos : **DAVID SUZUKI**

Photographe principal : **J.A. KRAULIS**

Texte : **KEVIN McNAMEE**

ÉDITIONS DU TRÉCARRÉ

À la mémoire de feu Robert Graham (1942-1993),

qui a tant contribué à la conservation de l'environnement marin du Canada

et à la promotion de la valeur éducative des parcs nationaux.

Traduction : Ginette Hubert et Lucie Legault, pour Traductions Jean-Guy Robert

Page 1

Un charmant bouquet de feuilles rouges marque la fin d'un autre été dans le parc national Kouchibouguac.

Page 2

Les flancs des monts Athabasca et Andromeda dans la douceur de la clarté matinale (parc national Jasper).

Page 3

Fin d'après-midi sur la lagune et les plaines herbeuses situées à proximité de la plage Kelly, dans le parc national Kouchibouguac. On aperçoit le cordon littoral au large, dans le détroit de Northumberland.

Page 5

Le lac Clear est le plus grand lac du parc national du Mont-Riding, îlot de nature sauvage perdu dans un océan de terres cultivées.

Page 8

La beauté automnale du parc national de La Mauricie fait oublier que ce parc est, sur le plan écologique, l'un des plus isolés au Canada.

Pages 10 et 11

Dans l'arrière-pays sauvage du parc national Jasper, des pics montagneux se dressent au-dessus du ruisseau Poboktan.

L'édition original de cet ouvrage a paru en anglais sous le titre : *National Parks*, chez Key Porter Books.

© Copyright pour le texte: Kevin McNamee
© Copyright pour les photographies: J.A. Kraulis

© Éditions du Trécarré pour l'édition française, 1994

ISBN 2-89249-536-9

Dépôt légal – 4e trimestre 1994
Bibliothèque nationale du Québec

Key Porter Books tient à remercier le gouvernement du Canada de l'aide reçue du Programme des études canadiennes, [Ministère du] Patrimoine canadien.

Éditions du Trécarré
Saint-Laurent (Québec) Canada

Imprimé à Hong Kong

TABLE DES

Patrimoine sauvage   31

Avant-propos   9

La zone maritime du Pacifique   35

L'expérience canadienne   13

Les montagnes de l'Ouest   47

Les montagnes du Nord-Ouest   59

Les plaines intérieures   69

Le Bouclier canadien   77

Les basses-terres

    du Saint-Laurent   89

Les Appalaches   97

Les basses-terres

    et les îles de l'Arctique   109

Les parcs   119

Aulavik   121

Auyuittuq   122

Banff   124

Péninsule-Bruce   129

Hautes-Terres-du-Cap-Breton   130

Elk Island   133

Île-d'Ellesmere   135

Forillon   138

Fundy   140

Îles-de-la-Baie-Georgienne   143

des Glaciers   144

des Prairies   146

du Gros-Morne   148

MATIÈRES

 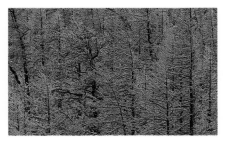  

Gwaii Haanas   151

Ivvavik   152

Jasper   154

Kejimkujik   157

Kluane   160

Kootenay   162

Kouchibouguac   163

La Mauricie   166

Archipel-de-Mingan   167

Mont-Revelstoke   169

Nahanni   170

Nord-de-l'Île-de-Baffin   173

Pacific Rim   175

Pointe-Pelée   177

Prince-Albert   180

Île-du-Prince-Édouard   183

Pukaskwa   184

Mont-Riding   186

Îles-du-Saint-Laurent   188

Terra-Nova   189

Vuntut   191

Lacs-Waterton   192

Wood Buffalo   194

Yoho   196

Les priorités des parcs nationaux   199

Crédits photographiques   221

Bibliographie choisie   221

Index   222

AVANT-PROPOS

David Suzuki

Quatre-vingt-dix-neuf pour cent de notre existence en tant qu'espèce s'est déroulée dans la nature. Chasseurs-cueilleurs nomades, nous faisions alors partie intégrante de notre environnement et étions totalement dépendants de l'abondance de ses ressources. Notre situation a changé à une vitesse effarante. Trois facteurs caractérisent la période actuelle de notre histoire : l'explosion démographique, le développement encore plus spectaculaire de la technologie moderne et la migration depuis la campagne vers la ville. La conjugaison de ces facteurs a mené à un rythme tellement effréné de consommation des ressources que les capacités de la Terre de se régénérer pourrait être compromises.

L'aspect le plus pernicieux de l'urbanisation est que la plupart des humains vivent maintenant dans un environnement fabriqué par l'homme où les liens avec la nature ne sont plus tangibles. L'économie, qui gouverne désormais notre mode de vie, définit l'eau, l'air, le sol et la *biodiversité* comme des *facteurs externes* et laisse ainsi entendre que les fondements de la vie elle-même n'ont rien à voir avec notre confort et notre sécurité. Dans les villes, des générations d'enfants grandissent sans même soupçonner que ce qu'ils mangent a déjà été un organisme vivant ni que c'est la nature qui nous fournit l'électricité ainsi que l'eau qui sort du robinet et qu'elle est aussi l'ultime destination de nos déchets et de nos eaux usées.

Ainsi déconnectés du monde naturel, nous n'avons pas pris conscience de la vitesse et de l'ampleur du changement qui s'est produit sur notre planète.

N'ayant aucun contact direct avec des choses sauvages ou avec des écosystèmes intacts, nous nous berçons de l'illusion que notre science et notre technologie nous donnent le pouvoir de comprendre et de contrôler le monde qui nous entoure.

Notre avenir à tous, le rapport de la commission présidée par Gro Harlem Brundtland, recommandait que toutes les nations préservent douze pour cent de leur territoire sauvage. Même si le Canada est un grand pays de faible population, nous sommes loin d'avoir atteint cet objectif, que ce soit à l'échelle du pays ou d'une seule de nos provinces. Quant à moi, je trouve égoïste et destructrice l'idée que notre espèce puisse accaparer à elle seule quatre-vingt-huit pour cent de toutes les terres disponibles. Toutefois, avoir comme objectif de mettre en réserve douze pour cent des terres pour les autres espèces nous donne au moins un but à atteindre.

Au fur et à mesure que les occasions de contacts individuels avec la nature diminuent, le réseau des parcs du Canada se révèle un trésor inappréciable que nous devons conserver pour les générations à venir. Pour la communauté scientifique, la nature sauvage à l'état vierge est une clé qui permet de comprendre les écosystèmes complexes. Et pour tous les Canadiens, les parcs sont une occasion de rétablir un lien physique avec l'environnement ainsi qu'une connexion spirituelle essentielle à la survie de l'Homme et à celle de la Terre.

L'EXPÉRIENCE CANADIENNE

« Dans trois cents ans, ces parcs... seront encore là. Personne ne se souviendra de moi. Personne.

Cependant, les gens sauront que le gouvernement a bien fait de préserver ces magnifiques paysages. »

– L'HONORABLE JEAN CHRÉTIEN, MINISTRE RESPONSABLE DES PARCS NATIONAUX, 1968-1974

Coucher de soleil sur le lac Kejimkujik.

Page 12 :

Galets et chutes Mary Ann

(parc national des Hautes-Terres-du-Cap-Breton).

MALGRÉ DE MODESTES DÉBUTS EN 1885, LE RÉSEAU DES PARCS NATIONAUX du Canada regroupe aujourd'hui trente-sept parcs nationaux et réserves de parc national et protège environ 220 000 kilomètres carrés du paysage canadien dans toutes les provinces et dans les deux territoires. Parcs Canada prévoit créer au moins seize autres parcs nationaux et préserver ainsi 100 000 kilomètres carrés additionnels. À l'aube de l'an 2000, notre réseau des parcs nationaux devrait couvrir une superficie équivalant à la moitié du territoire de l'Alberta.

Depuis plus d'un siècle, les Canadiens affluent vers ces sanctuaires de nature sauvage pour s'enivrer de la beauté de leurs paysages grandioses. Toutefois, les parcs nationaux ne sont pas que des havres de tranquillité où l'on peut s'évader de la société industrielle. Ils sont l'un des plus anciens outils de conservation dont nous disposions. Les parcs nationaux sont un élément essentiel du programme environnemental de notre pays.

Nos parcs nationaux, conjointement avec notre vaste réseau de parcs provinciaux, protègent des régions naturelles représentatives de la mosaïque des paysages terrestres et marins qui forment la base du relief canadien. Les parcs sont une fenêtre ouverte sur la richesse de notre paysage : les sommets des Rocheuses qui se découpent à l'horizon, la toundra arctique qui s'étire à l'infini, les vieux arbres des forêts pluviales du Pacifique qui dominent le littoral, les vagues de l'océan Atlantique qui viennent mourir sur les rives brumeuses du Cap-Breton ainsi que les affleurements rocheux du Bouclier canadien, érodés et adoucis par les glaciers il y a des milliers d'années. Les parcs nous renvoient l'appel des animaux sauvages qui sont devenus les symboles de notre nation : la plainte du Huart à collier, le cri nasillard de la Bernache du Canada et le bramement du wapiti et de l'orignal.

Le présent ouvrage se veut une célébration des parcs nationaux du Canada ainsi que de toutes les magnifiques régions naturelles et de la faune qu'ils protègent. C'est un témoignage de la vision de tous ces Canadiens qui, depuis 1885, s'efforcent de conserver quelques-uns des paysages sauvages les plus spectaculaires de notre pays. Il a pour but de nous inciter à donner notre appui à l'expansion du réseau actuel des parcs nationaux et à y contribuer afin de pouvoir le léguer intact aux générations futures. À leur tour, elles pourront, elles aussi, apprécier et protéger le patrimoine naturel du Canada.

Nous avons de nombreuses raisons de nous réjouir. D'après les Nations Unies, presque le quart de nos parcs nationaux ont une valeur exceptionnelle au plan de la conservation du patrimoine mondial. À l'instar de certains endroits célèbres comme le Grand Canyon, les îles Galapagos, le Sérengeti, la Grande barrière de corail et le mont Everest, les parcs des montagnes Rocheuses du Canada ainsi que les parcs nationaux Nahanni, Kluane, Gros-Morne et Wood Buffalo ont été désignés sites du patrimoine mondial, aux termes de la Convention du patrimoine mondial.

Quant aux zones humides des parcs nationaux Wood Buffalo, Vuntut et Pointe-Pelée, elles sont reconnues, en vertu d'une convention internationale signée en 1971 à Ramsar en Iran, comme des terres humides d'importance internationale à haute productivité biologique. Les parcs nationaux du Mont-Riding, des Lacs-Waterton et de la Péninsule-Bruce font partie d'un réseau international de plus de 300 réserves de la biosphère, échantillons représentatifs des principaux écosystèmes de la planète. Ces réserves constituent des projets-pilotes de conservation qui servent à démontrer comment un noyau protégé de territoire relativement vierge peut survivre dans un environnement où ont cours divers types d'activités humaines.

Les Canadiens sont sensibilisés depuis de nombreuses années à la nécessité d'interdire l'exploitation industrielle dans certaines régions naturelles sélectionnées afin de les conserver intactes. À une époque où la survie écologique de la planète est incertaine, les parcs nationaux demeurent des îlots d'espoir. Par leur intermédiaire, nous pouvons redécouvrir nos liens essentiels avec la nature.

En 1930, le Parlement canadien adoptait la *Loi sur les parcs nationaux* qui stipule que « Les parcs sont créés à l'intention du peuple canadien afin que celui-ci puisse les utiliser pour son plaisir et l'enrichissement de ses connaissances... » et qu'ils « ... doivent être entretenus et utilisés de façon à rester intacts pour les générations futures ». Cependant, en ne définissant pas les mots « plaisir » et

« être... utilisés », le Parlement a permis à différents groupes d'interpréter la loi selon leurs intérêts : la préservation des régions sauvages et des habitats fauniques, le potentiel récréatif des parcs, la construction d'installations touristiques comme les hôtels et les routes, la promotion du développement régional par le tourisme, la protection des ressources naturelles utilisées par les peuples autochtones et d'autres populations qui vivent des ressources de la terre, la protection de paysages spectaculaires ou, tout simplement, la sauvegarde des régions naturelles pour leur propre valeur intrinsèque.

La création d'un parc national ne modifie pas le territoire en tant que tel, seulement les attitudes des hommes envers lui. Comme l'exploitation forestière, minérale, pétrolière, gazière ou hydroélectrique y est désormais interdite, le territoire qui devient un parc ne génère plus de profits. Au lieu de cela, le gouvernement le gère de façon à en préserver les valeurs naturelles et à en faire une source d'inspiration pour les visiteurs. La *Loi sur les parcs nationaux* interdit la coupe du bois, l'exploitation minière, pétrolière et gazière ainsi que la chasse sportive sur le territoire des parcs afin de préserver la valeur écologique, récréative, éducative et spirituelle de ces régions naturelles relativement intactes, pour le plaisir des générations présentes et futures.

Parce que les limites des parcs nationaux sont protégées en vertu de la loi, le Parlement canadien est légalement tenu de les léguer aux générations futures. Si le gouvernement veut modifier ou, à la limite, supprimer un parc national, il doit d'abord déposer un projet de loi et autoriser un débat au Parlement. Selon toute probabilité, une telle loi ne serait jamais adoptée ni ne verrait même jamais le jour, compte tenu du fort niveau d'appui public et politique en faveur des valeurs véhiculées par les parcs nationaux.

Le gouvernement fédéral ne crée ni ne gère les parcs nationaux pour le bénéfice financier de telle partie de la société ou de tel groupe de personnes. Quand un parc national est créé, une région naturelle est soustraite au développement industriel et gardée en fidéicommis par le gouvernement qui doit faire en sorte qu'elle profite à toutes les espèces, pas seulement aux humains. Celui-ci doit en tout temps mettre la priorité sur la protection des « services

écologiques » essentiels au maintien de la vie sur la planète. Ces « services » incluent des habitats sains, de l'air et de l'eau propres et un éventail complet d'espèces végétales et animales destinées à nourrir d'autres espèces.

Selon certains groupes de défense de l'environnement comme la Fédération canadienne de la nature, la Société pour la protection des parcs et des sites naturels du Canada et le Fonds mondial pour la nature, la création de nouveaux parcs nationaux est un moyen dont dispose le Parlement pour attester, au nom des citoyens du Canada, la valeur intrinsèque des régions naturelles. Le seul fait que les parcs nationaux existent accrédite également l'idée que les terres et les plans d'eau du Canada ont de la valeur, même quand ils ne sont pas exploités pour en faire des produits commercialisables. En mettant des milliers de kilomètres carrés de territoire sauvage à l'abri du développement, le Parlement indique aux Canadiens que la conservation des processus naturels qui maintiennent la vie est pour lui une priorité absolue.

L'écologiste canadien Stan Rowe faisait remarquer que « les pays soi-disant civilisés ont besoin du symbolisme associé aux endroits sauvages pour se rappeler leurs origines et, plus profondément, pour assurer la perpétuation de leur coexistence dans le monde ». En créant son réseau de parcs nationaux, le Canada a protégé un certain nombre de paysages qui rappellent aux visiteurs nos origines, comme la forêt pluviale tempérée, les écosystèmes boréaux, les rivières sauvages et les prairies. Ces paysages font entrevoir que des régions naturelles comme celles-là produisent et alimentent les sources d'air et d'eau propres, une faune en santé et des écosystèmes vibrants de vie. Toutefois, il reste encore à déterminer dans quelle mesure nous avons réussi à utiliser les parcs nationaux pour nous rappeler, en tant que peuple, notre dépendance face à l'environnement naturel. Qu'à l'heure actuelle, moins de cinq pour cent de la superficie du Canada soit conservée à l'état naturel, exempte d'exploitation minière, forestière et hydroélectrique, donne à penser que nous avons encore du travail à faire.

Comme il n'y a aucune route dans la réserve de parc national Nahanni, le canotage est peut-être le moyen le plus efficace, et le plus populaire, de l'explorer.

PRÉSERVER NOTRE PATRIMOINE NATUREL

La Terre est menacée par un certain nombre de crises environnementales. Les solutions au réchauffement de la planète, à l'amincissement de la couche d'ozone et à l'explosion démographique sont exigeantes, difficiles à cerner et nécessitent la collaboration de tous les pays. Toutefois, la disparition d'espèces animales et végétales et la destruction des habitats entraînent une réduction de la biodiversité qui est pratiquement irréversible. Une espèce qui s'éteint est perdue pour toujours. La crise que traverse notre planète exige que chaque pays prenne d'énergiques mesures internes. Bien que les habitats naturels qui soutiennent la vie soient le fondement écologique et économique de l'espèce humaine et de la société, nous ne cessons de les modifier, de les exploiter et de les détruire.

À l'instar de leurs dirigeants politiques, la plupart des Canadiens croient encore que le maintien d'une économie forte passe obligatoirement par la mise en valeur des ressources naturelles du pays. Les demandes portant sur la création de nouvelles réserves de vie sauvage mettent souvent en conflit les notions de préservation de la nature sauvage et d'exploitation des ressources. Toutefois, les conflits suscités par l'utilisation de lieux sauvages comme le détroit de Clayoquot ainsi que la rareté croissante de régions vierges nous obligent à réexaminer notre attitude envers l'environnement naturel.

Le Canada contribue à la perte d'habitats et d'espèces. Les anciennes prairies et les forêts caroliniennes de l'Ontario ne sont plus que des vestiges. Les vieux peuplements matures de pins rouges et de pins blancs du centre du Canada sont presque disparus. Les vieilles forêts matures d'épinettes et de thuyas de l'Ouest sont menacées. Les forêts de feuillus de l'Atlantique n'existent presque plus. Le déclin des espèces qui habitent ces endroits sauvages va de pair avec la perte d'habitat : plus de 260 plantes et animaux figurent sur la liste des espèces en voie d'extinction, menacées ou rares. Le Canard du Labrador ou le Grand pingouin de l'Atlantique Nord sont déjà disparus. La perte constante d'habitat rend très incertain l'avenir de certaines espèces, dont l'ours grizzli, le couguar, le loup, le Pluvier siffleur et le Courlis esquimau.

À l'exclusion de l'Antarctique, le Canada possède presque vingt pour cent des régions sauvages qui restent dans le monde. Comme en Amazonie, nous avons notre forêt pluviale qui abrite une incroyable diversité de plantes et d'animaux. Et comme en Afrique, nous avons d'immenses troupeaux d'animaux sauvages aux migrations spectaculaires. Des milliers de caribous errent dans la toundra arctique. Le grizzli et l'ours noir établissent leur territoire au cœur des montagnes et de la forêt boréale. Les plaines du Nord retentissent encore du martèlement des sabots des bisons, derniers survivants des vastes troupeaux d'antan. Les baleines sillonnent les eaux du Pacifique, de l'Atlantique et de l'Arctique. Les ours polaires, les phoques et les narvals se rassemblent dans le détroit de Lancaster. Au-dessus de la Pointe-Pelée, le ciel s'obscurcit parfois de nuées d'oiseaux et de papillons.

Dans son rapport publié en 1987, *Notre avenir à tous*, la Commission mondiale sur l'environnement et le développement (communément appelée la Commission Brundtland) sommait toutes les nations d'inscrire les espèces en voie de disparition et les écosystèmes menacés au nombre de leurs priorités politiques. La Commission demandait instamment à tous les pays de protéger leurs espèces et leurs écosystèmes en tant que préalable à un développement durable. Dans le cadre d'une stratégie de conservation mondiale, elle recommandait que chaque nation établisse un réseau de secteurs rigoureusement protégés, dont les parcs nationaux, afin de représenter chacun des principaux écosystèmes terrestres.

Sur la scène internationale, on s'entend de plus en plus pour dire que les parcs nationaux et les autres zones protégées jouent un rôle crucial dans le maintien de la vie. Les parcs nationaux du Canada contribuent à endiguer la diminution constante du nombre d'espèces et d'écosystèmes. Des exemples représentatifs de la forêt carolinienne et des prairies, qui sont des écosystèmes menacés, sont respectivement protégés dans les parcs nationaux de la Pointe-Pelée et des Prairies. De cette façon, nous protégeons la matière qui va nous permettre de restaurer ces écosystèmes qui ne sont plus que des vestiges. Des portions des forêts pluviales tempérées, qui sont en voie de disparition, sont conservées dans les parcs nationaux Gwaii Haanas et Pacific Rim, tandis que les parcs nationaux Elk Island et Prince-Albert protègent partiellement un écosystème de tremblaie qui est lui aussi menacé.

Dans le nord du Yukon, le parc national Ivvavik préserve de l'exploitation pétrolière et gazière les lieux traditionnels de vêlage du troupeau de caribous de la Porcupine. Le parc national Wood Buffalo abrite la seule aire de nidification connue de la Grue blanche, une espèce menacée. Le parc national Prince-Albert englobe la seule colonie nicheuse entièrement protégée de Pélicans blancs. Le Faucon pèlerin, qui est en voie de disparition, a été réintroduit dans le parc national Fundy ; plusieurs parcs nationaux des Maritimes, donc le parc national de l'Île-du-Prince-Édouard, protègent des habitats du Pluvier siffleur, une autre espèce menacée d'extinction.

Les parcs nationaux sont comme le canari dans le puits de la mine : ils indiquent quand l'activité commerciale et industrielle est allée trop loin. Contrôler la santé écologique de ces régions naturelles relativement vierges permet de mettre le doigt sur les activités humaines qui ont un impact négatif sur l'environnement naturel. On surveille, par exemple, l'impact des pluies acides sur les écosystèmes naturels dans le parc national Kejimkujik. Le parc national Prince-Albert fait partie d'un réseau de postes de contrôle des modifications écologiques causées par les changements climatiques à l'échelle de la planète. Et on surveille présentement la qualité de l'eau dans la réserve de parc national Nahanni parce que plusieurs mines pourraient être mises en exploitation à l'extérieur des limites du parc dans un proche avenir.

Depuis la publication du rapport de la Commission Brundtland, le gouvernement fédéral a pris plusieurs mesures pour accroître la contribution du réseau des parcs nationaux canadiens à la conservation du patrimoine mondial. Le Parlement a modifié en 1988 la *Loi sur les parcs nationaux* pour que la principale priorité dans la gestion de ces territoires soit le maintien de l'intégrité écologique par la protection des ressources naturelles. En 1990, le Parlement s'engageait à créer dix-huit nouveaux parcs nationaux d'ici l'an 2000. Et en novembre 1992, les ministres fédéraux, provinciaux et territoriaux des parcs, de l'environnement et de la faune s'engageaient à compléter le réseau canadien des zones protégées avant l'an 2000.

Cependant, il ne suffit pas, comme tel, de créer de nouveaux parcs nationaux. Nous ne pouvons assurer notre avenir écologique simplement en désignant « zone protégée » une portion de cinq, dix ou quinze pour cent du territoire canadien et en permettant que le reste soit entièrement livré à l'exploitation. Dans son rapport intitulé *Une vision de zones protégées pour le Canada*, le Conseil consultatif canadien de l'environnement déclarait que si les parcs nationaux et les secteurs protégés « n'informent pas la société et ne l'incitent pas à appliquer une éthique des terres dans toute activité humaine, ils ne remplissent pas leur mission essentielle. « Les parcs nationaux doivent donc devenir des « catalyseurs » d'une meilleure gestion des activités humaines dans toutes les parties du Canada ».

NAISSANCE DU CONCEPT DE PARC NATIONAL

Selon un écologiste de Parcs Canada, Stephen Woodley, la création des parcs nationaux est une réponse sociétale au dépérissement des écosystèmes. Dans un monde parfait, nous n'aurions pas besoin de parcs nationaux parce que la société protégerait instinctivement les régions sauvages vierges. Toutefois, nous ne vivons pas dans un monde parfait : chaque jour, le développement fait disparaître des régions sauvages, tout simplement parce que nous ignorons, ou choisissons d'ignorer, qu'il est vital de les conserver.

Ce fut la détérioration de l'environnement des prairies qui donna naissance à l'idée d'un parc national. Le peintre paysagiste américain George Catlin exigea une « grande politique gouvernementale sur la protection » pour sauver de l'extinction le bison, ses habitats et les Amérindiens qui en tiraient leur subsistance. Il écrivait en 1832 : « Quel beau spécimen à conserver et à offrir aux citoyens raffinés de l'Amérique et aux habitants du monde entier dans l'avenir! Le spectacle à la fois magnifique et saisissant d'un parc de la nation où vivent l'homme et la bête dans toute leur beauté naturelle sauvage et pure ! » L'idée de Catlin prit un certain temps à porter fruit.

Coucher de soleil arctique près du toit du monde
(réserve de parc national de l'Île-d'Ellesmere).

En février 1864, on pressa le gouvernement fédéral américain d'acquérir les droits de propriété de la vallée Yosemite en Californie et des séquoias géants de *Mariposa Grove*. Israel Raymond Ward, employé d'une ligne de paquebots, voulait empêcher les colons d'aller s'établir dans ces secteurs « pour ne pas qu'ils détruisent les arbres de la vallée ». Ward ne voulait pas exclure les gens de Yosemite, mais il ne voulait pas voir la vallée peuplée de colons qui la détruiraient. Il recommanda que Yosemite devienne propriété publique et que le secteur soit mis en réserve pour « l'utilisation, le plaisir et l'agrément du public ». Il insista également pour que la concession soit « à jamais inaliénable » et que le secteur « soit préservé pour le bénéfice de l'humanité ». Le président Abraham Lincoln parapha la *Yosemite Park Act* en 1864. Cette loi interdisait la colonisation de ce secteur par des particuliers afin de préserver, dans l'intérêt de la nation, le magnifique paysage naturel de Yosemite.

L'intention du législateur, en formulant la *Yosemite Park Act*, était de transférer la propriété de la zone protégée à l'État de Californie. Toutefois, cet État refusa d'y interdire la colonisation et chercha à maintenir les droits de deux colons déjà établis dans la vallée. Le Sénat américain refusa de reconnaître ces droits et l'esprit de la *Yosemite Park Act*, c'est-à-dire préserver cet endroit remarquable de la propriété privée, fut maintenu dans l'intérêt de la nation. Donc, malgré des débuts précoces, il s'écoula presque un quart de siècle avant que le secteur ne devienne un parc national en 1890.

Le premier « parc de la nation » fut créé aux États-Unis quand le Congrès créa le parc national de Yellowstone en 1872. L'idée de Catlin, un parc national des prairies, ne verra le jour que cent cinquante ans plus tard, c'est-à-dire lors de la création par le gouvernement canadien du parc national des Prairies en Saskatchewan. La seconde partie de l'idée de Catlin, c'est-à-dire assurer la survie des peuples autochtones par la conservation du territoire et de la faune, fut à l'époque oubliée. Encore une fois, il faudra un siècle et demi avant que les rôles des peuples autochtones et de la faune soient conciliés au sein d'un « parc de la nation ». En 1984, le Parlement canadien créait le parc national Ivvavik, à la suite de la demande faite par les Inuvialuit de l'ouest de l'Arctique de protéger le

troupeau de caribous de la Porcupine et ses aires de vêlage dans le nord du Yukon. Le Parlement garantissait que la ressource serait cogérée par les autochtones.

À l'heure actuelle, plus de 120 nations ont créé plus de mille parcs nationaux. On a mieux défini avec les années les avantages que procurent les parcs nationaux à la société, mais l'idée sous-jacente à leur création est restée la même : préserver des régions naturelles du développement industriel pour le bénéfice des générations présentes et futures.

CONSTRUISEZ ET ILS VIENDRONT (1885-1911)

Par une fraîche journée de novembre 1883, trois employés de la compagnie de chemins de fer du Canadien Pacifique (CPR) s'affairaient à enlever des arbres tombés dans un vaste étang d'eau fumante dont se dégageait une odeur de soufre. Escaladant l'une des rives, ils découvrirent dans le sol une ouverture d'où s'échappaient de la vapeur et un gargouillis. Franklin McCabe de Nouvelle-Écosse et les frères William et Thomas McCardell du comté de Perth en Ontario venaient de découvrir les sources thermales minérales de la vallée de la Bow dans les montagnes Rocheuses.

Ils se dépêchèrent de présenter au gouvernement fédéral une demande de propriété privée des sources. Cette demande attira l'attention du gouvernement et du Canadien Pacifique. Après avoir visité les lieux, le directeur de la société de chemins de fer, William Cornelius Van Horne, déclara : « Ces sources valent un million de dollars ! » Même pour l'époque, c'était probablement une évaluation fort modeste de la valeur du futur parc national Banff.

Le gouvernement fédéral rejeta la demande et créa en novembre 1885 une réserve de 26 kilomètres carrés autour des sources thermales, les préservant ainsi de « la vente, du lotissement ou de l'occupation illégale ». L'ordre donné par le Cabinet de protéger les sources reflétait clairement leur valeur aux yeux du gouvernement : « On a découvert plusieurs sources thermales minérales qui promettent d'être d'un grand bénéfice pour la santé du public. » En 1885, on décrivait ce qui allait devenir le lieu de naissance du futur réseau des parcs nationaux du Canada comme une simple station thermale géante. Le gouvernement du premier ministre sir John A. Macdonald se proposait de faire des sources thermales de Banff « la plus grande et la plus populaire des stations thermales du continent ». En 1886, il exigea l'élaboration d'un plan « en vue de commencer la construction des routes et des ponts et de procéder à d'autres opérations afin de faire de la réserve un parc national digne de ce nom ».

La réserve prit rapidement de l'expansion. Un géomètre au service du gouvernement découvrit « une vaste région à l'extérieur des limites de la réserve initiale » présentant « des caractéristiques d'une très grande beauté » qui « convenait admirablement à un parc national ». À la suite de cette découverte, le Parlement prit les mesures qui s'imposaient et adopta, en 1887, l'*Acte concernant le Parc canadien des Montagnes Rocheuses* qui faisait passer les limites de la réserve à 675 kilomètres carrés. L'*Acte* stipulait que le parc des montagnes Rocheuses (il fut rebaptisé parc national Banff en 1930) était « [un] parc public et [un] lieu de plaisance pour le bénéfice, l'avantage et la jouissance » des Canadiens. Les termes utilisés étaient semblables à ceux qui avaient servi à formuler la loi créant le parc national Yellowstone, dont on voulait faire un « parc public ou lieu de plaisance pour le bénéfice et la jouissance des gens ».

La protection de la nature sauvage n'entrait aucunement en ligne de compte dans la gestion de la nouvelle réserve de parc. Dans la seconde moitié du XIXe siècle, il n'était pas nécessaire de protéger la nature sauvage – elle semblait si abondante ! Effectivement, à cette époque, la nature sauvage était une ressource à conquérir et à exploiter. Dès l'arrivée des premiers colons, l'objectif national était d'assujettir cet immense continent, y compris ses premiers habitants, et de le refaire selon l'image qu'en avaient les colons européens. Les commerçants de fourrures, les bûcherons, les prospecteurs miniers et autres commerçants entreprirent d'exploiter les arbres, la faune, les minéraux et les eaux, souillant de leurs déchets la beauté naturelle qui les environnait.

Avec l'élection de sir John A. Macdonald au poste de premier ministre en 1878, l'exploitation des richesses de l'Ouest canadien devint une politique fédérale dominante. La politique nationale de Macdonald prévoyait le développement des ressources naturelles de la région, développement dont le nouveau

chemin de fer transcontinental était la clé. La création du parc national des montagnes Rocheuses, et de deux autres réserves le long de la voie ferrée en 1886 – des Glaciers et Yoho – allait tout à fait dans le sens de la politique nationale. Le gouvernement et la société CPR croyaient que si on leur offrait un hébergement approprié, les gens paieraient pour faire l'expérience de ce que la nature – et la CPR – avaient à offrir : sources thermales minérales, paysages de montagnes, chemin de fer transcontinental et luxueux hôtels dans les montagnes.

En bref, les parcs nationaux n'étaient qu'une ressource de plus à exploiter. À cette fin, la société Canadien Pacifique fit construire l'hôtel Banff Springs, le Mount Stephen House et le Glacier Park Lodge dans les réserves Banff, Yoho et des Glaciers. Le gouvernement de l'époque s'estimait sur la bonne voie. Comme l'écrivait un fonctionnaire : « Les efforts du gouvernement du Canada pour créer une station de santé et de loisirs au cœur des montagnes Rocheuses... ont été très chaleureusement accueillis par le public qui en a beaucoup profité. »

À l'origine, la coupe du bois, l'exploitation minière, l'élevage et la chasse étaient permis dans les parcs nationaux. On extrayait du plomb, du zinc et de l'argent dans le parc national Yoho. Dans le parc des montagnes Rocheuses, les villes de Bankhead et d'Anthracite avaient été construites pour l'extraction du charbon. Le surintendant ne considérait pas que Bankhead « nuisait à la beauté du parc ». C'était un ajout bienvenu et sa « vie industrielle grouillante » en faisait « une destination touristique populaire ». Seuls quelques politiciens s'opposèrent à ces activités d'exploitation. Un député déclara à Macdonald : « Il est impossible de créer un parc public et espérer en préserver la faune si l'on permet en même temps que s'y fasse de l'exploitation minière... Si vous voulez que cet endroit demeure un parc, vous devez y faire cesser le commerce, la circulation et l'exploitation minière ». Cependant, sa voix se perdit dans les étendues sauvages de la politique.

Au fur et à mesure que les réseaux de transport permettaient au Canada de s'ouvrir au développement et au tourisme, lentement se dissipait le refus

Un phare demeure fonctionnel dans la réserve de parc national de l'Archipel-de-Mingan.

viscéral de la nature sauvage. Il fut remplacé par ce que l'historien George Woodcock appela « une mystique de la terre, un désir de chérir et de comprendre ce qui auparavant nous semblait totalement impénétrable ». Le Canadien Pacifique contribua énormément à promouvoir cette mystique. La société embaucha des peintres paysagistes comme John A. Fraser et Lucius O'Brien pour peindre les grandes merveilles naturelles des Rocheuses. Leurs œuvres, tout comme les photographies de Byron Harmon, attirèrent l'attention du monde entier sur les paysages spectaculaires des Rocheuses et inspirèrent une vision plus romantique de la nature sauvage canadienne.

À une époque où la notion de profit faisait germer l'idée des parcs nationaux au Canada, la nécessité de conserver les régions naturelles gagnait graduellement du terrain. En 1893, un fermier albertain demanda au gouvernement fédéral de créer un parc dans la région des lacs Waterton pour y empêcher la colonisation. Deux ans plus tard, le gouvernement créait le parc forestier des lacs Waterton, qui fut plus tard rebaptisé parc national des Lacs-Waterton. La décision de créer ce parc se révéla un tournant décisif dans l'histoire des parcs nationaux. Certains hauts fonctionnaires du gouvernement étaient d'avis qu'en agissant de la sorte, la Direction des parcs fédéraux outrepassait son mandat. Le sous-ministre A.M. Burgess conseilla le ministre responsable des parcs en ce sens : « Au lieu de créer un grand nombre de réserves qui n'intéresseraient même pas le public, il conviendrait mieux de n'avoir qu'un ou deux parcs à des endroits stratégiques auxquels nous pourrions assurer une protection adéquate et vigilante. » L'honorable T.M. Daly ignora ce conseil et délégua des fonctionnaires pour s'occuper de la création du parc, faisant remarquer que « la postérité nous bénira ».

Un siècle plus tard en effet, force nous est de conclure que les décisions prévoyantes de politiciens comme Macdonald et Daly ont en effet été une bénédiction pour les Canadiens. Les premiers parcs étaient effectivement des îlots de civilisation dans une mer de nature sauvage. Les politiciens de l'époque ont laissé aux générations qui les ont suivis le soin de redéfinir le mandat des parcs nationaux. Celles-ci ont pu constater la nécessité de protéger les régions sauvages dans un monde de ressources en décroissance et ont eu, au moins, un héritage à redéfinir à des fins de conservation.

RENDRE LES PARCS NATIONAUX AUX CANADIENS (1911-1960)
Le réseau passablement éparpillé de parcs nationaux qui existait en 1911 était très vulnérable aux tractations politiques ; la preuve en fut l'adoption par le Parlement de la *Loi sur les parcs et les réserves forestières de la Puissance du Canada* en 1911. Par cette loi, le gouvernement réduisait considérablement la superficie du parc des montagnes Rocheuses ainsi que celle du parc national des Lacs-Waterton et celle du parc national Jasper qui passa de 13 000 à 2 600 kilomètres carrés.

Toutefois, sans le savoir, le gouvernement fédéral fut lui-même à l'origine du retournement de situation qui suivit en créant, en 1911, la Direction des parcs fédéraux (maintenant Parcs Canada), deux ans avant le *U.S. National Parks Service*. C'était le premier organisme gouvernemental au monde chargé uniquement de la gestion des parcs nationaux. La présence d'un véritable gentleman au poste de premier commissaire de la Direction des parcs fédéraux, James Bernard Harkin, fut très bénéfique au réseau des parcs. L'une des premières choses qu'il fit fut de redonner à ces parcs une partie du territoire qui leur avait été amputé. La superficie de Jasper, par exemple, passa à 10 400 kilomètres carrés et est restée la même jusqu'à maintenant.

Dans son travail, Harkin alliait une révérence mystique pour la nature sauvage et une vision pragmatique de sa valeur économique. Il écrivit que les parcs nationaux avaient été créés afin que « chaque citoyen du Canada puisse assouvir sa soif insatiable de nature ». Selon lui, les parcs nationaux « protègent certains des plus beaux paysages du Canada » et sauvegardent « la paix et la solitude de la nature primitive ». De 1911 à 1930, Harkin s'efforça d'exclure l'activité industrielle des parcs nationaux. Il atteignit son but en 1930 quand le Parlement adopta la *Loi sur les parcs nationaux* qui interdisait la coupe du bois, l'exploitation minière, l'exploration minière et gazière ainsi que la chasse sportive à l'intérieur des parcs.

Harkin voulait également que l'on protège davantage de régions sauvages. « Les générations futures s'étonneront de notre aveuglement si nous négligeons de les mettre de côté avant qu'elles ne soient envahies par la civilisation. » Durant le règne de Harkin, le réseau passa de cinq parcs nationaux dans les Rocheuses à dix-huit parcs protégeant plus de 31 000 kilomètres carrés, y compris les premiers parcs à être établis en Saskatchewan (Prince-Albert), au Manitoba (Mont-Riding), en Ontario (Pointe-Pelée, Baie-Georgienne et Îles-du-Saint-Laurent) et en Nouvelle-Écosse (Hautes-Terres-du-Cap-Breton).

Quelques-uns des nouveaux parcs étaient axés sur la conservation. La chasse à outrance, qui causait la disparition d'espèces fauniques, et les incendies allumés le long de la voie ferrée, qui détruisaient des arbres de grande valeur, suscitaient beaucoup d'inquiétude. Il s'ensuivit un grand souci de la conservation qui se manifesta par la création de parcs nationaux. Certaines espèces, comme le bison, le wapiti et l'antilope, étaient presque au bord de l'extinction. Le parc national Elk Island fut créé en 1913 pour empêcher la disparition des troupeaux de wapitis. Wood Buffalo fut créé en 1922 pour protéger le seul troupeau de bisons des bois au monde vivant à l'état sauvage. Sur la recommandation de Harkin, le gouvernement fédéral créa, toujours en 1922, les parcs nationaux Nemiskan, Wawakesy et Menissawok pour préserver l'antilope d'Amérique qui était menacée d'extinction dans les prairies de l'Ouest.

Pour obtenir du Parlement le financement nécessaire pour étendre et administrer le réseau des parcs nationaux, Harkin en vanta énergiquement la valeur touristique. Calculant en 1922 que leur valeur était de trois cents millions de dollars, il concluait : « Je ne crois pas qu'il y ait une institution au Canada qui rapporte autant de dividendes que les parcs nationaux ». Il fit valoir devant le Parlement que « ...les parcs nationaux sont le meilleur moyen d'attirer au pays des flots de touristes qui dépensent eux-mêmes des flots de dollars ». Dès 1916, on autorisa une plus grande circulation automobile dans les parcs nationaux. Harkin s'exclama : « Imaginez tous les revenus dont profitera le pays quand des milliers d'autos traverseront les parcs. » On se hâta de bâtir des hôtels pour les visiteurs, d'aménager des attractions secondaires pour compléter les caractéristiques naturelles et de construire des routes de première classe.

Harkin savait bien qu'il était difficile de concilier utilisation et protection dans les parcs nationaux. Cependant, il croyait que les parcs appartenaient aux Canadiens et qu'ils avaient le droit de les utiliser. « Il incombe à ceux qui en sont responsables d'en faciliter l'accès, par les routes et les sentiers, et d'assurer, en accord avec les règlements, que soient satisfaits les besoins des touristes en hébergement, en loisirs, etc. Toutefois, plus les parcs seront utilisés, plus il sera difficile d'empêcher les abus... Les parcs peuvent perdre l'attribut essentiel qui les distingue du monde extérieur. » Ce double mandat, utiliser et protéger, fut enchâssé dans la *Loi sur les parcs nationaux* que Harkin contribua à formuler. Elle stipule que les parcs nationaux « doivent être entretenus et utilisés de façon à rester intacts pour les générations futures ».

Certains se réclament encore de la *Loi sur les parcs nationaux* pour légitimer le développement. Ce faisant, ils ne replacent pas la question dans son véritable contexte. Harkin avait l'impression qu'en autorisant le développement, il obtiendrait l'appui politique nécessaire pour étendre le réseau. Cette politique a permis la création de parcs nationaux qui autrement n'auraient jamais vu le jour. Cependant si, dans les années 1990, on continue à vouloir axer l'existence des parcs sur le développement touristique, on risque que ceux-ci ne correspondent plus aux priorités internationales en matière de protection de l'environnement.

Des années après avoir quitté la Direction des parcs fédéraux, Harkin se déclara déçu de constater qu'aucun groupe public ne se portât à la défense des parcs : « Au Canada aujourd'hui, on a besoin d'une opinion publique informée, prête à s'insurger contre toute vulgarisation de la beauté de nos parcs nationaux ou contre toute profanation de leur caractère sacré ». Au pays, aucun groupe de citoyens ne s'était constitué, sur le modèle de ceux qui existaient aux États-Unis, pour surveiller les parcs nationaux. En 1947, le gouvernement fédéral put donc éliminer les parcs nationaux Nemiskan, Wawakesy et Menissawok sans soulever la moindre vague d'opposition. Cette même année, il réduisait la super-

ficie du parc national des Lacs-Waterton et celle du parc national Prince-Albert, amputait également le territoire du parc des Hautes-Terres-du-Cap-Breton d'une parcelle de terre sur laquelle furent de nouveau autorisées les activités d'exploitation minière et hydroélectrique et permettait la coupe du bois dans le parc national Wood Buffalo.

Il y avait déjà eu une tentative pour constituer un groupe de défense des parcs, mais elle avait échoué. En 1923, on avait créé l'Association canadienne des parcs nationaux pour militer contre le projet de la Calgary Power Corporation de construire un barrage sur la rivière Spray, près de Canmore en Alberta ; cette rivière faisait, à l'époque, partie du Parc national des Montagnes Rocheuses. L'Association perdit toutefois la partie lorsque, en 1930, le gouvernement modifia les limites du parc pour en éliminer les vallées des rivières Kananaskis et Spray. Des barrages furent donc construits sur ces deux rivières et l'Association disparut. Toutefois, l'existence de l'Association des parcs nationaux, même brève, créa un précédent important pour les groupes qui suivirent.

À LA DÉFENSE DES PARCS NATIONAUX (1960-1985)

Prenant la parole lors d'un congrès national tenu dans le parc national Banff en 1968, l'historien de la vie sauvage, Roderick Nash, laissait entendre que « la sensibilité du public canadien et son enthousiasme pour la nature sauvage est en retard d'au moins deux générations sur l'opinion publique américaine ». Les Canadiens, déclara-t-il alors, se considèrent encore comme des pionniers disposant d'une surabondance de nature sauvage. Nous n'avons pas eu de bornes environnementales comme il y en a eu aux États-Unis, où la lutte pour empêcher la construction d'un barrage dans le Grand Canyon et l'adoption de la *Wilderness Act* en 1964 ont fait de la protection de la nature sauvage un objectif national. Ces questions ont galvanisé le public américain et l'ont incité à lutter pour préserver sa nature sauvage. Rien de semblable n'a mobilisé l'opinion publique canadienne.

Au moment même où Nash parlait, les choses avaient commencé à changer. En 1960, le ministre des parcs nationaux Alvin Hamilton déplorait qu'il n'existât pas au Canada d'association vouée à la préservation de « ces magnifiques panoramas du pays ». Il demanda à la Chambre des communes : « Comment un ministre peut-il résister aux pressions exercées sur lui par les intérêts commerciaux qui veulent utiliser les parcs pour l'exploitation minière et forestière et y installer tout un fatras d'infrastructures, si les gens qui aiment ces parcs ne sont pas prêts à se regrouper, à soutenir ce ministre et à l'aider à faire en sorte que ces questions fassent l'objet d'un débat public ? » Plusieurs Canadiens répondirent à l'appel de Hamilton et en 1963, ils formèrent l'Association canadienne des parcs nationaux et provinciaux (ACPNP), qui s'appelle aujourd'hui la Société pour la protection des parcs et des sites naturels du Canada.

D'autres groupes, comme l'*Alberta Wilderness Association* et l'*Algonquin Wildlands League*, furent mis sur pied pour défendre la nature sauvage du Canada. Dans les années 1960, la conscience environnementale des Canadiens et des Américains fit un bond fulgurant, en partie attribuable à la publication du livre de Rachel Carson, *Silent Spring*. Cet éveil des consciences accéléra le développement de ces groupes qui s'inspiraient également de ce que Robert Page, de l'University of Calgary, appelait « une littérature de protestation contre l'éthique de développement implicite dans l'évolution du Canada », dont les romans de Margaret Atwood et de Wayland Drew sont de bons exemples.

L'ACPNP remporta au début certaines victoires impressionnantes sur le plan de la défense des valeurs des parcs. En 1964, elle força le gouvernement à publier sa première politique sur les parcs nationaux, document qui dormait sur les tablettes à l'état d'ébauche depuis plusieurs années. Cette politique assurait, dans la gestion des parcs nationaux, une continuité qui s'étendait au-delà de la durée du mandat de chaque gouvernement ; elle faisait également de la préservation des principales caractéristiques naturelles des parcs nationaux « la plus fondamentale et la plus importante des obligations du gouvernement ». La nouvelle politique interdisait aussi toute nouvelle activité industrielle dans les secteurs qui avaient été cédés à l'industrie avant l'adoption de la Loi sur les parcs nationaux. Fondamentalement, ce nouveau contrat entre le gouvernement fédéral et les Canadiens définissait les conditions nécessaires au maintien de la confiance des citoyens du pays dans les parcs nationaux.

L'ACPNP remporta une autre bataille nationale visant à empêcher la construction d'aménagements touristiques de plusieurs millions de dollars dans le parc national Banff, le Village Lac Louise. Cette lutte permit de prendre conscience qu'accroître le tourisme dans les parcs nationaux leur ferait perdre leur caractère sauvage. L'ampleur du développement à l'intérieur du parc national Banff demeure importante, mais elle est beaucoup moins prononcée dans les autres parcs. Lors de la bataille au sujet du Village Lac Louise, le gouvernement fut forcé de tenir des audiences publiques. C'était la première fois qu'une décision gouvernementale faisait l'objet d'un débat public.

DOUBLER LA SUPERFICIE DU RÉSEAU DES PARCS NATIONAUX DU CANADA

Lors de l'inauguration officielle du parc national Kejimkujik en 1969, le président de l'ACPNP, Al Frame, mit au défi l'honorable Jean Chrétien de créer neuf nouveaux parcs nationaux en cinq ans. L'accroissement du nombre de groupes de pression à caractère environnemental en faveur de l'expansion du réseau des parcs nationaux, jumelé à un appui massif du public envers la protection de l'environnement, aidèrent le ministre à remporter son pari. Porté par cette vague d'appui, Jean Chrétien, ministre fédéral responsable des parcs nationaux de 1968 à 1974, créa un nombre record de parcs nationaux, soit dix nouveaux parcs couvrant près de 53 000 kilomètres carrés, faisant ainsi doubler la superficie du réseau.

Chrétien voulait établir, avant la fin du siècle, de quarante à soixante nouveaux parcs nationaux afin de représenter les principaux paysages canadiens. À cette époque, il envisageait d'en créer de cinq à dix au Québec parce qu'il n'y en avait alors aucun dans sa province natale. Devant la chambre de commerce de Gaspé, il déclara qu'un parc stimulerait l'industrie touristique locale parce qu'il inciterait les visiteurs à s'attarder plus longtemps dans la région. Ses arguments étaient convaincants. En 1970, le gouvernement fédéral et celui du Québec concluaient une entente en vue de créer le parc national Forillon.

Jean Chrétien réussit également à créer un parc dans sa propre circonscription de Saint-Maurice, le parc national de La Mauricie.

Le ministre parvint également à combler un autre vide dans le réseau des parcs nationaux – le Nord du Canada. En 1972, le gouvernement fédéral annonçait la création de trois nouveaux parcs : Kluane, Nahanni et Auyuittuq. Jean Chrétien était fier de son œuvre : « J'ai décidé que jamais l'exploitation minière ne viendrait gâcher le spectaculaire paysage du parc national Kluane et que les chutes Virginia sur la rivière Nahanni-Sud ne seraient jamais le site d'aménagements hydroélectriques. »

Parmi les autres réalisations de Jean Chrétien, mentionnons la création du premier parc national en Colombie-Britannique depuis plus de quarante ans, l'entente avec le gouvernement ontarien qui a mené à la création du premier grand parc national ontarien, le parc Pukaskwa, et la création de trois nouveaux parcs nationaux d'importance dans les provinces atlantiques. Jean Chrétien faisait remarquer plus tard que « ... dans trois cents ans, ces parcs... seront encore là. Personne ne se souviendra de moi. Personne. Cependant, les gens sauront que le gouvernement a bien fait de préserver ces magnifiques paysages ».

Des sources d'opposition inattendues se manifestèrent contre l'expansion du réseau des parcs et eurent comme résultat de modifier considérablement le processus de création d'un parc national. En 1973, lorsque fut présenté devant la Chambre des communes le projet de loi en vue de protéger officiellement Kluane, Nahanni et Auyuittuq en vertu de la *Loi sur les parcs nationaux*, les leaders autochtones du Yukon et des Territoires du Nord-Ouest s'y opposèrent fermement. Compte tenu de la menace que faisaient peser sur leurs terres ancestrales les activités reliées à l'exploitation minière et hydroélectrique, les défenseurs de l'environnement ne s'attendaient pas à cette opposition de la part des peuples autochtones. Le principe en jeu était cependant beaucoup plus vaste.

Le gouvernement libéral du premier ministre Pierre Elliott Trudeau se préparait à négocier des ententes territoriales avec des peuples autochtones du Nord canadien qui n'avaient jamais, à ce jour, cédé aucun titre ni droit de propriété. En créant de nouveaux parcs, disaient les leaders autochtones, le gou-

vernement escamote le processus de règlement de nos revendications et prive unilatéralement les autochtones de leurs terres. Les Inuit, par exemple, réclamaient la propriété du territoire proposé pour la création du parc national Auyuittuq sur l'île de Baffin. Ils accusèrent le gouvernement de procéder à une forme d'expropriation sans compensation qui violait la Charte des droits et libertés. Les négociations relatives à d'autres projets de parcs nationaux furent également interrompues en raison des objections des leaders autochtones. Le projet de créer des parcs pour protéger les monts Torngat et les monts Mealy au Labrador ainsi que le bras est du Grand lac des Esclaves avorta parce que les dirigeants autochtones voulaient que soient d'abord réglées leurs revendications territoriales globales.

Dans le cas de Kluane, Nahanni et Auyuittuq, on trouva rapidement une solution. On amenda la *Loi sur les parcs nationaux* afin de protéger les droits des autochtones en désignant les parcs nationaux du Yukon et des Territoires du Nord-Ouest réserves de parc national. Essentiellement, ces secteurs sont mis de côté à des fins de création de parcs nationaux, sous réserve d'un règlement des revendications des autochtones. En 1993, un règlement définitif des revendications territoriales survenu entre le gouvernement fédéral et la Fédération Tungavik de Nunavut prévoit la création définitive du parc national Auyuittuq d'ici 1996. On a également amendé la loi afin de préserver les droits inhérents de chasse, de pêche et de piégeage des autochtones dans les parcs nationaux du Nord, activités qui, avant 1974, n'étaient pas autorisées en vertu de la loi.

Ce principe est aussi appliqué aux parcs nationaux du sud du pays. Par exemple, l'Archipel-de-Mingan, Pacific Rim et Gwaii Haanas dans l'archipel Moresby-Sud sont des réserves de parc national. En 1993, les Haïdas et le gouvernement fédéral signaient une entente historique qui garantissait aux Haïdas un rôle de cogestionnaires du secteur Moresby-Sud. En l'absence d'un règlement des revendications territoriales, l'entente souligne les points de vue divergents des deux parties relativement à la propriété : les Haïdas considèrent que l'archipel Moresby-Sud leur appartient et qu'il se trouve donc sous la juridiction du Conseil de la nation haïda ; de son côté, le gouvernement fédéral considère que l'archipel fait partie des terres de la Couronne soumises à la juridiction du Parlement. Cependant, les deux parties s'accordent pour dire qu'elles doivent travailler de concert « pour sauvegarder l'archipel comme étant l'un des grands trésors naturels et culturels du monde et qu'il faut y appliquer les normes de protection et de préservation les plus rigoureuses ».

Travaillant par l'intermédiaire du Conseil de gestion de l'archipel, auquel siège un nombre égal de représentants des Haïdas et de Parcs Canada, les deux parties « ont convenu que l'archipel sera entretenu et utilisé de façon à rester intact pour le plaisir et l'enrichissement des connaissances des générations futures ». Ces mots sont tirés de la *Loi sur les parcs nationaux* et ils ont été ratifiés par le Conseil de la nation haïda et le Parlement. En bref, les Haïdas et le gouvernement s'accordent pour dire qu'ils ne s'entendent pas sur la propriété du territoire de l'archipel, mais qu'ils sont tous les deux résolus à travailler ensemble à sa préservation en attendant un règlement final des revendications.

Les collectivités locales ont exercé des pressions considérables pour que soient créés certains des premiers parcs nationaux du Canada. En 1927 par exemple, de nombreuses résolutions émanant de divers conseils municipaux réclamaient la création du parc national du Mont-Riding. Toutefois, dans les années soixante, l'attitude des collectivités locales face aux parcs nationaux commença à changer. Selon la politique en vigueur, le gouvernement expropriait les terres privées destinées à devenir des parcs nationaux et offrait à leurs propriétaires des compensations monétaires pour leurs pertes. Le gouvernement agissait ainsi parce qu'il estimait que la présence de ces collectivités compromettrait le caractère sauvage des territoires que les parcs étaient censés protéger. De plus, il ne voulait plus avoir à transiger avec des collectivités comme celle de Banff qui a continué à se développer à l'intérieur d'un parc national.

Plus de deux cents familles furent expropriées par le gouvernement québécois pour créer le parc national Forillon. Et presque 1 200 résidents et plus de 225 ménages durent être relogés pour permettre l'acquisition des terres destinées au parc national Kouchibouguac. À la fin des années 1960 toutefois,

la société commençait à contester les intrusions de ceux qui exerçaient l'autorité et à y résister ; les premières manifestations de cette résistance furent des protestations contre les projets du gouvernement de créer de nouveaux parcs. L'opposition locale a fait complètement avorter le projet de création d'un parc national à Ship Harbour en Nouvelle-Écosse. Et les protestations dans la région de Kouchibouguac ont mené à la constitution d'une commission royale d'enquête pour étudier la situation.

À la lumière de cette expérience, le gouvernement fédéral a modifié sa politique. Il n'utilise plus le pouvoir d'expropriation pour chasser les gens des secteurs destinés à devenir des parcs nationaux ; il achète plutôt les terres des propriétaires qui sont disposés à vendre, comme ce fut le cas lors de l'acquisition des terres destinées à devenir les parcs nationaux des Prairies et de la Péninsule-Bruce. À Gros-Morne, les limites du parc ont été établies de façon à contourner et à exclure du territoire du parc plusieurs collectivités. On a amendé la *Loi sur les parcs nationaux* pour permettre aux résidents de ces collectivités d'abattre des arbres et de piéger le lapin pour leur usage personnel.

Aujourd'hui, les communautés locales font partie intégrante du processus de création des parcs. Le gouvernement fédéral, par exemple, a dû résoudre une cinquantaine de problèmes définis par les gens du milieu avant que le gouvernement ontarien donne son accord à la création du parc national de la Péninsule-Bruce. On dut réduire de vingt-cinq pour cent les limites définitives du parc après que la population de la municipalité de Lindsay eut voté contre le parc par voie de référendum en 1986. En d'autres endroits, les représentants des collectivités locales sont présents à la table des négociations pour aider à définir les conséquences et les avantages de parcs nationaux proposés. À titre d'exemple, la collectivité de Churchill travaille de concert avec des représentants de Parcs Canada et du gouvernement manitobain à revoir les limites possibles du parc, les activités proposées à l'intérieur du futur parc et les avantages économiques qu'elle peut en retirer. Bien que ce processus allonge et complique les négociations, il débouche sur un solide appui local, ce qui est essentiel pour la survie à long terme des parcs nationaux.

LE DEUXIÈME SIÈCLE (DE 1985 À AUJOURD'HUI)

Les projets élaborés pour célébrer en 1985 le centenaire du parc national Banff ont été assombris par la controverse et la déception. Aucun nouveau parc national n'avait été créé. Les projets de Parcs Canada en vue d'obtenir l'approbation du Cabinet et le financement nécessaire pour achever l'aménagement du réseau des parcs nationaux avant la fin du siècle dormaient sur des tablettes. Quant au ministre de l'Environnement nommé par le gouvernement conservateur nouvellement élu, il refusait d'interdire l'exploitation forestière et minière dans les nouveaux parcs nationaux. À l'aube de son deuxième siècle, l'avenir du réseau des parcs nationaux semblait bouché.

Toutefois, les perspectives s'améliorèrent lors de la nomination, en août 1985, de l'honorable Tom McMillan au poste de ministre responsable des parcs nationaux. L'enthousiasme qu'il manifesta pour les parcs nationaux produisit des gains importants. Entre 1985 et 1988, il réussit à mener à terme les négociations relatives à la création des parcs nationaux des Prairies et Pacific Rim, négociations qu'avaient laissé traîner en longueur ses prédécesseurs. Nous lui devons également la création du parc national de l'Île-d'Ellesmere, le deuxième plus grand du Canada, et celle du parc national de la Péninsule-Bruce. En 1986, le gouvernement approuva une nouvelle politique fédérale en vertu de laquelle il s'engageait à créer des parcs marins nationaux. Et on acheva le premier remaniement en profondeur de la *Loi sur les parcs nationaux* qui donnait au gouvernement encore plus de pouvoirs pour préserver les parcs nationaux du développement intempestif.

Ce qui caractérisa toutefois le règne de McMillan comme ministre des parcs nationaux, ce fut sa détermination à conserver la forêt pluviale tempérée de l'archipel Moresby-Sud dans les îles de la Reine-Charlotte. Depuis 1974, un petit groupe d'environnementalistes et de représentants de la nation haïda s'efforçaient d'empêcher la coupe à blanc dans cette région. En 1985, l'arrestation de soixante-douze Haïdas qui avaient bloqué une route forestière sur l'île Lyell attira l'attention de la communauté internationale sur ce problème. En juillet 1987, le Canada et la Colombie-Britannique signaient une entente relative à la création de la réserve de parc national Gwaii Haanas (à l'origine connue sous le nom de réserve de parc national de Moresby-Sud), mettant ainsi fin à l'exploitation forestière qui avait commencé à détruire l'île Lyell.

Gwaii Haanas fut davantage qu'une simple victoire pour les défenseurs des parcs nationaux et les Haïdas. Ce fut la première d'une série de luttes qui forcèrent les Canadiens à regarder en face le problème de la réduction de leur patrimoine sauvage. La campagne nationale qui suivit l'arrestation des Haïdas attira l'attention des Canadiens sur la situation critique des autochtones et des très vieilles forêts pluviales du Canada au moment même où bon nombre d'entre eux se préoccupaient de l'état de la forêt tropicale amazonienne. Cette campagne suscita également un intérêt national relativement à la disparition des régions sauvages du sud du pays. Des batailles comme celle qui s'est déroulée au sujet de Moresby-Sud menacent de miner notre crédibilité sur la scène internationale. En effet, comment les Canadiens peuvent-ils préconiser la protection de la forêt tropicale amazonienne quand ils sont incapables de sauver leurs propres forêts pluviales de la destruction ?

D'autres luttes au sujet des régions sauvages suivirent. En 1988, plus de 120 personnes furent arrêtées en essayant d'empêcher les camions d'une compagnie forestière de ramasser les derniers pins rouges et pins blancs matures de Temagami. En 1989, presque soixante-dix personnes furent arrêtées parce qu'elles voulaient préserver le premier parc provincial de la Colombie-Britannique, le parc Strathcona, des activités d'exploration minière que l'on se proposait d'y mener. Et la police procéda à l'arrestation de plus de sept cents personnes au cours de l'âpre bataille autour de la zone sauvage du détroit de Clayoquot en 1993. De plus en plus de Canadiens répondent à l'appel des groupes de défense de l'environnement quand ceux-ci leur demandent de signer des pétitions, d'écrire des lettres et de défiler dans la rue pour obtenir d'autres gains au profit de la nature sauvage. Le Fonds mondial pour la nature et la Société pour la protection des parcs et des sites naturels du Canada lancèrent en 1989 la Campagne en faveur des espaces menacés afin de traduire en action politique l'appui croissant du public pour la conservation de la nature sauvage. L'objectif de la

La Chute, dans le parc national Forillon,
est une cascade particulièrement pittoresque.

campagne est d'obtenir que les treize principaux gouvernements du Canada achèvent l'aménagement de leurs réseaux de parcs et de zones protégées d'ici l'an 2000.

Les hommes politiques ont entendu cet appel. Le gouvernement fédéral a été le premier à appuyer l'objectif de la campagne en 1989. Le Parlement adoptait en juin 1991 une résolution sommant le gouvernement fédéral d'aider les provinces et les territoires à étendre leurs réseaux de parcs et de zones protégées afin qu'au moins douze pour cent du territoire canadien soit conservé à l'état naturel. Et en 1992, tous les ministres fédéraux, provinciaux et territoriaux des parcs, de l'environnement et de la faune s'engageaient à représenter chacune des régions naturelles sous leur juridiction dans un réseau de parcs et de zones protégés.

Depuis 1989, les défenseurs de l'environnement ont fait de solides gains. Dans le Nord du Canada, trois nouveaux parcs nationaux ou réserves de parc national, couvrant au total une superficie de presque 40 000 kilomètres carrés, ont été créés. Le gouvernement de la Colombie-Britannique a créé le parc provincial de vie sauvage Tatshenshini afin de protéger la nature sauvage et la faune d'importance mondiale de ce secteur du nord-ouest de la province. La création de ce parc met fin au projet de mine de cuivre à ciel ouvert Windy Craggy auquel s'opposaient les environnementalistes et le gouvernement américain. La province a également créé la première réserve nationale d'ours grizzlis du pays dans la vallée Khutzeymateen. Et le gouvernement terre-neuvien a finalement créé la réserve de vie sauvage de Baie du Nord.

Le Canada est à un tournant de son histoire pour ce qui est de l'environnement. Les citoyens remettent en question la sagesse des politiques économiques nationales en vertu desquelles la croissance économique est largement privilégiée par rapport à la protection de la vie sauvage. Et si les premiers parcs nationaux du pays étaient des îlots de civilisation dans une immensité de nature sauvage, aménagés à des fins touristiques, ce sont maintenant des îlots de nature sauvage perdus dans une mer de développement ; ils sont aussi la clé qui permettra de protéger et de conserver les paysages canadiens. Nous avons tout lieu de nous réjouir en regardant les photographies qui suivent ; cependant, nous ne devons pas oublier pour autant de regarder à l'extérieur des parcs nationaux et d'appliquer au reste du pays les mêmes soins que nous prodiguons aux parcs. Les générations futures de tous les organismes vivants en dépendent.

1   Île-d'Ellesmere
2   Aulavik
3   Ivvavik
4   Vuntut
5   Kluane
6   Gwaii Haanas
7   Pacific Rim
8   Nahanni
9   Wood Buffalo
10 Jasper
11 Banff
12 des Glaciers
13 Mont-Revelstoke
14 Yoho
15 Kootenay
16 Lacs-Waterton
17 des Prairies
18 Prince-Albert
19 Elk Island
20 Mont-Riding
21 Nord-de-l'Île-de-Baffin
22 Auyuittuq
23 Pukaskwa
24 Îles-de-la-Baie-Georgienne
25 Péninsule-Bruce
26 Pointe-Pelée
27 Îles-du-Saint-Laurent
28 La Mauricie
29 Kouchibouguac
30 Fundy
31 Kejimkujik
32 Île-du-Prince-Édouard
33 Forillon
34 Archipel-de-Mingan
35 Hautes-Terres-du-Cap-Breton
36 Gros-Morne
37 Terra Nova

Océan Arctique

ALASKA

YUKON

TERRITOIRES DU NORD-OUEST

COLOMBIE-
BRITANNIQUE

*Océan
Pacifique*

ALBERTA

Baie d'Hudson

Mer du Labrador

MANITOBA

SASKATCHEWAN

LABRADOR

QUÉBEC

ONTARIO

ÉTATS-UNIS

ÎLE-DU-
PRINCE-
ÉDOUARD

TERRE-NEUVE

NOUVEAU-
BRUNSWICK

NOUVELLE-ÉCOSSE

Océan Atlantique

Les parcs nationaux du Canada

PATRIMOINE SAUVAGE

« Peu de nations ont été aussi profondément modelées par les forces de la nature que ne l'a été le Canada. Encore aujourd'hui, ses habitants doivent continuellement lutter contre les éléments immuables de leur environnement — l'écrasante immensité, les vastes espaces déserts, le terrain accidenté et sauvage et le climat aux températures extrêmes. Toutes ces caractéristiques ont déterminé la lutte de ce pays pour survivre dans des conditions qui ne semblent pas convenir à l'homme urbanisé. »

– DAVID WISTOW, TOM THOMSON ET LE GROUPE DES SEPT (ART GALLERY OF ONTARIO, TORONTO, 1982)

VUE D'EN HAUT, LA TERRE RESSEMBLE À UNE BALLE À LA FOIS BRILLANTE ET FRAGILE où prédominent les nuages, les océans et les espaces verts. En l'examinant de plus près, on remarque certains des éléments distinctifs du relief canadien : la baie d'Hudson, le golfe du Saint-Laurent, Terre-Neuve, l'île de Vancouver, les Grands Lacs et les îles de l'Arctique. Si on regarde d'encore plus près, on note des différences physiques entre les montagnes, les forêts, les prairies et la glace arctique. Ces caractéristiques constituent le fondement du réseau des parcs nationaux.

La carte de la page 30 montre les trente-neuf régions terrestres qui forment la base du réseau des parcs du Canada. Chacune de ces régions naturelles présente des « différences observables » au niveau du relief et de la végétation. Les montagnes et les forêts pluviales tempérées de l'Ouest, les plaines des Prairies ainsi que les dunes de sable et les marais salés des Maritimes constituent des régions naturelles distinctes. Chacune assure la vie d'espèces végétales et animales différentes. Toutes contribuent à l'incroyable diversité du territoire. L'objectif de Parcs Canada, l'organisme fédéral qui administre nos parcs nationaux, c'est de protéger pour toujours des exemples représentatifs de chacun de nos principaux paysages.

Les photographies des parcs nationaux du Canada contenues dans les pages suivantes illustrent les huit zones géographiques présentées sur la carte ci-contre. Ces *zones* ont été définies simplement pour regrouper les trente-neuf *régions* naturelles et faciliter leur description dans le présent ouvrage. L'information portant sur les huit zones géographiques a été tirée du « Projet de réseau des parcs nationaux » rédigé par Max Finklestein de Parcs Canada. Les lecteurs peuvent obtenir ce document d'information gratuit en en faisant la demande à l'Informatech, Environnement Canada, Ottawa, Ontario, K1A 0H3.

LES REGIONS NATURELLES DES PARCS NATIONAUX

1 Chaîne cotiere du Pacifique
2 Basses-terres de Georgie
3 Plateau interieur
4 Chaîne du Columbia
5 Montagnes Rocheuses
6 Chaîne cotiere du Nord
7 Montagnes et plateaux interieurs du Nord
8 Monts Mackenzie
9 Region du nord du Yukon
10 Delta du Mackenzie
11 Plaines boreales du Nord
12 Plaines et plateaux boreaux du Sud
13 Prairies
14 Basses-terres du Manitoba
15 Collines de la toundra
16 Centre de la region de la toundra
17 Hautes-terres boreales du Nord-Ouest

18 Hautes-terres boreales du Centre
19a Ouest de la region precambrienne du Saint-Laurent et des Grands Lacs
19b Centre de la region precambrienne du Saint-Laurent et des Grands Lacs
19c Est de la region precambrienne du Saint-Laurent et des Grands Lacs
20 Hautes-terres boreales laurentiennes
21 Regions boreales de la cote est
22 Plateau lacustre boreal
23 Region de la riviere de la Baleine
24 Montagnes du nord du Labrador
25 Plateaux de la toundra de l'Ungava
26 Nord de la region de Davis
27 Basses-terres d'Hudson et de James
28 Plaine de Southampton
29a Ouest des basses-terres du Saint-Laurent
29b Centre des basses-terres du Saint-Laurent
29c Est des basses-terres du Saint-Laurent
30 Monts Notre-Dame et Mégantic
31 Hautes-terres acadiennes des Maritimes
32 Plaines des Maritimes
33 Bas-plateaux atlantiques
34 Hautes-terres de l'ouest de Terre-Neuve
35 Bas-plateau atlantique de l'est de Terre-Neuve
36 Ouest des basses-terres de l'Arctique
37 Est des basses-terres de l'Arctique
38 Ouest de l'Extrême-Arctique
39 Est de la region des glaciers de l'Extrême-Arctique

Les zones géographiques du Canada

LA ZONE MARITIME DU PACIFIQUE

LES GRANDS ARBRES DES VIEILLES FORÊTS PLUVIALES TEMPÉRÉES SONT L'UNE des caractéristiques physiques les plus marquantes de la zone maritime du Pacifique. Ce type de forêt, dont la moitié s'étire le long de la côte ouest de l'Amérique du Nord, du nord de la Californie à l'Alaska, ne couvre qu'environ 0,2 % de la superficie de la planète. Elle s'est développée paisiblement depuis la dernière période glaciaire, il y a quelque 11 000 ans. Depuis une centaine d'années toutefois, hache et scie à chaîne ont fait disparaître des pans entiers des luxuriantes forêts pluviales des îles de la Reine-Charlotte, de l'île de Vancouver et de la Colombie-Britannique continentale.

La zone maritime du Pacifique s'étend du sud de l'île de Vancouver jusqu'à la frontière sud de l'Alaska. Les caractéristiques distinctives de la région naturelle de la chaîne côtière du Pacifique sont représentées dans la réserve de parc national Gwaii Haanas, située sur les îles de la Reine-Charlotte, et dans la réserve de parc national Pacific Rim, située sur la côte ouest de l'île de Vancouver. Parcs Canada espère créer un parc national dans les îles Gulf pour représenter la région naturelle des basses-terres de Géorgie.

Que vous vous trouviez sur le littoral de la Colombie-Britannique continentale ou sur la rive de l'île de Vancouver, vous serez partout témoin d'une vie extrêmement diversifiée. Regardez l'océan ; vous y verrez onduler des forêts sous-marines de varech, s'ébattre des otaries et des phoques, nager la souple loutre de mer, qui a été réintroduite à cet endroit. Les vagues du Pacifique viennent se briser sur les rives rocheuses. La marée monte et descend dans les innombrables fjords qui sont parmi les plus longs et les plus profonds du monde.

Laissez l'océan derrière vous et pénétrez dans la vieille forêt pluviale tempérée qui borde la côte. Ces forêts sont peuplées de cèdres rouges et de cyprès jaunes, de pruches, de pruches de Mertens, de sapins de Douglas et d'épinettes de Sitka. Des températures modérées et de fortes pluies en font les forêts les plus productives du Canada. Elles sont caractérisées par des arbres géants, comme ces sapins de Douglas de Cathedral Grove qui atteignent 85 mètres de hauteur, ou la plus haute épinette de Sitka au monde dans la vallée Carmanah qui atteint 95 mètres ou encore l'énorme thuya géant de l'île Meares qui mesure

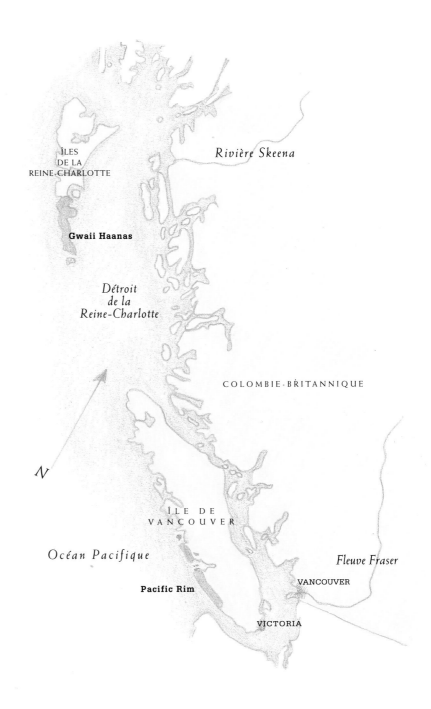

20 mètres de circonférence. La végétation y est si riche que la biomasse (poids de la matière végétale par hectare) est parfois le double de celle de la forêt tropicale mature.

Le grizzli, l'ours noir, le couguar et le loup peuplent encore les coins sauvages de cette région. Lors de leurs migrations, le cachalot macrocéphale, la baleine grise de Californie, l'épaulard et le rorqual bleu sillonnent les eaux du Pacifique et des détroits intérieurs. Un habitat menacé du grizzli est protégé dans la réserve nationale d'ours grizzlis de la vallée Khutzeymateen ; la réserve faunique d'épaulards de Robson Bight protège les vulnérables épaulards qui s'approchent des plages du détroit de Johnston.

Les basses-terres du détroit de Géorgie connaissent les étés chauds et secs et les hivers doux d'un climat méditerranéen. Une végétation diversifiée, comme le sapin de Douglas côtier, le cactus raquette ainsi que le très rare chêne de Garry, offre refuge à une diversité d'espèces qu'on ne trouve nulle part ailleurs au Canada. L'estuaire du Fraser englobe des secteurs critiques pour les oiseaux de mer et de rivage ; des millions d'oiseaux migrateurs y font escale chaque année.

L'industrie forestière, le tourisme et la pêche ont été florissants dans cette zone. La beauté et la richesse du territoire continuent d'attirer de nouveaux résidents ainsi que de nombreux visiteurs de l'est du Canada et d'autres pays. Ces arbres et ces saumons, qui furent autrefois si abondants, approvisionnent toujours certaines industries qui comptent parmi les plus importantes de la région. L'exploitation continue des vieilles forêts et l'urbanisation accrue dans la région du détroit de Géorgie ont cependant suscité bon nombre de campagnes environnementales. Le *Garry Oak Meadow Group*, par exemple, essaie de sauver les derniers écosystèmes de chênes de Garry et de bromes de l'est de l'île de Vancouver et quelques autres qui sont situés dans les îles Gulf et dans la vallée du Fraser.

Les environnementalistes sont préoccupés par la rapide diminution des écosystèmes matures et de ses conséquences sur la flore, la faune et la qualité générale de l'environnement. Le *Sierra Club of Western Canada* estime qu'à moins d'une importante réduction de la coupe du bois sur l'île de Vancouver, la forêt pluviale tempérée qui s'y trouve pourrait bien être disparue en l'an 2022.

Les pressions commerciales en faveur de l'exploitation des forêts de la vallée Carmanah, du détroit de Clayoquot et de la vallée Tsitika et en faveur de l'intensification de la construction résidentielle et de l'exploitation forestière sur les îles Gulf ont fait de cette région naturelle l'un des champs de bataille environnementaux les plus litigieux au Canada. L'appui croissant à la protection des régions sauvages de la côte ouest, le développement de l'écotourisme, qui est un secteur extrêmement dynamique de cette industrie, et l'engagement pris par le gouvernement de la Colombie-Britannique de doubler la superficie de son réseau de parcs provinciaux et de zones protégées sont des signes encourageants qui indiquent que d'autres régions sauvages seront préservées.

Les efforts en vue de la protection des vieilles forêts matures ont parfois été récompensés ; ils ont mené à la création de la réserve de parc national Gwaii Haanas et à la préservation de toute la vallée Khutzeymateen et de la vallée de la rivière Megin dans le détroit de Clayoquot. L'exploitation forestière est désormais interdite dans la moitié de la vallée Carmanah attenante à la réserve de parc national Pacific Rim ; la partie supérieure de la vallée est cependant encore menacée.

Les parcs nationaux de cette zone, le parc provincial Strathcona et les autres zones protégées offrent la possibilité de faire du kayak, de la randonnée pédestre ou cycliste, de la voile et du camping. De nombreux secteurs permettent d'observer la faune. Le wapiti de Roosevelt broute sur les terres boisées de l'extrémité nord du parc provincial Strathcona. La baie Boundary est une escale essentielle pour les oiseaux migrateurs qui empruntent la voie migratoire du Pacifique. Au printemps et à l'automne, les migrations de la baleine grise de Californie et du rorqual à bosse suivent la côte de la réserve de parc national Pacific Rim. Les ours noirs du parc national Gwaii Haanas sont parmi les plus gros au monde. Les îles de la Reine-Charlotte abritent Delkatla Slough, une réserve faunique protégée située sur la partie nord de l'île, à proximité de Masset.

Page 34 : **Sur la côte du Pacifique, un étang à marées bordé de moules et rempli d'anémones et d'oursins de mer.**

La réserve de parc national Gwaii Haanas regroupe cent trente-huit îles et des centaines d'îlots.

Des vagues qui viennent mourir sur la plage Long, dans la réserve de parc national Pacific Rim.

Une étoile de mer solitaire s'agrippe
à un rocher dans la zone intertidale
de la réserve de parc national Pacific Rim.

L'eau calme d'un étang à marées protège
pendant un bref moment la vie marine
de la marée montante.

Pleine lune au-dessus de la pointe Louscoone, sur la côte ouest
de la réserve de parc national Gwaii Haanas.

Sur la côte de l'île Kunghit, ces *Halosaccion glandiforma* mettent de la couleur dans la zone intertidale.

Les mâts totémiques de Sgan Gwaii (île Anthony) sont parmi les monuments les plus évocateurs créés par les Haïdas.

Derrière des rochers couverts d'algues
se dessine la forêt mature de l'île Moresby.

Les voyageurs qui parcourent la sauvage côte ouest
de Gwaii Haanas ont parfois la chance d'assister à de
spectaculaires couchers de soleil sur l'océan Pacifique.

LES
MONTAGNES DE
L'OUEST

Les Rocheuses constituent l'un des grands trésors nationaux du Canada. Leurs panoramas aux courbes majestueuses et la faune qui y vit attirent les touristes depuis des décennies. Les arrêtes dentelées des montagnes et les vallées en U caractéristiques témoignent de la puissance des forces naturelles qui ont modelé le paysage.

Une dizaine d'années avant que le chemin de fer ne traverse les Rocheuses, la région n'était pratiquement connue que des Indiens qui y vivaient et des commerçants. Seuls quelques audacieux explorateurs avaient pu entrevoir les richesses qu'elle recélait : au cours de l'hiver 1810-1811, David Thompson avait franchi le col Athabasca ; en 1841, sir George Simpson avait été le premier à emprunter une nouvelle route à travers les Rocheuses centrales et en 1881, le major A.B. Rogers découvrait le chemin permettant de franchir le col de Rogers ; cette route fut adoptée comme tracé du chemin de fer transcontinental qui fut la clé du développement des montagnes et de la côte ouest.

La zone des montagnes de l'Ouest englobe deux des régions naturelles du réseau des parcs nationaux : la chaîne du Columbia à l'ouest et les montagnes Rocheuses à l'est. Sept parcs nationaux y ont été créés. Les montagnes, qui sont orientées du nord-ouest au sud-est, forment la caractéristique dominante de cette région. La zone des montagnes de l'Ouest présente des montagnes jeunes aux pics nombreux, de grandes variations locales d'altitude, de vastes forêts et une faune très abondante. Les glaciers et les rivières qui s'écoulent des banquises ont sculpté des vallées profondes et des gorges dans toute la région.

La chaîne du Columbia est un monde de vallées étroites encaissées entre les parois abruptes des montagnes. Ce pays d'avalanches et de glaciers reçoit annuellement presque 23 mètres de neige. La forte humidité a donné naissance à des forêts pluviales intérieures. Aux altitudes inférieures et moyennes croissent les thuyas géants et les pruches de l'Ouest. Au-dessus de la forêt pluviale, des bouquets denses d'épinettes d'Engelmann, de sapins alpins et de pins lodgepole prédominent jusqu'à l'altitude de la toundra alpine.

À l'est, les Rocheuses chevauchent la ligne de partage des eaux de la partie ouest de l'Amérique du Nord. Elles sont constituées d'une série de chaînes de

montagnes parallèles, dont les chaînons de l'Ouest, les chaînons principaux, les chaînons frontaux et les contreforts. Le visiteur qui veut observer les différences entre ces chaînes de montagnes peut le faire à partir de divers points : les contreforts, à partir de Morley (Alberta), les chaînons frontaux, à partir de la ville de Banff, les chaînons principaux, à partir de la ville de Jasper et les chaînons de l'Ouest, à partir de Radium. Ensemble, les quatre parcs de montagnes – Banff, Jasper, Kootenay et Yoho – protègent un exemple représentatif de chacun des chaînons ainsi que de la flore et de la faune qui est propre à chacun.

L'activité tectonique a donné naissance aux montagnes en compressant et en soulevant la roche sédimentaire. Les chaînons de l'Ouest sont constitués de schistes argileux friables. Les chaînons principaux, dont la base est formée de quartzite et qui sont bordés par des failles, ont été soulevés en immenses blocs rigides. On y trouve les sommets les plus élevés des quatre chaînons. Les chaînons frontaux sont formés de calcaire et de schiste ; ces montagnes en dents de scie ont souvent un aspect incliné. Les contreforts, qui forment le prolongement des Rocheuses le plus à l'est, sont des collines arrondies et ondulantes, coincées entre les chaînons principaux et les prairies de l'Alberta.

Grizzlis, ours noirs, chèvres de montagne, mouflons d'Amérique, cerfs mulets, cerfs de Virginie, wapitis, orignaux et loups prospèrent dans cet habitat à donner le vertige. Certaines des espèces qui habitent les montagnes de l'Ouest ont besoin de vastes territoires pour survivre. En Alberta par exemple, chaque grizzli peut avoir besoin d'un domaine couvrant 180 à 1 200 kilomètres carrés. Donc, même si les quatre parcs des montagnes, les parcs provinciaux et les secteurs de vie sauvage forment un vaste bloc continu de territoire relativement vierge, les terres qui entourent les parcs doivent également être gérées si on veut qu'elles continuent d'assurer la survie de cette faune.

Les environs des parcs nationaux offrent de nombreux points d'observation de la faune. Les terres humides du Columbia, à l'ouest du parc national Kootenay, sont un bon poste d'observation de la sauvagine, des aigles et du Grand-duc d'Amérique. On peut observer l'ours noir et l'orignal dans le parc provincial Wells Gray où plus de 215 espèces d'oiseaux ont été recensées. Dans le parc provincial Bowron Lakes, les grizzlis se rassemblent aux abords des rivières pendant la montaison des saumons. Le *British Columbia Wildlife Viewing Guide* de Bill Wareham dresse une liste complète des postes d'observation de la faune.

La chaîne du Columbia est représentée par les parcs nationaux des Glaciers et du Mont-Revelstoke. Le bloc formé par les quatre parcs de montagnes (Banff, Jasper, Kootenay et Yoho) couvre presque 21 000 kilomètres carrés et est l'une des zones naturelles protégées les plus vastes et les mieux connues au monde. Cette zone a été déclarée site du patrimoine mondial en 1985 par l'UNESCO. De plus, le parc national des Lacs-Waterton dans le sud-ouest de l'Alberta est représentatif d'une portion exceptionnelle des Rocheuses et à ce titre, il fait partie du réseau international des réserves de la biosphère.

La construction du chemin de fer transcontinental s'est achevée dans cette région en 1885 ; c'est toutefois la construction de la route transcanadienne, en 1962, qui a permis à des millions de gens d'avoir accès aux montagnes. L'afflux de visiteurs exerce une pression constante et très forte sur le fragile écosystème des montagnes. Un voyage qui prenait des semaines et des mois aux explorateurs du XIXe siècle ne prend plus maintenant que quelques heures. L'exploitation forestière, minière et gazière continue de fragmenter les zones naturelles qui entourent les parcs nationaux et provinciaux. L'alpinisme, le ski alpin, la randonnée pédestre dans l'arrière-pays et le rafting sont les principales activités récréatives. Tant au niveau du travail que des loisirs, nous avons manifestement fait des progrès, mais ce progrès est lui-même source de nouvelles menaces pour l'environnement sauvage.

Page 46 : **On dit que le mont Pinnacle, vu ici de la vallée Larch dans le parc national Banff,**

est le lieu d'origine de la randonnée pédestre dans les Rocheuses canadiennes.

Une prairie alpine recouverte d'un tapis de fleurs sauvages : voilà une bien jolie récompense pour ceux qui atteignent le sommet du mont Revelstoke.

Des mélèzes de Lyall arborent
leur parure automnale dorée
dans la neige fraîchement tombée
au sommet du Beehive
(parc national Banff).

Des fleurs sauvages, comme ces penstémons

arbustifs, émaillent de touches de couleur

le paysage montagneux du parc national Banff.

Le versant est du mont Victoria, qui a subi l'effet des glaciations, domine des canoteurs sur le lac Louise.

Dans le parc national Banff, le mont Tilted, qui fait partie du spectaculaire chaînon Slate, domine le lac Baker dans la région de la vallée Skoki.

Champ de rochers couverts de neige dans la vallée Ermite, région de spectaculaires paysages alpins près de la ligne de partage des eaux (parc national Jasper).

Un imposant éperon rocheux monte
la garde au-dessus de la partie nord
du lac McArthur (parc national Yoho).

Roche et fleurs : un contraste saisissant (parc national Yoho).

Une brèche dans les mélèzes de Lyall permet d'apercevoir
le lac Floe (parc national Kootenay).

LES
MONTAGNES DU
NORD-OUEST

C'EST UNE ZONE DE CONTRASTES SAISISSANTS : SUR LA CÔTE OUEST, DES PAYSAGES qui comptent parmi les plus jeunes du pays et dans le nord du Yukon, certains des plus vieux reliefs au Canada, oubliés lors de la dernière glaciation. Le sol s'élève au fur et à mesure que l'on se dirige vers l'intérieur : forêts côtières peuplées d'épinettes de Sitka, canyons modelés par les rivières, zones d'herbe, d'arbustes et d'arbres nains et finalement, le mont Logan, point culminant du Canada, toujours couvert de glace, qui s'élève à 5 959 mètres. Une des zones humides les plus importantes au monde, la plaine d'Old Crow, couvre l'extrémité nord de cette région. C'est la nature sauvage canadienne dans sa plus pure expression.

Les parcs nationaux Kluane, Nahanni, Vuntut et Ivvavik protègent plus de 40 000 kilomètres carrés de cette nature sauvage. Créé en juin 1993 par le gouvernement de la Colombie-Britannique, le parc provincial de vie sauvage Tatshenshini dans le secteur nord-ouest de la province, immédiatement au sud de la réserve de parc national Kluane, est un ajout très apprécié et très important au réseau de zones protégées de cette région. Avec les parcs nationaux Wrangell – St. Elias et Glacier Bay d'Alaska –, les parcs Tatshenshini et Kluane forment la plus grande zone protégée au monde.

La chaîne côtière du Nord, qui comprend le mont Logan, occupe la partie ouest de cette zone. Le plus vaste champ de glace non polaire au Canada et les montagnes, y compris les monts St. Elias et la chaîne Boundary, en sont les principales caractéristiques. Les montagnes regorgent de milliers de glaciers : plus de 2 000 dans la seule réserve de parc national Kluane. Certaines des rivières les plus sauvages du Canada, la Tatshenshini-Alsek et la Stikine, découpent le paysage. Les reliefs étudiés dans les manuels de géographie de l'école secondaire prennent vie sous nos yeux : vallées en U, vallées suspendues, cirques, moraines et cônes alluviaux.

La région des montagnes et des plateaux intérieurs du Nord, qui a été modelée par les glaciers et les volcans, est un paysage de montagnes, de plateaux, de plaines et de vastes dépressions allongées. Des cônes de cendres et des plaines de lave sont visibles dans le parc provincial de vie sauvage Mont-Edziza en Colombie-Britannique. Les principales rivières ont creusé de profonds canyons, comme le Grand Canyon de la rivière Stikine, profond de 100 mètres. Désireux de voir l'écosystème de la rivière Stikine intégralement protégé, des groupes de défenseurs de l'environnement, comme les *Friends of the Stikine*, la *Valhalla Wilderness Society* et la Fédération canadienne de la nature, ont recommandé que le gouvernement fédéral et le gouvernement de la Colombie-Britannique travaillent ensemble à protéger la portion du bassin hydrographique de cette rivière située à l'extérieur des parcs provinciaux du Mont-Edziza et du Plateau-Spatsizi.

Les chutes Virginia, sur la rivière Nahanni-Sud, sont l'élément naturel qui a attiré l'attention du public sur les monts Mackenzie. Les montagnes et les plateaux de cette région reposent sur un lit de calcaire qui a donné naissance à des montagnes dentelées et à des canyons profonds. La réserve de parc national Nahanni et la région environnante présentent certaines des plus spectaculaires formations karstiques du monde. Il y a, dans les montagnes, des sources thermales minérales, dont les plus importantes sont les sources Rabbitkettle situées sur le territoire de la réserve de parc national Nahanni. Le gouvernement des Territoires du Nord-Ouest a proposé la création d'un vaste parc territorial au nord de la Nahanni pour préserver certaines des caractéristiques physiques les plus fascinantes de cette région.

La région naturelle du nord du Yukon occupe l'extrémité septentrionale de cette zone. C'est là que se terminent les chaînes continentales qui forment l'épine dorsale de l'ouest de l'Amérique du Nord. Les sommets érodés et arrondis des chaînons Richardson et des monts Britanniques, les ondulations des monts Ogilvie et les plaines intérieures d'Old Crow sont les principales caractéristiques physiques de la région. La rivière Firth, qui coule vers le nord dans la partie septentrionale du Yukon, est bordée de chaque côté de toundra alpine. Les plaines d'Old Crow sont en partie protégées par le parc national Vuntut.

Dans cette partie du monde, les habitats de certaines des plus spectaculaires espèces fauniques du continent sont soit protégés, soit tout simplement laissés tels quels. En plus du caribou de la Porcupine, on peut y rencontrer le grizzli, le mouflon de Dall, le caribou des bois, la chèvre de montagne, le loup et le rare cygne trompette, qui niche dans la région.

Les fervents du développement lorgnent ce vaste réservoir de nature sauvage. Des projets en vue de faire de l'exploitation minière dans toute cette zone auraient mis en péril, s'ils avaient vu le jour, des rivières comme la Tatshenshini et la Nahanni, et les rivières non protégées comme la Stikine sont toujours menacées en raison de leur immense potentiel hydroélectrique. La création du parc national Ivvavik en 1984 a mis fin au projet de construction d'un pipeline qui aurait traversé la plaine côtière du nord du Yukon.

Une très grande superficie de la région est touchée par les revendications territoriales des autochtones. Les Canadiens d'aujourd'hui et de demain pourront profiter du parc national Vuntut et de celui d'Ivvavik, plus au nord, parce que les autochtones ont appuyé leur création et qu'ils sont désireux de partager les extraordinaires merveilles naturelles de ces paysages avec le reste de la nation.

Page 58 : **Le mont Maxwell se dresse à l'extrémité de la vallée de la rivière Slims (réserve de parc national Kluane).**

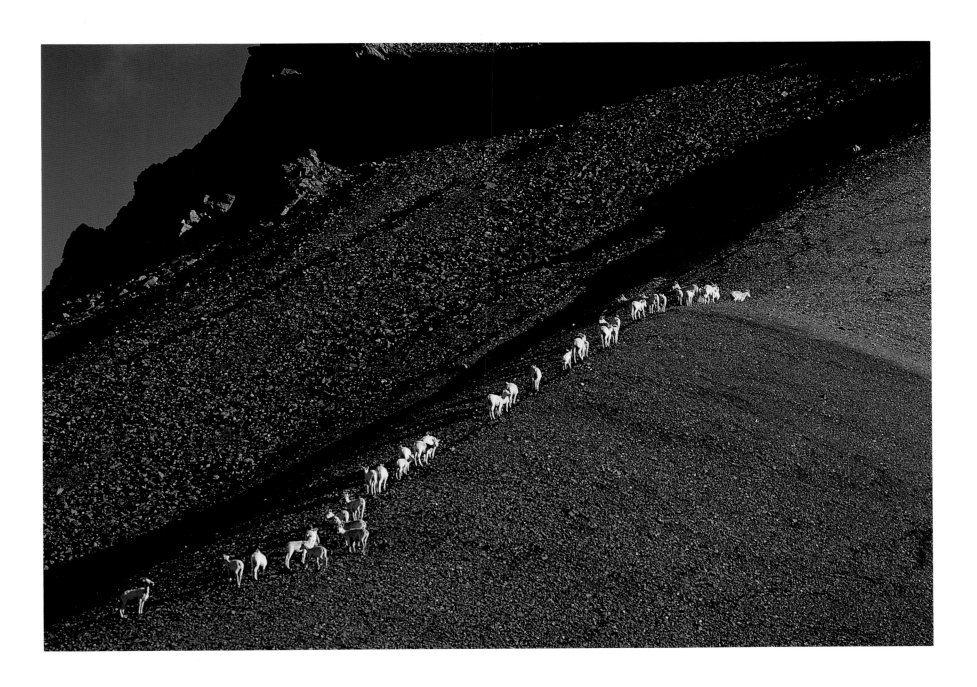

Versant de la ligne de partage des eaux
Hoge-Burwash animé d'une procession de mouflons
de Dall (réserve de parc national Kluane).

Des tours de glace ou « séracs » au pied du glacier
Donjek (réserve de parc national Kluane).

Toute petite dans ce paysage de géants, une excursionniste longe

un immense mur de glace sur la rive de la rivière Donjek.

Le glacier Donjek est l'un des nombreux
glaciers nourris par les monts St. Elias.
À l'horizon, on peut distinguer le mont Logan,
le plus haut sommet du Canada.

Le chaînon Ragged domine le lac Glacier,

situé au nord-ouest de la réserve de parc

national Nahanni. Parcs Canada espère

annexer un jour ce secteur à la réserve de parc.

Les monts St. Elias, dans la réserve de parc
national Kluane, forment la plus haute chaîne
de montagnes en Amérique du Nord.

Les bras nord et sud du glacier Kaskawulsh
se rejoignent pour former une large rivière
de glace (réserve de parc national Kluane).

LES PLAINES INTÉRIEURES

LES PLAINES INTÉRIEURES DÉBUTENT À LA PLAINE CÔTIÈRE DU NORD DU YUKON, traversent les forêts boréales nordiques de l'Alberta et de la Saskatchewan et s'étirent jusqu'aux prairies du Sud du Canada. Cette zone géographique couvre cinq régions naturelles : le delta du Mackenzie, les plaines boréales du Nord, les plaines et plateaux boréaux du Sud, les basses-terres du Manitoba et les prairies. Comme leur nom l'indique, les plaines intérieures sont relativement planes. De grands troupeaux de bisons et de caribous errent toujours dans la partie nord de cette zone mais il ne reste, dans la partie sud, que quelques survivants des antilopes d'Amérique, cerfs mulets et wapitis qui y vivaient jadis.

Cette région englobe certains des plus impressionnants plans d'eau du Canada, dont le plus grand fleuve du pays, le Mackenzie, et ses principaux affluents, les rivières Liard, de la Paix et des Esclaves. Deux immenses lacs dominent le paysage du Nord : le Grand lac des Esclaves et le Grand lac de l'Ours. Le delta des rivières de la Paix et Athabasca, l'un des plus vastes deltas intérieurs du monde, constitue une étape migratoire essentielle pour les oies, les cygnes et les canards.

Le relief, la végétation et la faune varient énormément dans cette région. Le delta du Mackenzie forme une zone de transition entre la toundra plate et sans arbres et les forêts d'épinettes rabougries dont le pergélisol est parfois recouvert d'eaux d'inondation. C'est la limite septentrionale de la ligne des arbres. Une multitude de « pingos » (collines en forme de cône à noyau de glace) forme le seul élément de relief. Plusieurs d'entre eux, qui ont été désignés « site canadien des pingos de Tuktoyaktuk » en 1984, sont maintenant protégés en vertu de l'entente territoriale conclue entre les Inuvialuit et le gouvernement du Canada. C'est dans cette région naturelle que se trouve le parc national Ivvavik qui englobe, juste au nord, la seule chaîne de montagnes au Canada qui n'a pas subi l'effet des glaciations, les monts Britanniques. Le troupeau de bisons de la Porcupine, qui compte 180 000 têtes, migre à travers cette portion du parc ; ce troupeau permet aux autochtones de la plaine d'Old Crow au Yukon de conserver leur mode de vie traditionnel.

La plaine boréale du Nord est une vaste étendue sauvage parsemée de tourbières, de forêts et de muskegs ; elle est caractérisée au nord, par des forêts d'épinettes isolées et au sud, par des forêts denses d'épinettes mélangées de mélèzes laricins. De vastes secteurs sans arbres dominent également le paysage de cette région. Deux troupeaux de bisons se partagent le territoire : les bisons des bois, que protège la réserve de bisons du Mackenzie, et le plus gros troupeau de bisons des plaines en liberté, qui est protégé par le parc national Wood Buffalo. Les deux troupeaux sont le résultat de programmes de conservation destinés à empêcher la disparition de ces grands ongulés.

Les plaines et plateaux boréaux du Sud forment une vaste zone de transition qui va des forêts boréales humides aux prairies sèches et sans arbres ; c'est aussi une zone de transition entre les régions sauvages relativement vierges du Nord du Canada et les paysages les plus fortement marqués par l'empreinte de l'homme au Sud. On y distingue trois zones de végétation : muskegs d'épinettes noires, forêt mixte de sapins beaumiers et d'épinettes noires et tremblaies. Les tremblaies, formées d'une mosaïque de bouquets de peupliers faux-trembles et de prairies de fétuque scabre, présentent une communauté végétale unique au monde. Les caractéristiques de cette région naturelle sont représentées dans les parcs nationaux Wood Buffalo, Elk Island, Prince-Albert et Mont-Riding.

L'agriculture a presque fait disparaître l'écosystème des prairies ; celles-ci reposent sur un épais manteau de terre noire et riche, l'une des plus fertiles au Canada. Il ne reste que deux pour cent de cette vaste plaine, ce qui explique qu'on y retrouve bon nombre des espèces en voie d'extinction au Canada. Quelques-unes des espèces indigènes sont encore présentes, dont l'antilope d'Amérique, le chien de prairie à queue noire et la Chouette de terrier. Certains secteurs de la prairie primitive sont maintenant protégés par le parc national des Prairies, établi depuis peu et pour lequel le programme d'acquisition des terres

n'est pas encore achevé. Toutefois, même si Parcs Canada peut acheter suffisamment de terres pour que le parc atteigne sa superficie maximale possible, soit 900 kilomètres carrés, cette superficie ne sera pas assez grande pour protéger un écosystème autosuffisant. Une nouvelle réserve nationale de faune a été établie sur la base des Forces canadiennes de Suffield, près de Wainwright en Alberta.

Les basses-terres du Manitoba forment la seule région naturelle des plaines intérieures qui n'est pas représentée dans le réseau des parcs nationaux. La végétation des basses-terres du Manitoba, qui sont situées à l'est des prairies, va des forêts d'épinettes noires et d'épinettes blanches au nord aux prairies d'herbes hautes au sud. Le Delta Marsh, le plus grand marais d'eau douce en Amérique du Nord, demeure relativement intact. Le gouvernement fédéral a retenu trois emplacements pour la création d'un parc national dans cette région naturelle : celui du lac Little Limestone, celui de Long Point et celui du parc provincial de l'île Hecla. On devrait confirmer le choix de l'un de ces emplacements au printemps de 1994.

Le développement de la partie sud de cette région naturelle saute aux yeux quand on constate à quel point son sol fertile est découpé par les routes et les terres en culture, comme c'est le cas dans les secteurs qui entourent les parcs nationaux existants. En raison du développement des terres adjacentes, les parcs Elk Island, Prince-Albert, Mont-Riding et des Prairies sont devenus des îlots écologiques. Divers gouvernements, des groupes de protection de l'environnement et le Fonds mondial pour la nature ont produit en collaboration le « Plan d'action pour la conservation des Prairies », un schéma directeur en vue de protéger et de restaurer la diversité biologique des prairies. Il est extrêmement urgent que les gouvernements de l'Alberta, de la Saskatchewan et du Manitoba complètent leurs réseaux de zones protégées s'ils veulent préserver un exemple représentatif de chaque région naturelle de la zone des plaines intérieures.

Page 68 : **Les nuages s'accumulent au-dessus du lac Clear (parc national du Mont-Riding).**

Les lacs et les étangs – le parc
en compte plus de 250 –
forment vingt pour cent
du territoire du parc national
Elk Island.

Le parc national Elk Island protège un type de

végétation de plus en plus rare : les tremblaies.

Champ d'herbes et de joncs ébouriffés par les vents
du nord dans le parc national Wood Buffalo.

Le parc national Ivvavik dans le nord du Yukon
a été le premier parc national créé à la suite
du règlement des revendications foncières des
Inuvialuit de la région de l'ouest de l'Arctique.

Ivvavik protège seulement une portion du territoire où s'effectue
la migration annuelle du troupeau de caribous de la Porcupine.
Le troupeau est encore menacé par la possibilité d'activités
d'exploitation pétrolière en Alaska.

LE
BOUCLIER CANADIEN

LE BOUCLIER CANADIEN COUVRE CINQUANTE POUR CENT DU TERRITOIRE CANADIEN ;
il va de l'Arctique jusqu'aux Grands Lacs et de l'ouest des Territoires du Nord-
Ouest à la côte du Labrador. La matière qui le compose date de l'ère précambrienne ; ses roches ont entre trois milliards et six millions d'années.

Les premières formes de vie, dont les algues, les fongus ainsi que les
plantes et les animaux marins à corps souple, se sont toutes développées à
l'époque précambrienne. On trouve dans cette région certaines des plus vieilles
montagnes du monde et quelques-uns des plus anciens vestiges de montagnes.
Sur les affleurements rocheux du Bouclier canadien sont encore visibles des
éraflures et des endroits polis par l'avance et le retrait des glaciers, il y a dix à
quinze mille ans.

La zone du Bouclier canadien comprend quatorze régions naturelles,
dont deux sont particulièrement représentatives des basses-terres qui bordent
la baie d'Hudson au sud. Les cinq parcs nationaux de cette zone (Auyuittuq,
Pukaskwa, La Mauricie, Îles-de-la-Baie-Georgienne et Îles-du-Saint-Laurent)
protègent des éléments représentatifs de seulement trois de ces quatorze régions
naturelles. Et deux de ces parcs sont parmi les plus petits au Canada.

Décrire brièvement quatorze régions naturelles n'est pas chose facile.
On peut toutefois parler de trois sous-zones de base : le bouclier de taïga, le
bouclier boréal et les plaines de la baie d'Hudson. Le bouclier de taïga, sous-
zone la plus au nord, borde la baie d'Hudson à l'est et à l'ouest. Cette région
est caractérisée par des affleurements de l'assise rocheuse datant du précambrien,
des plaines ondulantes et des centaines de lacs. Au nord-ouest s'étend un désert
polaire de toundra parsemé d'eskers et de drumlins. La limite de croissance des
arbres est visible dans ce secteur où les boisés clairsemés de lichen cèdent la
place à la toundra arctique à mesure que l'on monte vers le nord.

Les emplacements retenus pour la création de parcs nationaux dans cette
zone incluent le lac Bluenose et la baie Wager dans les Territoires du Nord-

Ouest, le lac Guillaume-Delisle au Québec et les monts Torngat au Labrador. En 1970, plus de 7 100 kilomètres carrés de terre ont été mis en réserve pour le parc national projeté du bras est du Grand lac des Esclaves. Aucun progrès n'a cependant été fait en raison du manque d'appui de l'une des communautés autochtones locales.

Le bouclier de taïga englobe certaines des dernières régions sauvages vierges ; on y trouve les deux plus grandes zones protégées du Canada : le sanctuaire d'oiseaux migrateurs du golfe de la Reine-Maude qui couvre 62 000 kilomètres carrés et le sanctuaire faunique Thelon qui occupe 55 000 kilomètres carrés. Les ours grizzlis, les bœufs musqués, les loups blancs et les ours polaires parcourent en liberté ces régions sauvages primitives. Les dernières aires de nidification du Courlis esquimau, l'un des oiseaux les plus rares au Canada, se trouvent également dans cette région.

Le bouclier boréal est une sous-zone en forme de U qui débute au nord de la Saskatchewan, contourne la baie d'Hudson et s'étend jusqu'à la côte du Labrador. Cette sous-zone comprend la limite sud du Bouclier canadien, qui se situe au nord des Grands Lacs et du fleuve Saint-Laurent. Au nord, la végétation dominante est la forêt de conifères et d'épinettes et au sud, ce sont les forêts d'arbres à grandes feuilles caduques comme l'érable à sucre et le tilleul d'Amérique. Le caribou des bois, l'ours noir, le lynx roux, la Nyctale boréale et le Gros-bec errant y ont établi leur domaine. Deux parcs nationaux pourraient être établis dans cette région : l'un dans les monts Mealy, au sud du Labrador, et l'autre dans la région des Hautes-Gorges, près de Charlevoix au Québec.

Les gouvernements provinciaux ont créé un certain nombre de parcs sauvages dans cette sous-zone. En 1983, l'Ontario a établi le parc de vie sauvage Woodland Caribou, qui jouxte le parc provincial manitobain Atikaki. Le gouvernement de la Saskatchewan a créé le parc sauvage des dunes de sable de l'Athabasca en 1992. Quant au gouvernement du Québec, il a soustrait au développement 3,5 millions d'hectares (9 millions d'acres) de nature sauvage afin de pouvoir déterminer les limites précises de vingt nouveaux parcs provinciaux dont la création devrait être sous peu approuvée.

La plus grande superficie de terres humides au Canada se trouve dans la sous-zone des plaines de la baie d'Hudson ; cette sous-zone débute au sud des baies d'Hudson et James au Manitoba et s'étend jusqu'au Québec. Ce paysage s'élève rarement à plus de 500 mètres au-dessus du niveau de la mer et est dominé par les muskegs et les marais. Les arbres n'y poussent pas en raison de la prédominance des terres humides et du sol hautement acide et faible en substances nutritives. Les baies d'eau salée de cette région offrent au béluga et à la baleine franche un important habitat estival. C'est là qu'est situé le parc provincial ontarien Polar Bear. Les gouvernements du Canada et du Manitoba espèrent conclure bientôt une entente qui permettra la création du parc national Churchill.

Le développement ne cesse d'empiéter sur le territoire du Bouclier canadien. Au sud, l'exploitation forestière continue de décimer les forêts. La rive est de la baie d'Hudson a été sacrifiée aux vastes aménagements hydro-électriques de la phase I de la baie James ; c'est également l'endroit qui a été choisi pour les travaux de harnachement de la rivière à la Baleine. Compte tenu de la faible superficie d'espaces sauvages à l'abri du développement industriel toujours croissant dans cette région, il faudra, d'ici la fin du siècle, créer d'autres parcs nationaux et d'autres zones protégées pour préserver une plus grande portion du Bouclier canadien.

Page 76 : **Le Passage, à l'extrémité nord du lac Wapisagonke dans le parc national de La Mauricie : témoin silencieux du passage des glaciers, des animaux, des chasseurs nomades, des bûcherons et plus récemment, des canoteurs.**

L'épilobe à épis à larges feuilles pousse sur le sol sablonneux
de la vallée Weasel, principal sentier de randonnée au cœur
de la réserve de parc national Auyuittuq.

Réserve de parc national Auyuittuq sur l'île de Baffin.

En inuk, le nom du parc signifie « le pays des glaces éternelles ».

Feuilles d'automne, île Beausoleil (parc national des Îles-de-la-Baie-Georgienne).

À l'approche de l'hiver, quand les feuilles tombent et que les visiteurs se font moins nombreux, la nature prend un répit bien mérité après l'activité récréative intensive.

Les spectaculaires couleurs automnales attirent chaque année
des milliers de visiteurs dans le parc national de La Mauricie.

La rive du lac Supérieur à proximité du parc national
Pukaskwa peut être aussi sauvage et désolée que
n'importe quelle autre région sauvage du Canada.

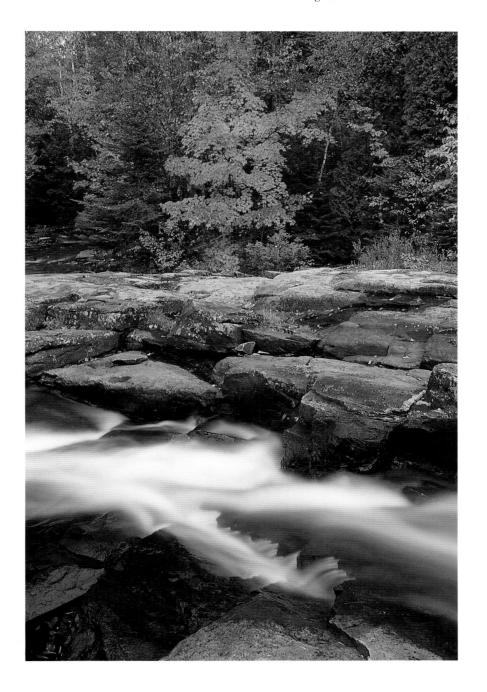

La Mauricie, le deuxième parc national créé au Québec, protège des exemples représentatifs de montagnes, de forêts, de lacs et de rivières des Laurentides québécoises.

Un bloc de roc précambrien veiné de quartzite
sur la côte sauvage du lac Supérieur, près de la
rivière Fisherman (parc national Pukaskwa).

Des potentilles frutescentes jaunes et des
marguerites blanches nichées au creux des
roches (parc national Pukaskwa).

LES
BASSES-TERRES DU
SAINT-LAURENT

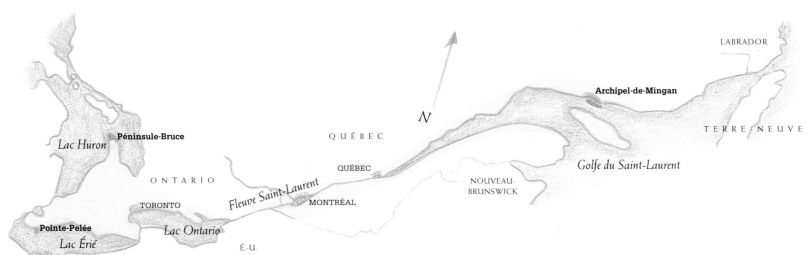

COINCÉE SOUS LA LIMITE SUD DU BOUCLIER CANADIEN, LA ZONE DES BASSES-TERRES du Saint-Laurent est celle où l'on rencontre le plus grand nombre d'espèces de plantes et d'animaux au Canada. Cette région, qui va du golfe du Saint-Laurent jusqu'à l'île Manitoulin et au lac Huron, est formée de trois sous-régions distinctes. La sous-région occidentale compte deux parcs nationaux, la sous-région orientale un seul et la sous-région centrale n'en compte aucun.

La sous-région occidentale forme un triangle allant de la baie Georgienne jusqu'à la limite est du lac Ontario et qui inclut tout le sud-ouest ontarien jusqu'à l'extrémité de la Pointe-Pelée. Cette zone est traversée par l'escarpement du Niagara, qui s'étend des chutes du Niagara à Hamilton et remonte vers le nord, jusqu'à la péninsule Bruce. La forêt carolinienne couvre la partie sud de cette sous-région ; elle abrite une très grande diversité d'espèces de flore et de faune dont certaines sont parmi les espèces les plus menacées au Canada. La moitié de la population canadienne vit dans cette sous-région et dans la sous-région centrale. On peut y rencontrer, quoique de plus en plus rarement, des reptiles comme la minuscule tortue molle de l'est, le massasauga et le seul lézard de l'est du Canada, le scinque pentalique.

La sous-région orientale est située dans le golfe du Saint-Laurent et inclut l'île d'Anticosti et l'archipel de Mingan sur la côte nord du Québec. L'archipel, acheté à Dome Petroleum en 1983 par le gouvernement fédéral, est protégé par la réserve de parc national de l'Archipel-de-Mingan. Les eaux littorales

nourrissent le macareux et d'autres oiseaux de mer ainsi que les baleines et les phoques. Des milliers d'Oies des neiges font escale sur les battures de la réserve faunique nationale du Cap-Tourmente durant leur migration annuelle. La végétation de cette zone est caractérisée par des espèces boréales comme l'épinette blanche et l'épinette noire et, dans les zones humides, par le sapin beaumier.

Trois petits parcs nationaux sont situés dans cette zone tandis qu'un quatrième, le parc national des Îles-de-la-Baie-Georgienne, chevauche les basses-terres du Saint-Laurent et le Bouclier canadien. Le parc national de la Péninsule-Bruce protège la spectaculaire extrémité nord de l'escarpement du Niagara. Ce parc, celui de l'Archipel-de-Mingan et le premier parc marin du Canada, Fathom Five, protègent des piliers rocheux ou éperons formés par l'érosion, comme l'île Flowerpot. Le réseau des parcs marins nationaux vise à protéger un élément représentatif de la baie Georgienne et de chacun des quatre Grands Lacs qui sont entièrement situés en sol canadien. La Pointe-Pelée, qui englobe la pointe de terre la plus au sud du Canada, est l'endroit le plus populaire au pays pour observer les oiseaux.

Il ne sera pas facile de créer un parc national dans la sous-région centrale. Elle fut l'une des premières à être colonisées par les Européens ; l'exploitation agricole et le développement urbain y sont pratiqués de façon intensive depuis plus de 300 ans. La réserve de la biosphère du mont Saint-Hilaire, au sud de Montréal, protège une portion de cette montagne qui fait partie des

Montérégiennes. Le parc du Mont-Royal, que l'on peut à peine qualifier de parc sauvage, est un important parc urbain qui protège une grande région naturelle en plein centre de Montréal. Frederick Law Olmsted, l'architecte paysagiste de renom qui a conçu Central Park à New York et produit le premier plan du parc national Yosemite, a également dessiné les plans du parc du Mont-Royal.

Sur la scène internationale, on a reconnu l'importance écologique de cette région. Le mont Saint-Hilaire, l'escarpement du Niagara et Long Point sont des réserves de la biosphère de l'UNESCO parce que ces endroits contiennent des éléments naturels protégés au cœur de secteurs fortement urbanisés.

Les terres humides du parc national de la Pointe-Pelée et trois réserves fauniques nationales – Long Point, lac Saint-François et St. Clair – ont été désignées sites Ramsar, ce qui signifie que l'on considère que ce sont des terres humides d'importance internationale en vertu d'une convention de l'UNESCO signée en 1971 à Ramsar, en Iran.

Si l'on veut que ces parcs conservent leur intégrité et si l'on veut sauvegarder la multiplicité des espèces animales et végétales qui caractérise cette zone, il va falloir mettre en œuvre dans toute la région des pratiques de conservation plus énergiques.

Page 88 : **Panorama qui s'offre à la vue à l'extrémité du parc national de la Pointe-Pelée, la pointe de terre la plus au sud du Canada.**

La potentille ansérine trouve un bien précaire habitat
dans le roc de l'archipel de Mingan.

Sculpture calcaire naturelle surplombant un visiteur
(réserve de parc national de l'Archipel-de-Mingan).

Les bouleaux blancs et les galets pâles de la côte de la baie Georgienne dans le parc national de la Péninsule-Bruce contrastent très vivement avec les falaises de calcaire caractéristiques de ce paysage.

L'érosion marine et éolienne a sculpté
chacune des îles accidentées de la réserve
de parc national de l'Archipel-de-Mingan.

Seul un type de végétation semblable à la toundra peut survivre dans les conditions difficiles et le sol à prédominance calcaire des îles de Mingan.

LES

APPALACHES

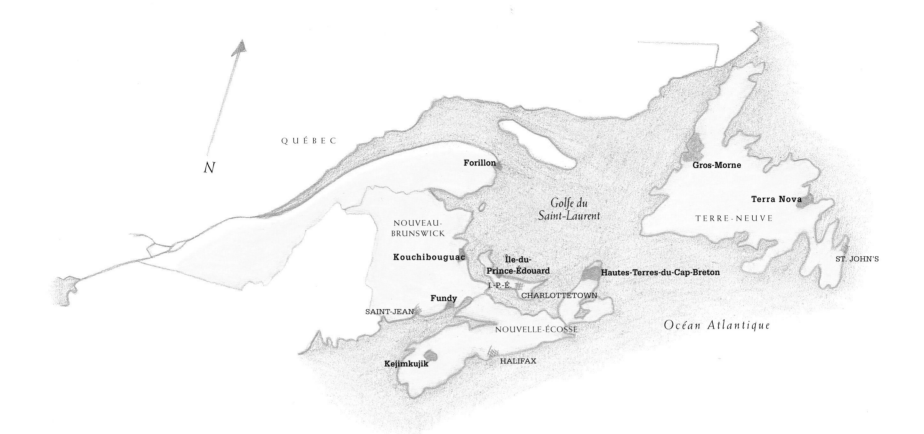

LES CANADIENS APPELLENT GÉNÉRALEMENT CETTE ZONE LE CANADA ATLANTIQUE ou les Maritimes. Elle comprend les quatre provinces atlantiques ainsi que la péninsule de la Gaspésie. C'est l'extrémité nord de la chaîne des Appalaches. Et même si les Appalaches présentent les paysages de montagnes les plus spectaculaires à l'est des Rocheuses, c'est l'océan qui domine le paysage et assure une bonne partie de la vie dans cette partie du Canada.

L'homme occupe la zone des Appalaches depuis des siècles et l'a beaucoup modifiée par son activité. L'agriculture et l'exploitation forestière ont fait disparaître une grande partie des forêts originales, y compris certaines de celles qui se trouvaient dans les parcs nationaux Fundy et Kouchibouguac. La chasse et la perte d'habitat ont contribué à éliminer le loup et le caribou dans beaucoup de régions, dont la région naturelle de la plaine des Maritimes. La réduction des bancs de morue a par ailleurs engendré une crise écologique et économique dans les collectivités portuaires de Terre-Neuve.

Huit parcs nationaux ont été créés dans cette zone, qui englobe six des

régions naturelles définies par le réseau des parcs nationaux. Tous ces parcs ont un accès à la mer, même Kejimkujik qui a une annexe côtière de 22 kilomètres carrés à Port Mouton, l'une des régions côtières les moins perturbées de la côte sud de la Nouvelle-Écosse. Le gouvernement fédéral considère que le réseau des parcs nationaux protège des exemples représentatifs des six régions naturelles de cette zone. En raison de la proximité de l'océan et de la présence d'une infrastructure touristique très importante, ces parcs sont parmi les plus populaires au Canada.

Dans la partie est de cette zone, les sommets aplatis des monts Chic-Chocs s'élèvent à plus de 900 mètres. Le plus haut est le mont Jacques-Cartier qui atteint 1 320 mètres. Dans la péninsule de Gaspé, le visiteur qui s'éloigne du Saint-Laurent pour aller vers l'intérieur des terres se heurte rapidement à des parois montagneuses qui s'élèvent brusquement. Les sommets et les versants exposés de ces montagnes sont le refuge de plusieurs espèces animales que l'on ne voit normalement que dans l'Arctique ou dans les Rocheuses. Le développement a réduit le troupeau de caribous autrefois très nombreux à une toute petite population cantonnée au parc provincial de la Gaspésie. Le parc national Forillon, situé à la pointe de la péninsule de la Gaspésie, représente la région naturelle des monts Notre-Dame ainsi que la forêt boréale et les caractéristiques littorales de cette zone.

À l'est se trouvent les hautes-terres acadiennes des Maritimes, un plateau ondulant s'élevant en moyenne à 300 mètres au-dessus du niveau de la mer ; cette région inclut également une large bande de terre autour de la baie de Fundy ainsi que l'île du Cap-Breton. La baie de Fundy est une région de contrastes où se côtoient falaises de roche sédimentaire, battures de vase et marais salants. Cette zone connaît les plus fortes marées au monde. Du côté néo-brunswickois de la baie de Fundy pousse une forêt dominée par l'épinette rouge, tandis que du côté néo-écossais, la forêt est dominée par l'épinette blanche. Le parc national Fundy au Nouveau-Brunswick protège des éléments représentatifs de la côte de la baie de Fundy et des hautes-terres de Calédonie. Les hauts plateaux de l'île du Cap-Breton sont de vastes « landes » couvertes de thé du Labrador, un arbuste boréal commun dans cette région. Une route panoramique appelée Cabot Trail serpente dans le paysage côtier accidenté et spectaculaire de cette région.

Au nord, les hautes-terres acadiennes des Maritimes sont bordées par la région naturelle de la plaine des Maritimes qui compte deux parcs nationaux très populaires : les parcs de l'Île-du-Prince-Édouard et Kouchibouguac. Les longues plages, les dunes de sable, les marais salés et les lagunes aux eaux chaudes caractérisent cette région naturelle. Au large, une chaîne de récifs et de bancs de sable, continuellement en mouvement, protège le littoral de la fureur des tempêtes qui balayent le golfe du Saint-Laurent. Les grandes étendues de plages et de dunes de sable offrent un milieu critique pour la nidification du pluvier siffleur, une espèce menacée. Étant donné qu'une bonne partie de la forêt de cette région a cédé la place aux champs en culture, le loup, le caribou et la martre ont disparu.

La province de Terre-Neuve se divise en deux régions naturelles distinctes. Le parc national du Gros-Morne est représentatif des hautes-terres de l'ouest de Terre-Neuve. Le spectaculaire fjord de l'étang Western Brook, l'élément naturel de Terre-Neuve le plus souvent photographié, est représentatif des monts Long Range qui dominent les eaux et les plages de la côte ouest. Il faut se méfier des bouquets d'épinettes et de sapins rabougris et enchevêtrés que l'on appelle « tuckamore » dans la région et qui poussent sur les versants exposés des monts Long Range. Dans cette région, les caribous se nourrissent de lichens (mousse de caribou). Dans la partie nord-ouest de Terre-Neuve, la végétation passe de la forêt boréale à la toundra arctique. C'est là que se trouve le site de L'Anse-aux-Meadows, le plus ancien site de peuplement européen découvert jusqu'ici dans le Nouveau Monde.

La région atlantique de l'est de Terre-Neuve et le parc national Terra-Nova sont la région naturelle et le parc national les plus à l'est du Canada. On y trouve les vestiges érodés des anciennes montagnes des Appalaches, des lacs intérieurs et des rivières aux eaux vives. Presque la moitié de la région est recouverte de forêts d'épinettes noires et de sapins beaumiers parsemées de tourbières. Certaines des plus grosses colonies d'oiseaux de mer nichent le long des falaises de la côte est de Terre-Neuve : celles du cap St. Mary's et des îles de la baie Witless comptent parmi les plus spectaculaires du monde. Des centaines de milliers de mouettes, Macareux, Marmettes communes et Petits pingouins s'y reproduisent. Les caribous de cette région sont les plus gros d'Amérique du Nord.

Le gouvernement de Terre-Neuve a créé la plus grande zone sauvage protégée des Maritimes en 1990 quand il a établi le parc sauvage Bay du Nord dont la superficie est de plus de 3 450 kilomètres carrés. Le parc sauvage Avalon protège le caribou et son habitat dans le centre de la péninsule Avalon. Il y a dans chacune des provinces atlantiques au moins un habitat humide désigné site Ramsar en reconnaissance de sa valeur internationale du point de vue de la conservation.

Page 96 : **Les vagues de l'océan Atlantique martèlent la côte est du parc national des Hautes-Terres-du-Cap-Breton.**

Fougères (parc national Kejimkujik).

De l'eau douce entre dans la baie de Fundy à Herring Cove (parc national Fundy).

Le sable et la mer s'unissent pour former des paysages toujours différents (parc national de l'Île-du-Prince-Édouard).

Vue aérienne de vagues qui déferlent sur une plage
dans le parc national de l'Île-du-Prince-Édouard.

La rivière Mackenzie serpente jusqu'à la mer
à l'extrémité nord de l'île du Cap-Breton.

La plage de la rivière Sainte-Catherine dans l'annexe côtière du parc national Kejimkujik est une aire de nidification importante pour le pluvier siffleur, une espèce menacée.

Ce goéland ne semble aucunement dérangé par la
violence des vagues qui se brisent à quelques pas
de lui, à l'extrémité de la péninsule Middle Head
(parc national des Hautes-Terres-du-Cap-Breton).

Les pittoresques chutes Mary Ann
(parc national des Hautes-Terres-du-Cap-Breton).

Une épinette qui a souffert des intempéries
(parc national des Hautes-Terres-du-Cap-Breton).

LES BASSES-TERRES
ET LES ÎLES DE
L'ARCTIQUE

Océan Arctique

N

Île-d'Ellesmere

ÎLE
D'ELLESMERE

ÎLES DE LA REINE-ÉLIZABETH

Aulavik

ÎLE
BANKS

Nord-de-l'Île-de-Baffin

ÎLE
VICTORIA

ÎLE DE BAFFIN

TERRITOIRES DU NORD-OUEST

Sur le continent nord-américain, l'Extrême-Arctique demeure l'ultime frontière des terres sauvages. Toutefois, même là, on relève des traces de la pollution industrielle. Au printemps, des produits chimiques sont transportés au-dessus de l'Arctique et, quand certaines conditions météorologiques sont réunies, ces substances grugent la couche d'ozone. Les scientifiques tentent d'en évaluer les répercussions sur les écosystèmes arctiques. Il est certain toutefois que cette nature fragile se passerait facilement de ce stress qui lui est imposé.

L'Arctique n'est pas un paysage vaste et nu. Le réseau des parcs nationaux y définit quatre régions naturelles distinctes. Deux sont représentées par des grands parcs nationaux : le parc national Aulavik sur l'île Banks et la réserve de parc national de l'Île-d'Ellesmere, sur la partie nord de l'île du même nom. Le gouvernement du Canada et les Inuit de l'est de l'Arctique se sont engagés à créer un nouveau parc national sur la partie nord de l'île de Baffin pour

représenter une troisième région naturelle. En 1992, le gouvernement fédéral a réservé des terres à l'ouverture d'un parc en 1995 ou 1996.

La région naturelle de l'ouest des basses-terres de l'Arctique inclut la partie ouest du Passage du Nord-Ouest et l'île Victoria, qui dépasse en superficie les quatre provinces atlantiques réunies. La végétation de cette région est très clairsemée, mais les zones humides présentent un épais couvert de carex, de linaigrette et de mousse. Seuls le bœuf musqué et le caribou y demeurent durant l'hiver alors que la plupart des oiseaux migrent vers le sud. Durant l'été, le soleil ne se couche jamais et des nuées d'Oies des neiges et d'autres oiseaux aquatiques reviennent dans les parages.

L'est des basses-terres de l'Arctique inclut la portion est du Passage du Nord-Ouest et le détroit de Lancaster, d'importance internationale, où vivent diverses espèces fauniques. L'été est court, le climat est froid et le ciel est couvert la plupart du temps. Le paysage présente toutefois une certaine variété : il y a sur la côte des hauts-fonds de marée de 10 kilomètres de largeur. Les plaines marécageuses de l'intérieur sont parsemées de roc dénudé et de lacs. Vers le nord, le terrain s'élève pour former un haut plateau. Plusieurs fjords spectaculaires s'enfoncent vers l'intérieur et leurs parois atteignent parfois plus de 1 000 mètres de hauteur. L'ours polaire hiberne le long de la côte où au printemps, il chasse le phoque. Le caribou, le loup, le renard arctique et le lièvre arctique abondent dans certains des secteurs les plus productifs de cette région.

L'ouest de l'Extrême-Arctique est un désert polaire que Parcs Canada décrit comme « ... une contrée froide et stérile, au sol jonché de pierres ». Nulle part dans ces îles arides est-on à plus de 50 kilomètres de la mer. La région reçoit annuellement à peine plus de 10 centimètres de précipitations, ce qui en fait l'une des régions les plus sèches du monde. Il peut neiger à n'importe quel mois de l'année. La végétation est rare ou inexistante. Les populations d'ours polaire, de caribou de Peary, de bœuf musqué, de loup arctique et de renard arctique se concentrent autour des basses-terres humides. Cette région n'a pas de parc national, mais la réserve nationale de faune du col Polar Bear protège les terres de vêlage du bœuf musqué, d'importantes aires de nidification en milieu humide et un itinéraire par lequel les ours polaires franchissent le col.

La région naturelle la plus au nord du réseau des parcs nationaux s'appelle l'est de la région des glaciers de l'Extrême-Arctique. C'est ici que le Canada finit. Selon Parcs Canada, « C'est une terre de désolation et de splendeur inouïes. Mais c'est aussi un monde de beauté intime, fragile ; de délicats pavots d'Islande frémissant sous la brise, de minuscules forêts de lichens et de bruyères aux tons pastel subtils qui répandent des arômes capiteux. » La réserve de parc national de l'Île-d'Ellesmere compte plusieurs oasis thermiques de l'Arctique, dont font partie les terres qui entourent le lac Hazen ; il y pousse de luxuriants plants de bruyère et d'airelle ainsi que du carex et de la mousse.

Selon le chercheur arctique Edmund Carpenter, cité par Barry Lopez dans son livre *Arctic Dreams*, « Le paysage communique une impression de permanence absolue. Il n'est pas hostile. Il est là, tout simplement, vierge, silencieux et complet. C'est une région isolée ; toutefois, l'absence de toute trace de l'homme donne l'impression de comprendre ce pays et de pouvoir y prendre sa place. » Peut-être serons-nous un jour plus nombreux à faire l'expérience de la nature sauvage dans l'un ou l'autre des nouveaux parcs nationaux du Nord.

Dans l'Enquête sur le pipeline de la vallée du Mackenzie, Thomas Berger pressait les Canadiens de protéger le caractère sauvage du Nord du Canada : « Si nous voulons préserver les régions sauvages du Nord, nous devons le faire maintenant. Chaque projet de développement industriel mis en œuvre à la limite de ces régions diminuera la superficie des terres disponibles. » Peu après le dépôt du rapport Berger en 1977, Parcs Canada projetait de créer cinq nouveaux parcs nationaux de nature sauvage dans le Nord. Trois de ces parcs ont vu le jour. Un projet a été abandonné en raison de conflits avec les sociétés d'exploitation minière ; les négociations relatives au cinquième, baie Wager, se poursuivent sur la côte nord de la baie d'Hudson.

Page 108 : **En dépit de son rude climat, l'île d'Ellesmere jouit d'une vie végétale et animale riche et variée.**

Neige et glace (réserve de parc national
de l'Île-d'Ellesmere).

Un bouquet d'épilobes à épis à larges feuilles
marque le retour de la brève mais intense
saison de végétation sur l'île de Baffin.

La réserve de parc national de l'Île-d'Ellesmere, le deuxième plus grand parc national du Canada, est l'une des régions les plus isolées et les moins accessibles aux visiteurs.

Il existe peu d'endroits aussi isolés que la réserve
de parc national de l'Île-d'Ellesmere qui n'est
desservie par aucune route.

Glace et montagnes : deux éléments qui
définissent l'image que nous nous faisons
des régions sauvages isolées (réserve de parc
national de l'Île-d'Ellesmere).

Des icebergs sculptés glissent majestueusement
devant les rudes montagnes de la terre de Grant
(réserve de parc national de l'Île-d'Ellesmere).

Des terres de la partie nord de l'île de Baffin ont été
retenues en vue de la création d'un parc national.

LES PARCS

« *Plus les parcs seront fréquentés, plus il sera difficile d'empêcher les abus...*

Les parcs peuvent perdre l'attribut essentiel qui les distingue du monde extérieur. »

JAMES BERNARD HARKIN, COMMISSAIRE, DIRECTION DES PARCS FÉDÉRAUX, 1911-1936.

Page 118 : Du camping Des-Rosiers, on distingue
à peine, à la brunante, les falaises du cap Bon-Ami
et du cap Gaspé (parc national Forillon).

La rivière Thomsen serpente paresseusement dans la toundra du parc national Aulavik sur l'île Banks.

Parc national Aulavik

D'une superficie qui est presque le double de celle de l'Île-du-Prince-Édouard, le parc national Aulavik protège le plus riche habitat au monde du bœuf musqué et une grande partie du bassin hydrographique de la rivière Thomsen. Ce parc national, qui est l'un des plus récents, est situé à l'extrémité nord de l'île Banks dans les Territoires du Nord-Ouest, à environ 250 kilomètres de Sachs Harbour, seule collectivité de l'île. Les négociations relatives à la création de ce nouveau parc ont connu un heureux dénouement en août 1992, presque quatorze ans après que la création en eût été proposée pour la première fois par le gouvernement fédéral, dans le cadre de son projet de créer six parcs au nord du 60e parallèle. En vertu de ce programme, le gouvernement voulait établir cinq nouveaux parcs et un site canadien dans le Nord du pays.

Aulavik, qui signifie « là où les gens voyagent » est le nom qui a été choisi pour le parc par un ancien de la collectivité autochtone de Sachs Harbour. Le parc représente les particularités écologiques de la région de l'ouest des basses-terres de l'Arctique du réseau des parcs nationaux. Le paysage de l'île Banks est caractérisé par des collines onduleuses, des rivières et des ruisseaux sinueux et de spectaculaires falaises littorales. L'île Banks abrite une harde de bœufs musqués de presque 40 000 têtes, soit l'une des plus grandes concentrations au monde.

Le bassin de la rivière Thomsen forme le cœur du parc ; dans les basses-terres, il offre d'importants habitats au bœuf musqué ; il constitue également la principale voie d'accès au parc pour les visiteurs. Coulant sur un large lit de sable et de gravier en direction du détroit de McClure, la calme rivière Thomsen ne devient agitée qu'en quelques endroits ; sinon, elle serpente entre des prairies saturées d'eau, des bras morts de cours d'eau et des étangs d'alluvions. Comme elle ne présente pas de rapides d'eaux vives, cette rivière est accessible même aux personnes qui possèdent peu d'expérience en canotage. Compte tenu de l'isolement du parc, des notions de survie en milieu sauvage sont toutefois essentielles. Durant l'été bref et intense, la vallée de la rivière Thomsen se couvre de verdoyantes prairies de carex, parsemées de touffes de linaigrette et de fleurs arctiques aux vifs coloris.

Les principaux affluents de la Thomsen, comme la rivière Musk Ox et le ruisseau Able, coulent au fond de canyons aux parois abruptes et traversent des *badlands* semblables à des déserts. Ces secteurs ainsi que le littoral accidenté, les plateaux nus et rocheux et les déserts polaires, forment un contraste saisissant avec la paisible vallée de la Thomsen et les prairies environnantes. Cette vallée est bordée à l'est d'un plateau accidenté et à l'ouest, de hautes-terres marquées par des ravins et des vallées. S'élevant au-dessus du plateau oriental à une hauteur de 100 mètres, Gyrfalcon Bluff domine la baie Mercy. Le sol des vallées des hautes-terres occidentales est incrusté de tiges de plantes et de fougères fossilisées.

La baie Mercy est l'endroit où le capitaine Robert M'Clure a dû se résoudre à abandonner son navire, le *H.M.S. Investigator*, pris dans les glaces. Les « Esquimaux de cuivre » de l'île Victoria entendirent parler du bateau et, empruntant la Thomsen, récupérèrent sur le bateau le fer, la toile, le bois, les recouvrements de cuivre, la laine et d'autres matériaux. On peut encore voir les vestiges de plus de 150 emplacements de leurs camps de chasse au bœuf musqué.

Parc national Aulavik

- **Territoire :** Territoires du Nord-Ouest
- **Entente de principe : 1992**
- **Superficie :** 12 200 kilomètres carrés
- **Collectivité locale :** Sachs Harbour
- **Accès : par avion nolisé seulement**
- **Personne-ressource :** le directeur, district de l'ouest de l'Arctique, Parcs Canada, C.P. 1840, Inuvik (Territoires du Nord-Ouest) X0E 0T0 ; téléphone : (403) 979-3248.

La faune du parc national Aulavik est aussi protégée du rude climat arctique qu'il est possible de l'être. Le troupeau de bœufs musqués de l'île Banks, dont 10 000 têtes vivent dans la vallée de la rivière Thomsen, a frisé l'extinction. Depuis le début du siècle, sa population a connu une spectaculaire recrudescence. Le bœuf musqué est l'une des espèces de grands animaux qui ont survécu aux périodes glaciaires en Amérique du Nord. Bien que le nombre d'oiseaux fluctue d'une année à l'autre, presque 25 000 petites Oies des neiges et jusqu'à 5 000 Bernaches cravants utilisent comme aire de mue et de repos le labyrinthe aquatique que forment en été les ruisseaux, les lacs et les étangs le long de la rivière Thomsen. Le caribou des toundras et le caribou de Peary ont donné naissance à une sous-espèce de caribou exclusive à l'île Banks.

L'île Banks a servi de territoire de chasse aux Inuvialuit et à leurs ancêtres pendant plus de 3 400 ans ; l'entente entre le gouvernement du Canada et les Inuvialuit en vue de la création du parc national Aulavik garantit aux autochtones le maintien de leurs droits ancestraux de récolte des ressources. Dans *Arctic Dreams*, l'auteur Barry Lopez rapporte que les Inuit ne pratiquent ni la chasse ni le piégeage dans le nord-est de l'île Banks où coule la rivière Thomsen parce qu'ils considèrent ce secteur comme une oasis qui produit des animaux pour les besoins de l'homme. Les vestiges des anciennes cultures inuit laissent supposer que leur mode de vie était basé sur la chasse au bœuf musqué et à la baleine franche. Les excursions de chasse sur l'île Banks devinrent plus fréquentes après 1920, quand l'île fut déclarée réserve de chasse à l'usage exclusif des Inuit. Sachs Harbour fut la première collectivité à s'implanter sur l'île Banks au début des années cinquante. La création du parc et l'activité touristique qui en découlera offrira aux Inuvialuit des possibilités d'emplois et des occasions d'affaires.

Le nouveau parc permet aux visiteurs de vivre une expérience unique au cœur de la nature sauvage de l'Arctique : faire du canot ou du radeau sur la rivière navigable la plus au nord du Canada. Il offre aussi d'innombrables occasions d'observer et de photographier des bœufs musqués et d'autres espèces fauniques de l'Arctique ainsi que d'examiner des éléments archéologiques permettant de mieux comprendre et d'apprécier les peuples du Nord du Canada et leur culture.

PARC NATIONAL AUYUITTUQ

La réserve de parc national Auyuittuq est située presque entièrement à l'intérieur du cercle arctique, sur la rive nord de la péninsule Cumberland, dans l'île de Baffin. Le soleil, présent vingt-quatre heures par jour durant l'été, incite les visiteurs à profiter du spectaculaire paysage sauvage de l'Arctique aussi longtemps qu'ils peuvent rester éveillés. Auyuittuq, qui signifie « le pays des glaces éternelles », est un parc de toundra montagneuse et accidentée, dont les principales caractéristiques sont la calotte glaciaire Penny, qui couvre un tiers de la superficie du parc, des glaciers actifs, des vallées profondes et des fjords. Les monts Odin et Thor dominent le paysage de cette terre de géants ; les falaises du mont Thor, qui atteignent 1 500 mètres de hauteur, sont peut-être les plus hautes du monde.

La région marine de la plate-forme de l'est de l'île de Baffin et la région naturelle du nord de la région Davis sont représentées dans la réserve de parc national Auyuittuq. Le projet de créer ce parc national, ainsi que ceux de Kluane et de Nahanni, avait été annoncé par l'honorable Jean Chrétien en 1972. Pour tenir la promesse du gouvernement fédéral de préserver à perpétuité une partie de la grandeur et de la beauté sauvage du Nord canadien, les secteurs des trois parcs furent protégés en vertu de la *Loi sur les parcs nationaux* en 1974.

Le territoire d'Auyuittuq a été désigné réserve de parc national lorsqu'il a été protégé en vertu de la *Loi sur les parcs nationaux*, sous condition d'un règlement des revendications territoriales des Inuit. Une entente territoriale globale a été conclue en 1993. La réserve de parc national Auyuittuq sera officiellement désignée parc national vers 1996, quand le gouvernement et les Inuit auront conclu une entente sur les répercussions et les retombées, entente qui examinera en profondeur les avantages économiques du parc pour les Inuit.

Les falaises stupéfiantes du mont Breidablik
et le versant en surplomb du mont Thor au loin
dominent la réserve de parc national Auyuittuq.

Un garde à l'œuvre dans la réserve
de parc national Auyuittuq.

Les parties nord et sud du fjord Pangnirtung sont reliées par un col montagneux profond et étroit qui forme un couloir encerclé de montagnes, le col Aksayook, qui s'appelait autrefois le col Pangnirtung. Le plus haut point du col Aksayook est situé à 400 mètres d'altitude. Le col est l'élément central du principal sentier emprunté par les excursionnistes. Une partie du sentier est balisée de cairns de pierre : des inuksuit (inukshuk au singulier), mot qui signifie en inuktituk « fait à l'image de l'homme ». En suivant le col sur toute sa longueur – 97 kilomètres – le voyageur traverse de part en part la péninsule Cumberland.

Même si des glaciers pouvant atteindre 25 kilomètres de longueur sont suspendus aux montagnes, dont certaines atteignent 2 000 mètres, la vallée empruntée par les excursionnistes est libre de glace durant le court été. La végétation est rare en certains endroits, mais le lichen, la mousse, le carex et certaines plantes à fleurs, comme le pavot d'Islande, prédominent dans les vallées et donnent un peu de couleur à la région. Peu d'oiseaux passent l'hiver dans le parc ; la faune ailée d'Auyuittuq se compose d'une quarantaine d'espèces. En plus des quinze espèces d'oiseaux aquatiques, comme le Huard, l'Eider et la Marmette, les marcheurs peuvent observer des Lagopèdes, des Goélands bourgmestres et des Harfangs des neiges. Le Faucon pèlerin et le Gerfaut nichent dans les crevasses des parois rocheuses ou au sommet des falaises. Les mammifères communs dans le parc sont le lemming ainsi que le renard et le lièvre arctiques. L'ours polaire partage le littoral avec d'autres mammifères. À l'intérieur, on peut rencontrer des caribous et des loups.

Trois thèmes d'interprétation présentent l'histoire naturelle et humaine de la réserve de parc national Auyuittuq : « La nature sauvage de l'Arctique » ; « Histoire de l'Arctique oriental et histoire culturelle des Inuit » et « Origines du paysage : histoire glaciaire et géomorphologique ». Comme bon nombre de parcs nationaux, Auyuittuq offre une occasion unique de connaître la culture des premières nations du Canada.

L'un des défis que pose la gestion d'Auyuittuq est de trouver des façons de répartir plus équitablement le flot des visiteurs à l'intérieur du parc et de surveiller les sites archéologiques. La nature sauvage du Nord pourrait être endommagée par le fait qu'un grand nombre de touristes empruntent année après année le même trajet. Comme Parcs Canada se préoccupe de cette question, le voyageur qui planifie une visite serait avisé de s'informer au sujet des autres endroits à visiter dans la réserve de parc national Auyuittuq et aux alentours.

PARC NATIONAL BANFF

S'il est un nom que l'on associe spontanément aux parcs nationaux, c'est bien celui de Banff, lieu de naissance du réseau des parcs du Canada. Banff, qui s'appelait jadis le parc des montagnes Rocheuses, était à l'origine une réserve de 26 kilomètres carrés destinée à protéger les sources thermales minérales du mont Sulphur de l'exploitation privée et du lotissement. L'*Acte concernant le Parc des Montagnes Rocheuses* de 1887 étendit les limites de la réserve à 673 kilomètres carrés et en fit officiellement un parc. En 1882, on mit de côté le secteur du

---

Réserve de parc national Auyuittuq

- **Territoire :** Territoires du Nord-Ouest / Nunavut
- **Date de création :** 1976
- **Superficie :** 21 470 km^2
- **Fréquentation :** environ 400 visiteurs par année
- **Camping :** trois terrains de camping d'arrière-pays et possibilités de camping sauvage
- **Sentiers :** par le col Aksayook
- **Accès :** en bateau ou en moto-neige, par pourvoyeurs locaux ; à pied ou en ski de randonnée en saison
- **Collectivités locales :** Pangnirtung et Broughton Island desservies par des vols réguliers
- **Personne-ressource :** le directeur, réserve de parc national Auyuittuq, C.P. 353, Pangnirtung (T.N.-O.) X0A 0R0 ; téléphone : (819) 473-8828.

Chaque année, un nombre sans cesse croissant d'excursionnistes sont émerveillés par la splendeur automnale des forêts de mélèzes de Lyall dans le parc national Banff.

lac Louise pour en préserver le paysage spectaculaire ; on l'annexa au parc des montagnes Rocheuses en 1902. Après plusieurs modifications de ses limites, le parc national Banff est maintenant un peu plus grand que l'Île-du-Prince-Édouard.

Le parc des montagnes Rocheuses a été rebaptisé parc national Banff en 1930. Le nom de Banff fut utilisé pour la première fois en 1883-1884 pour désigner une gare de la société des chemins de fer du Canadien Pacifique située à l'est des sources thermales. C'est lord Strathcona et des personnalités influentes du Canadien Pacifique et de la Compagnie de la Baie-d'Hudson qui choisirent ce nom, en souvenir d'une ville située près du lieu de naissance de lord Strathcona, la ville de Banff, dans le comté de Banffshire dans l'est de l'Écosse. Banff est dérivé de « Bunnaimb », mot gaélique qui signifie « embouchure de la rivière ».

Le parc national Banff et les parcs nationaux Jasper, Kootenay, Yoho et

En 1887, la ville de Banff comprenait six hôtels et neuf boutiques. Cent quatre-vingt lots urbains étaient loués à des colons.

des Lacs-Waterton représentent les caractéristiques naturelles des Rocheuses, notamment les chaînons principaux et frontaux du système plus vaste des chaînons continentaux, qui sont situés dans la région naturelle numéro cinq du réseau des parcs nationaux. Les chaînons principaux et frontaux sont les deux principales chaînes de montagnes de Banff. Le mont Rundle est caractéristique des premiers et le mont Temple, des seconds. Il y a dans le parc au moins vingt-cinq sommets qui dépassent 3 000 mètres. Les montagnes dominent les vallées alpines, les lacs, les rivières de montagne et les glaciers qui caractérisent ce parc.

Trois principales écorégions se partagent ce parc : les zones alpine, subalpine et alpestre ; on invite les visiteurs à les visiter toutes les trois. En raison de son rude climat, la zone alpine est dépourvue d'arbres ; les prairies Sunshine sont représentatives de cette écorégion. Le secteur du lac Louise est représentatif de la zone subalpine où poussent l'épinette d'Engelmann et le sapin subalpin. La zone alpestre est caractérisée par des forêts de sapins de Douglas et des prairies herbeuses. Cette écorégion est la moins bien représentée dans les parcs nationaux ; c'est aussi celle qui est la plus menacée par le développement croissant dans la vallée de la Bow.

Banff fait partie d'un bloc contigu formé par quatre parcs nationaux, trois parcs provinciaux de Colombie-Britannique et plusieurs zones de vie sauvage en Alberta. Cette contiguïté contribue à la protection, sans toutefois la garantir, d'une vaste zone sauvage relativement vierge où vivent diverses espèces animales, dont le grizzli, la chèvre de montagne, le mouflon d'Amérique, le caribou des montagnes, le wapiti des Rocheuses, le couguar et le loup. Parce qu'il permettrait de protéger un très vaste habitat faunique, les écologistes recommandent que tout ce secteur forme un noyau de nature sauvage protégé qui serait au centre d'un secteur de conservation des carnivores.

Ceux et celles qui désirent visiter le parc devraient se rendre au centre d'information de Banff ou au centre d'accueil des visiteurs du lac Louise pour se renseigner sur le parc, s'inscrire s'ils désirent se rendre dans l'arrière-pays et prendre la documentation d'information, dont une très importante brochure

Un skieur fait une pause dans la longue montée qui mène sur le champ de glace Wapta (parc national Banff)

intitulée « Au pays des ours ». Les principaux thèmes d'interprétation du parc sont : « Formation et évolution des paysages des montagnes », « L'homme primitif dans la vallée de la Bow » et « Banff, berceau des parcs nationaux du Canada ». Le lieu historique national Cave and Basin est à voir absolument.

Parcs Canada a dénombré un certain nombre d'éléments qui menacent le parc national Banff. L'aménagement des terres fragiles dans le fond des vallées aux fins d'utilisation touristique réduit la vie dans la zone alpestre. Depuis des décennies, on supprime systématiquement les incendies de forêt naturels ; la possibilité que se déclenche un incendie majeur, en raison de l'accumulation de matières combustibles dans les forêts, constitue une menace pour les gens et les installations. On commence à utiliser les brûlages dirigés pour réduire la quantité de matières combustibles. Le braconnage et les aménagements industriels et touristiques sur les terres adjacentes au parc sont incompatibles avec les ressources de celui-ci et constituent une grave menace. Par des amendements à la *Loi sur les parcs nationaux* en 1988, le parlement a fixé des limites légales autour de la ville de Banff et des trois centres de ski alpin du parc pour les empêcher de s'étendre davantage.

En 1985, le parc national Banff a été inscrit sur la Liste des sites du patrimoine mondial de l'UNESCO avec trois autres parcs nationaux contigus : Jasper, Yoho et Kootenay. Le bloc formé par ces quatre parcs et trois parcs provinciaux adjacents de Colombie-Britannique – Mont-Robson, Mont-Assiniboine et Hamber qui se sont ajoutés en 1990 – forme le site du patrimoine mondial des parcs des montagnes Rocheuses du Canada.

Parc national Banff

- **Province : Alberta**
- **Date de création : 1885**
- **Nom à l'origine :** parc des montagnes Rocheuses
- **Superficie :** 6 641 kilomètres carrés
- **Fréquentation : approximativement 4 millions de visiteurs par année**
- **Camping : 2 500 emplacements aménagés accessibles en auto dans 14 terrains de camping**
- **Sentiers : 1 500 km de randonnées d'une journée ou moins et de randonnée dans l'arrière-pays**
- **Ville : Banff**
- **Centre d'accueil des visiteurs : lac Louise**
- **Accès : via la Transcanadienne, à 130 km à l'O. de Calgary**
- **Personne-ressource : le directeur, parc national Banff, C.P. 900, Banff (Alberta) T0L 0C0 ; téléphone : (403) 762-1500**

Le sentier Bruce, dans le parc national de la
Péninsule-Bruce, offre des vues magnifiques
sur les eaux claires de la baie Georgienne.

PARC NATIONAL DE LA PÉNINSULE-BRUCE

Le parc national de la Péninsule-Bruce, l'un des plus récents parcs du Canada, protège un paysage de falaises de calcaire, de marécages et de forêts. La péninsule Bruce, longue de 80 kilomètres, sépare la baie Georgienne du lac Huron. L'épine dorsale de la péninsule et du parc national est formée par l'escarpement du Niagara, mur de calcaire long de 725 kilomètres qui sillonne le sud de l'Ontario jusqu'aux chutes du Niagara. Le parc national protège le paysage spectaculaire et accidenté de l'extrémité nord de l'escarpement.

Le parc national de la Péninsule-Bruce représente les caractéristiques écologiques du secteur ouest de la région naturelle des basses-terres du Saint-Laurent. En 1987, une entente entre le gouvernement fédéral et le gouvernement ontarien en vue de créer le parc prévoyait le transfert de l'ancien parc provincial ontarien du lac Cyprus au gouvernement fédéral à des fins de création d'un parc national. Cette entente transférait également la gestion du parc provincial Fathom Five à Parcs Canada, ce qui a donné naissance au premier parc marin national : Fathom Five. Afin d'atteindre la superficie proposée de 140 kilomètres carrés, Parcs Canada achète les terres des propriétaires terriens du comté de St. Edmunds qui acceptent de s'en départir.

Le parc est un paradis pour les biologistes et les zoologistes. Il y a plus de 43 espèces d'orchidées qui poussent à l'état sauvage dans la péninsule ; les habitats protégés par le parc en abritent une quarantaine, en plus de vingt espèces de fougères ; le parc est également le refuge de 300 espèces d'oiseaux et d'une population de massasauga, un serpent à sonnettes que l'on voit rarement et qui vit dans les secteurs marécageux. Il ne faut pas provoquer ces serpents : ils sont venimeux. Et il ne faut pas non plus les tuer : les gardes du parc vous accuseront de mettre la faune en péril, car ils figurent sur la liste des animaux menacés d'extinction établie en vertu de la loi ontarienne sur les espèces menacées.

La forêt mixte de thuyas, de sapins beaumiers, d'épinettes, de bouleaux et de trembles est l'habitat du cerf, du lièvre d'Amérique, de l'écureuil roux, du castor, du tamia, du renard et de plus d'une centaine d'espèces d'oiseaux nicheurs. Le géologue trouvera dans le parc de quoi le surprendre : formations karstiques, grottes, dolines, falaises calcaires abruptes, encorbellements, grottes littorales, plages de gravier et de galets. Tous ces éléments contribuent à former un paysage fascinant qui offre des vues spectaculaires de la baie Georgienne.

Comme l'acquisition des terres n'est pas terminée et que le parc est relativement nouveau, il est avisé de s'arrêter au centre d'accueil des visiteurs dans le port de Little Tub à Tobermory. Le personnel du parc peut également diriger les visiteurs vers d'autres régions naturelles importantes, comme la réserve naturelle de la baie Dorcas, qui a été achetée par la *Federation of Ontario Naturalists* en 1962.

Parc national de la Péninsule-Bruce

- **Province** : Ontario
- **Entente de principe** : 1987
- **Superficie** : des 154 kilomètres carrés que Parcs Canada prévoyait acquérir, il en a acheté environ 80 kilomètres carrés à des privés
- **Fréquentation** : environ 120 000 visiteurs par année
- **Camping** : 242 emplacements dans 3 terrains accessibles en auto ; 3 emplacements de camping sauvage le long du sentier Bruce
- **Sentiers** : le sentier Bruce, et plusieurs sentiers de randonnées
- **Accès** : par la route 6 nord à partir d'Owen Sound ou par le traversier Chi-Cheeman à partir de l'île Manitoulin
- **Collectivités locales** : Tobermory et Owen Sound
- **Personne-ressource** : le directeur, parc national de la Péninsule-Bruce, C.P. 189, Tobermory (Ontario) N0H 2R0 ; téléphone : (519) 596-2233.

Le parc national de la Péninsule-Bruce offre deux principaux éléments récréatifs. Le sentier Bruce, d'une longueur de 730 kilomètres, serpente le long de l'escarpement du Niagara, de Niagara à Tobermory, et se termine dans le parc. À l'intérieur du parc, le sentier donne accès à des panoramas à couper le souffle. On peut communiquer avec la *Bruce Trail Association* pour obtenir des cartes du sentier et des renseignements sur les campings et les possibilités d'hébergement. Plusieurs sentiers partent du terrain de camping du lac Cyprus, dont un qui fait le tour du lac et trois autres qui mènent au littoral de la baie Georgienne à des endroits comme la pointe Overhanging, l'anse Indian Cove et la pointe Halfway Rock.

Le nombre élevé de visiteurs dans cette région peut endommager la vieille forêt de thuyas qui borde les falaises. On recommande d'éviter de piétiner la végétation et les racines exposées et de rester dans les sentiers. On demande également de ne pas cueillir les orchidées ni les fleurs sauvages et de ne pas déranger les autres habitats végétaux. Les feux de camp sont interdits le long du littoral parce qu'un incendie qui se déclare dans un secteur aussi plat peut détruire en quelques minutes ce que la nature avait mis des décennies à produire. L'interdiction vise également à empêcher les gens d'arracher d'autres branches d'arbres pour les feux de camp. Des problèmes de qualité de l'eau imputables aux aménagements récréatifs du camping du lac Cyprus et de la baie Dorcas commencent à se manifester.

S'il se poursuit, l'accroissement de l'urbanisation à l'extérieur du parc, à Tobermory et le long du littoral, pourrait également devenir une menace pour les ressources du parc. Afin d'inciter les gens de la région à collaborer à la protection des ressources patrimoniales de la péninsule Bruce et des autres terres environnantes, tout l'escarpement du Niagara, y compris le parc national de la Péninsule-Bruce, a été déclaré en 1990 réserve de la biosphère.

Le parc marin national Fathom Five, à l'extrémité de la péninsule Bruce, forme une zone protégée distincte, destinée à la conservation des ressources aquatiques et de plusieurs îles du lac Huron et de la baie Georgienne. Ce parc offre aussi d'excellentes possibilités de surveiller et d'évaluer la santé des Grands Lacs. Les ressources du parc comprennent le pilier rocheux calcaire de l'île Flowerpot, élément souvent photographié par les touristes, qui faisait autrefois partie du parc national des Îles-de-la-Baie-Georgienne, ainsi que trois phares d'intérêt historique. Les eaux du parc marin Fathom Five recouvrent également plus de vingt épaves de voiliers et de vapeurs. Toutefois, le nombre élevé de visiteurs sur l'île Flowerpot et les activités de plongée sous-marine intensives pourraient avoir des conséquences néfastes sur les ressources du patrimoine. Le parc national de la Péninsule-Bruce et le parc marin national Fathom Five contribuent tous deux à préserver des régions naturelles situées au cœur de la région fortement urbanisée du sud de l'Ontario.

PARC NATIONAL DES HAUTES-TERRES-DU-CAP-BRETON

Bordé à l'ouest par le golfe du Saint-Laurent et à l'est par l'océan Atlantique, le parc national des Hautes-Terres-du-Cap-Breton offre aux Canadiens une vue imprenable sur leur patrimoine maritime. Situé dans la partie nord de l'île du Cap-Breton en Nouvelle-Écosse, le parc est caractérisé par des tourbières, des secteurs de terre stérile, des forêts, des montagnes et des plages. À l'extrémité nord du parc, à la baie Aspy, les Indiens Micmacs ont probablement pu voir John Cabot débarquer en Amérique du Nord en 1497. Le Cabot Trail, qui perpétue sa mémoire, est bordé d'un côté par l'océan et de l'autre, par les luxuriantes forêts des hautes-terres acadiennes.

Le parc national des Hautes-Terres-du-Cap-Breton représente la région naturelle des hautes-terres acadiennes des Maritimes. Son nom lui vient de la partie la plus septentrionale de l'île du Cap-Breton où les hautes-terres dominent le paysage. L'île elle-même a peut-être hérité son nom des pêcheurs bretons qui y résidaient au XVIe siècle.

Panorama marin hivernal vu de la côte du golfe Saint-Laurent, dans le parc national des Hautes-Terres-du-Cap-Breton.

L'épaulard à tête ronde est la baleine que l'on voit le plus souvent au large du parc national des Hautes-Terres-du-Cap-Breton.

Le parc national des Hautes-Terres-du-Cap-Breton est le premier parc pour lequel des terres provinciales ont été cédées à la Couronne. Jusqu'alors, on avait créé tous les parcs nationaux avec des terres de la Couronne ou gérées par le gouvernement fédéral.

Environ soixante-dix pour cent de la superficie du parc consistent en un vaste plateau qui s'élève à plus de 350 mètres d'altitude d'où l'on peut contempler une partie de ce qui reste de nature sauvage en Nouvelle-Écosse. Rivières et ruisseaux ont érodé la surface de ce plateau et ont produit des vallées aux parois abruptes, des criques et des anses. Les plages littorales entre les promontoires ont connu le constant martèlement des vagues. On invite les visiteurs à laisser leur automobile sur le mont French et à emprunter le sentier Skyline qui traverse un cap d'une hauteur de 300 mètres surplombant le golfe du Saint-Laurent.

Tant à l'intérieur qu'à l'extérieur du parc, on peut observer avec des jumelles toutes sortes de créatures, grosses et petites. Les habitats de cette région accueillent plus de 230 espèces d'oiseaux. D'un port situé à une heure de route au sud du parc, des bateaux nolisés amènent les visiteurs aux îles Birds observer les Macareux, les Petits pingouins et les Pygargues à tête blanche. Les baleines sillonnent les eaux qui entourent le parc ; la meilleure façon de les voir, c'est de les observer à partir des belvédères du Cabot Trail ou en bateau à partir de Chéticamp, Pleasant Bay, Dingwall Bay, St. Laurence et Ingonish.

Les basses-terres sont le refuge du cerf de Virginie, de l'ours noir et du renard tandis que les hautes-terres constituent l'habitat de l'orignal et de petites populations de martre des pins et de loup-cervier. Quinze espèces de mammifères indigènes sont rares, menacées ou en voie d'extinction. Un petit nombre de plantes arctiques-alpines forment des vestiges de populations, très loin de leur aire de distribution normale. Certaines plantes qui poussent dans le parc national des Hautes-Terres-du-Cap-Breton ainsi que dans les parcs nationaux Forillon, Gros-Morne et de l'Archipel-de-Mingan ne poussent normalement que dans l'Arctique canadien, ce qui souligne l'effort des parcs nationaux sur le plan de la conservation. Poussent aussi dans le parc de nombreuses essences de bois durs qui sont presque à la limite supérieure de leur distribution.

Parcs Canada offre un programme d'interprétation dont chaque visiteur devrait se prévaloir. Voici quelques-uns des thèmes de ce programme : « La formation des hautes-terres », « La taïga : notre Arctique à nous », « La colonisation du nord du Cap-Breton » et « La faune de Nouvelle-Écosse, rare et menacée d'extinction ». Les visiteurs du parc national des Hautes-Terres-du-Cap-Breton devraient également explorer Louisbourg, forteresse française du XVIIIe siècle, le lieu historique national Marconi, site de la première station de télégraphie sans-fil au Canada et le lieu historique national Alexander-Graham-Bell.

Le parc national des Hautes-Terres-du-Cap-Breton est menacé par l'intensification du développement à l'extérieur de ses limites. La coupe à blanc autour du parc a éliminé la principale zone tampon de la faune. La construction de routes d'accès pour l'exploitation hydroélectrique, minière et forestière a également modifié l'environnement. Dans le secteur de Chéticamp, on a soustrait au parc une partie de son territoire en 1953 pour aménager des installations hydroélectriques. Des mesures visant à limiter les conséquences du développement sur les terres adjacentes s'imposent si l'on veut que le parc demeure une ressource patrimoniale importante dans l'Est du Canada.

Parc national des Hautes-Terres-du-Cap-Breton

- **Province** : Nouvelle-Écosse
- **Date de création** : 1936
- **Superficie** : 948 kilomètres carrés
- **Fréquentation** : environ 500 000 visiteurs par année
- **Camping** : 700 emplacements répartis dans 6 terrains de camping accessibles en auto, plus deux terrains de camping en arrière-pays.
- **Sentiers** : plus de 200 kilomètres de sentiers pédestres
- **Collectivités locales** : Chéticamp, Ingonish, South Harbour
- **Accès** : par le Cabot Trail.
- **Personne-ressource** : le directeur, parc national des Hautes-Terres-du-Cap-Breton, Ingonish Beach, Cap-Breton (Nouvelle-Écosse) B0C 1L0 ; téléphone : (902) 285-2270

Coucher de soleil sur le lac Astotin (parc national Elk Island).

PARC NATIONAL ELK ISLAND

Elk Island est l'un des plus vieux parcs nationaux du Canada et aussi l'un des plus petits. Créé en 1906 pour protéger une vingtaine de wapitis, seuls survivants d'un vaste troupeau, le parc national Elk Island est un îlot de nature dans un paysage de champs de graminées, de pâturages, d'industries et de collectivités rurales. Le fait que ce soit le seul parc national entièrement clôturé contribue à renforcer l'analogie de l'« île ». Ce parc protège des forêts et des prairies caractéristiques des tremblaies. Plus de quatre-vingt-dix pour cent de ce paysage d'importance nationale ont été modifié par l'agriculture et la portion qui reste est menacée.

Ce parc national est représentatif des plaines albertaines, qui font elles-mêmes partie de la région naturelle des plaines et plateaux boréaux du Sud. C'est une zone de transition, un îlot de tremblaies ondulants riche en lacs, en étangs et en marécages qui abrite une flore et une faune diversifiées. Occupant la partie nord des collines albertaines Beaver, le parc s'élève à une altitude de 30 à 60 mètres au-dessus des plaines environnantes. Durant la dernière époque glaciaire, la glace a fondu sur place dans les collines Beaver, formant un paysage de collines et de cuvettes dont le réseau de drainage est peu développé. Vingt pour cent de la superficie du parc est couverte de plus de 250 lacs et étangs. Le premier nom de cette région, les collines Beaver, lui venait du grand nombre de castors qui y vivaient dans un habitat idéal.

La beauté tranquille du lac Astotin attire
les visiteurs dans le parc national
Elk Island depuis sa création en 1913.

La possibilité que la chasse fasse disparaître un petit troupeau de wapitis a incité le gouvernement fédéral à créer la première réserve faunique du Canada, le parc Elk. Cinq résidents de Fort Saskatchewan présentèrent au gouvernement fédéral une pétition lui demandant de créer une zone protégée pour le wapiti. Ce n'est qu'après qu'ils eurent offert un cautionnement de 5 000 $ servant à construire une clôture autour du parc que le troupeau fut finalement protégé. En plus du wapiti, ce parc national abrite une population de bisons des plaines. En 1907, le gouvernement fédéral acheta plus de 400 de ces animaux aux Indiens Flathead du Montana et les expédia à Elk Island en attendant de pouvoir les relâcher dans le nouveau parc national Buffalo de Wainwright. Une cinquantaine de bisons échappèrent à la capture quand on déménagea le troupeau et ils formèrent le noyau de l'actuelle population de bisons des plaines qui vit dans le parc.

Le parc offre refuge à quarante-quatre espèces de mammifères, dont l'orignal, le cerf, le loup-cervier, le castor et le coyote. Il assure la protection du plus vaste troupeau de bisons des plaines du Canada ainsi que celle d'un petit troupeau de bisons des bois. En 1965, on introduisit le bison des bois dans le parc après en avoir découvert une population isolée dans les Territoires du Nord-Ouest ; vingt-quatre bêtes furent expédiées au parc national Elk Island et isolées au sud de la route 16. Les brochures sur le parc avertissent les visiteurs qu'ils sont au pays des bisons et leur rappellent de demeurer dans leur véhicule et à une distance d'au moins 75 mètres de tout bison et tout autre grand ongulé. Si vous rencontrez des bisons lors d'une excursion, ne les effrayez pas. N'entrez jamais dans un troupeau de bisons ni ne vous placez jamais entre deux animaux. Tenez-vous plutôt à distance !

L'habitat diversifié offert par le parc national Elk Island – tremblaies, forêts mixtes, prairies et marécages – accueille plus de 230 espèces d'oiseaux, dont les canards, goélands, sternes, grèbes, huards, hiboux, chouettes, pics et fauvettes. Le Cygne trompette, une espèce menacée, trouve également refuge dans ce sanctuaire faunique ; un programme de réintroduction a été mis en œuvre afin d'assurer la survie à long terme de cet oiseau. À l'exception du coyote, tous les prédateurs, dont l'ours noir, le grizzli et le loup, ne vivent plus de façon régulière

à l'intérieur du parc à cause de sa petite superficie. On a parfois vu des ours noirs et des loups, mais on suppose que ces animaux étaient seulement en transit.

Le parc national Elk Island est menacé par l'urbanisation qui morcelle les terrains, les pratiques agricoles sur les terres environnantes qui peuvent causer l'introduction d'espèces exotiques et la contamination de l'air et de l'eau par les pesticides. Comme le parc est petit et clôturé, le cycle naturel des incendies de forêt est déséquilibré. Ce cycle est essentiel au maintien de la santé écologique des tremblaies. Parcs Canada réintroduit les incendies dans l'écosystème au moyen de brûlages dirigés. En raison de l'absence de prédateurs, les populations de castors endommagent les habitats naturels ; on essaie d'établir un plus juste équilibre entre les habitats, les prédateurs et les castors.

Les visiteurs peuvent observer les divers éléments écologiques du parc national Elk Island en empruntant l'un des quatorze sentiers qui le sillonnent. Par exemple, le sentier Amisk Wuche, d'une longueur de 2,5 kilomètres, serpente dans les tremblaies et les forêts d'épinettes et traverse des marécages. Durant l'été, on peut voir quelques-uns des vingt à trente bisons des plaines de l'enclos des bisons situé au nord de la route 16, mais il est plus facile d'apercevoir quelques-uns des 500 bisons qui vivent à l'état sauvage dans le parc.

Parc national Elk Island

- ■ **Province :** Alberta
- ■ **Date de création :** 1913
- ■ **Superficie :** 194 kilomètres carrés
- ■ **Fréquentation :**
  plus de 300 000 visiteurs
  par année
- ■ **Camping :** un terrain regroupant
  80 emplacements aménagés
- ■ **Sentiers :** 14 sentiers couvrant
  103 kilomètres

- ■ **Collectivités locales :**
  Fort Saskatchewan, Lamont
- ■ **Accès :** par la route 16,
  à 45 kilomètres à l'est d'Edmonton
- ■ **Personne-ressource :**
  le directeur,
  parc national Elk Island, R.R. 1,
  Site 4, Fort Saskatchewan
  (Alberta) T8L 2N7 ;
  téléphone : (403) 992-6380

Phoque barbu (réserve de parc national de l'Île-d'Ellesmere).

PARC NATIONAL DE L'ÎLE-D'ELLESMERE

Vivant dans un pays de glace et de neige, la flore et la faune de la réserve de parc national de l'Île-d'Ellesmere ont dû s'adapter au rude environnement arctique. Dominé par la glace, le deuxième plus grand parc national du Canada, dont la superficie correspond à peu près à la moitié de celle du Nouveau-Brunswick, présente les caractéristiques que les Canadiens associent généralement à l'Arctique : paysage accidenté et isolé de toundra arctique, chaînes de montagnes, calottes glaciaires, glaciers, fjords et fertiles oasis arctiques. Des centaines de glaciers glissent des calottes glaciaires, certains pénétrant à plus de 40 kilomètres dans les vallées et les fjords. La plus haute montagne de l'est de l'Amérique du Nord, le mont Barbeau, domine le paysage du haut de ses 2 600 mètres. Seule une petite partie du mont Barbeau, appelée nunatak, s'élève au-dessus de la calotte glaciaire. Toutefois, au sud de ce mont se trouve le lac Hazen, oasis thermique de l'Arctique qui insuffle vie à ce parc, le plus septentrional de nos parcs nationaux.

La réserve de parc national de l'Île-d'Ellesmere représente la région naturelle de l'est de la région des glaciers de l'Extrême-Arctique. La candidature de l'île comme parc national a été proposée pour la première fois en 1978 ; en 1982, les terres étaient soustraites au développement, en attendant le résultat des négociations entre le gouvernement du Canada et celui des Territoires du Nord-Ouest. En 1986, les deux gouvernements ratifiaient une entente fédérale-provinciale ; la cérémonie de signature s'est déroulée à l'extérieur, dans la brise glaciale d'une froide journée de septembre, sur la rive du fjord Tanquery. Le parc a été officiellement proclamé et protégé en vertu de la *Loi sur les parcs nationaux* en 1988.

Le parc national protège le plus grand lac d'eau douce entièrement situé au nord du cercle arctique, le lac Hazen, qui s'étend sur une distance d'environ

L'ours blanc est le plus grand carnivore terrestre du monde.

De 1881 à 1950, année où fut construite
la station météorologique Alert,
Fort Conger a été le poste permanent
le plus septentrional en Amérique du Nord.

80 kilomètres. Ce lac et le bassin qui l'entoure captent les rayons du soleil réfléchis par les montagnes de la terre de Grant ; ce secteur peut donc jouir d'étés étonnamment longs et chauds et d'une abondante végétation. Les lièvres arctiques s'y rassemblent parfois par centaines. Une trentaine d'espèces d'oiseaux fréquentent la réserve de parc. De petits troupeaux de bœufs musqués et de caribous de Peary sillonnent la région. Les principaux prédateurs sont le loup, le renard arctique et l'ours blanc. Au-delà des rives du lac Hazen, le parc est un désert polaire qui reçoit seulement 6 centimètres de précipitations par année. Au sud-est du lac Hazen, un plateau formé de couches de roche sédimentaire pliées s'élève graduellement jusqu'à une altitude de 1 000 mètres au-dessus du niveau de la mer. Des vallées glaciaires spectaculaires et des fjords comme Discovery Harbour entaillent profondément l'extrémité sud du plateau.

Suivant le bœuf musqué dans ses migrations à travers le Nord canadien, des nomades (paléo-eskimos) traversèrent l'île d'Ellesmere quand il faisait plus chaud dans cette région, soit il y a 4 000 ans. La route qu'ils suivirent est maintenant connue sous le nom de Musk Ox Way. Les premiers Européens à établir un campement sur l'île d'Ellesmere furent les membres de l'expédition britannique de 1875-1876 dans l'Arctique. Les équipages du *H.M.S. Alert* et du *Discovery* établirent une base à Fort Conger, à partir de laquelle ils faisaient des expéditions

en traîneau à l'intérieur des terres et s'aventuraient même jusqu'au Groenland. L'expédition américaine Greely occupa Fort Conger de 1881 à 1883. Le poste servait de base scientifique et de base d'observation et d'exploration. Il a également été utilisé à d'autres moments par Peary, de 1898 à 1909, lors de ses diverses tentatives d'atteindre le pôle Nord. Les vestiges du bâtiment sont encore debout, mais ils sont très fragiles.

Les écosystèmes de la réserve de parc national de l'Île-d'Ellesmere jouissent d'une certaine protection du fait de leur isolement et du faible niveau de développement de la région qui l'entoure. Toutefois, cet environnement exceptionnellement fragile peut être endommagé par un trop grand nombre de visiteurs et par les répercussions de l'accumulation au-dessus de l'Arctique de polluants industriels provenant de l'Europe. Pour empêcher que les visiteurs n'endommagent ce vulnérable environnement, le parc envisage, à titre de stratégie de gestion, de fixer une limite au nombre de visiteurs, si ce nombre le nécessite. Parcs Canada travaille également à débarrasser le parc des bidons d'essence vides et des autres déchets accumulés pendant une quarantaine d'années d'activités humaines dans la région.

L'île d'Ellesmere a été déclarée réserve de parc national en vertu de la *Loi sur les parcs nationaux* en 1988, sous réserve du règlement des revendications territoriales de la Fédération Tungavik de Nunavut qui représente les Inuit de l'est de l'Arctique à la table des négociations. Une entente finale a été ratifiée en 1993. Aux termes de l'entente, l'île d'Ellesmere sera officiellement proclamée parc national vers 1997.

Réserve de parc national de l'Île-d'Ellesmere

- **Territoire :** Territoires du Nord-Ouest / Nunavut
- **Date de création :** 1988
- **Superficie :** 37 775 kilomètres carrés
- **Fréquentation :** 500 visiteurs par année
- **Accès :** par avion nolisé à partir de Resolute Bay

- **Personne-ressource :** le directeur, réserve de parc national de l'Île-d'Ellesmere, Parcs Canada, C.P. 353, Pangnirtung (Territoires du Nord-Ouest) X0A 0R0 ; téléphone : (819) 473-8828

Parc national Forillon

- Province : Québec
- Date de création : 1974
- Superficie : 240 kilomètres carrés
- Fréquentation :
  175 000 visiteurs par année
- Camping : 333 emplacements
  répartis dans 3 terrains
  de camping
- Sentiers : sentiers d'arrière-pays,
  sentiers côtiers, sentiers
  équestres et pédestres, pistes de
  ski de randonnée et de bicyclette
- Collectivités locales : Gaspé,
  Rivière-au-Renard, Penouille
- Accès : par les routes 132,
  197 et 198
- Personne-ressource : le directeur,
  parc national Forillon, C.P. 1220,
  Gaspé (Québec) G0C 1R0 ;
  téléphone : (418) 368-5505

PARC NATIONAL FORILLON

Le parc national Forillon protège l'extrémité d'une longue chaîne de montagnes et la pointe de la péninsule de Gaspé. Occupant le bout de la péninsule, du côté sud du fleuve Saint-Laurent, le parc national Forillon englobe une grande diversité d'habitats naturels. Ce premier parc national du Québec permet aux visiteurs de voir des forêts, des champs abandonnés, des falaises littorales, des marais salés, des prairies naturelles, des dunes de sable, des tourbières et des ruisseaux.

Les environnements marin et terrestre très contrastants qui permettent la présence d'une végétation de zones tempérée et subarctique sont représentatifs de la région naturelle des monts Notre-Dame et Mégantic. Forillon est un vieux mot français qui fait référence à un pilier rocheux vertical qui s'élève dans la mer, un éperon rocheux. Un de ces éperons était visible à l'extrémité de la péninsule de Forillon à l'époque de Champlain (1626) ; il s'est effondré dans la mer au milieu du XIXe siècle. Le thème d'interprétation du parc « Harmonie entre l'humain, la terre et la mer » illustre la riche histoire naturelle et culturelle du parc qui a été modelée par la mer qui le borde sur trois côtés.

Le parc national Forillon forme une péninsule côtière montagneuse qui s'avance dans le golfe du Saint-Laurent, à l'endroit où les Appalaches finissent. D'abruptes falaises calcaires, des anses et des plages de galets sont les éléments de paysage qui attirent les visiteurs en si grand nombre chaque été. Les diverses couches de roches qui affleurent sur les falaises de Forillon témoignent de deux périodes très reculées de l'histoire géologique de la planète.

La faune et la flore du parc correspondent à la grande diversité des habitats qu'il protège. Des forêts mixtes de conifères et d'arbres à feuilles caduques couvrent quatre-vingt-quinze pour cent de la superficie du parc ; on retrouve des groupements végétaux comme le sapin beaumier et le bouleau jaune ou encore le sapin et le bouleau blanc. Le parc présente une cinquantaine de groupements végétaux forestiers différents qui varient en fonction du sol, de la pente, de l'assise rocheuse, de la température et de l'irrigation. Bien que l'agriculture ait éliminé la forêt il y a plusieurs siècles, la pêche est demeurée l'activité économique principale de cette région. Les champs sont maintenant abandonnés puisque plus de 200 familles ont été expropriées pour créer le parc national Forillon.

Dans le parc, le secteur de la plage Penouille contient un certain nombre de groupements végétaux uniques qui ne sont accessibles qu'en véhicules propulsés au propane. C'est le domaine des dunes de sable et des prairies salées, où seules les plantes qui tolèrent une forte salinité peuvent pousser. Au centre d'interprétation tout proche, les visiteurs peuvent se renseigner sur l'histoire naturelle de cette intéressante sablonnière de la baie de Gaspé. Le mandat de conservation du parc national Forillon s'étend à 150 mètres des côtes. La région littorale du parc est fréquentée par les baleines, les phoques et par plus de 220 espèces d'oiseaux, dont le Fou de bassan, le Cormoran, la Mouette et le Guillemot noir. Environ dix espèces de baleines, dont le rorqual à bosse, le petit rorqual, le rorqual commun et l'épaulard à tête ronde, peuvent être observées des rives de Forillon. Les eaux profondes au large du cap Gaspé grouillent de bancs de petits poissons qui attirent près des côtes les baleines, comme le rorqual à bosse, le petit rorqual, le rorqual bleu et le rorqual commun.

Le fait que le parc soit petit et isolé, conjugué au grand nombre de visiteurs et aux pressions exercées par le développement autour du parc menace l'intégrité écologique de Forillon. La circulation des visiteurs fait payer un lourd tribut à bon nombre d'espèces rares, particulièrement dans le secteur de la péninsule. La pêche commerciale dans la zone marine du parc pourrait également en affecter les ressources biologiques. En dehors des limites du parc, le développement urbain, le braconnage, la pollution de l'eau du fleuve et du golfe du Saint-Laurent ainsi que les pratiques de gestion forestière en périphérie ont un impact sur l'habitat faunique et la qualité de l'eau à l'intérieur du parc.

Les forêts du parc national
Forillon sont des forêts
acadiennes typiques de sapins
et d'épinettes blanches.

La route du littoral (photo prise vers 1950) offre aux visiteurs des vues spectaculaires des plus hautes marées du monde.

PARC NATIONAL FUNDY

Dans le parc national Fundy, le visiteur peut à loisir se laisser imprégner de la majesté du littoral profondément découpé de la baie de Fundy ou savourer la solitude des forêts qui couvrent le sommet des hautes-terres calédoniennes. Des marées d'une amplitude exceptionnelle façonnent et sculptent la côte. Le paysage est dominé par une forêt mixte d'arbres à grandes feuilles et de conifères. Plusieurs tourbières couvrent le sommet des plateaux découpés par des vallées aux flancs abrupts donnant sur les zones de marée haute.

Le parc national Fundy représente la région naturelle des hautes-terres acadiennes des Maritimes, un prolongement d'anciennes montagnes des Appalaches. Le nom Fundy vient soit du mot portugais (*fundo*) qui signifie « profond » ou des mots portugais et français signifiant « divisé » (*fenda, fendu*). La baie est à la fois profonde et divisée. On a choisi le nom du parc parmi les réponses données à un concours organisé dans les écoles secondaires du Nouveau-Brunswick.

Les trois principaux thèmes d'interprétation du parc sont « La baie de Fundy et ses marées géantes », « Les hautes-terres calédoniennes » et « L'histoire culturelle du parc national Fundy ». Les premiers habitants de la région furent des Indiens de la tradition archaïque maritime ; virent ensuite les Micmacs et les Malécites. Les pêcheurs français et les Basques espagnols arrivèrent au XVIe siècle. On sait peu de choses sur l'utilisation du territoire du parc avant l'arrivée des Européens qui ne commencèrent à coloniser la région qu'aux alentours de 1825. Les noms des sentiers, des routes, des ruisseaux et des lacs du parc rappellent ces premiers colons. Par la suite, la région fut largement exploitée pour son bois ; l'industrie forestière devint donc la base de l'économie locale.

La forêt mixte acadienne, dominée par l'épinette rouge et le sapin baumier, recouvre la plus grande partie du parc. Des bandes de bois dur, dont l'érable à sucre et le bouleau jaune, la décorent à l'automne de taches d'or et de cramoisi. Les dépressions creusées par les glaciers se sont remplies au cours des siècles de mousse et d'autres espèces de plantes et ont produit des tourbières. Le sentier de la plaine du caribou est un trottoir en bois qui permet de marcher « sur » la mousse de sphaigne caractéristique des tourbières.

Comme une importante voie migratoire longe le littoral de la baie de Fundy, on a dénombré 187 espèces d'oiseaux dans la zone du parc, dont une centaine y font leur nid. Le Pic chevelu et le Pic mineur, la Sittelle à poitrine

Parc national Fundy
- **Province** : Nouveau-Brunswick
- **Date de création** : 1948
- **Superficie** : 206 kilomètres carrés
- **Fréquentation** : environ 250 000 visiteurs par année
- **Camping** : 4 terrains de camping accessibles aux véhicules regroupent 600 emplacements ; 14 emplacements de camping sauvage sont accessibles par les sentiers de randonnée
- **Sentiers** : vaste réseau, dont le circuit Fundy de 50 kilomètres
- **Collectivité locale** : Alma
- **Accès** : à 80 kilomètres au sud-ouest de Moncton par la route 114 ; à 143 kilomètres à l'est de Saint-Jean par les routes 1 et 114
- **Personne-ressource** : le directeur, parc national Fundy, C.P. 40, Alma (Nouveau-Brunswick) E0A 1B0 ; téléphone : (506) 887-2000

L'eau est partout présente dans le parc national Fundy : tourbières, ruisseaux bouillonnants, rivières aux eaux vives et puissantes marées.

rousse, le Grimpereau brun, la Mésange à tête noire et la Mésange à tête brune sont tous des résidents habituels. Parcs Canada a réintroduit dans le parc et dans les écosystèmes environnants un oiseau qui avait disparu des cieux de Fundy : le Faucon pèlerin, une espèce menacée que l'usage massif du D.D.T. dans les années cinquante et soixante a failli faire disparaître d'Amérique du Nord.

Les espèces qui ont besoin de vastes espaces sauvages, comme le loup des bois, le caribou et la martre d'Amérique, ont disparu de cette région au tournant du siècle à cause de la chasse et de la perte d'habitat. Toutefois, l'orignal, le renard roux, le lynx roux et l'ours noir sont encore présents dans le parc. Au début des années quatre-vingt, la martre d'Amérique a été réintroduite à Fundy. L'évaluation du programme n'est pas encore terminée, mais les recensements annuels ont signalé la présence de cette espèce dans le parc et sur les terres adjacentes.

Le parc national Fundy est maintenant une zone de nature sauvage entourée de forêts intensivement exploitées. La coupe à blanc et le reboisement des secteurs de coupe par des monocultures et des espèces non indigènes aux limites du parc font diminuer la diversité des espèces fauniques et le nombre d'animaux dans le parc. L'exploitation forestière entraîne également l'envasement des principales rivières à l'intérieur du parc. La présence de contaminants chimiques dans la chaîne alimentaire nuit à l'éclosion des œufs de l'Épervier brun de Fundy. Les petits oiseaux dont se nourrissent ces rapaces sont exposés à divers pesticides utilisés partout en Amérique.

Le projet de l'Écosystème élargi de Fundy vise à remédier à l'isolement croissant du parc et à gérer comme un seul écosystème global le parc et les écosystèmes qui l'entourent. Ce projet fait partie d'un projet de forêt modèle lancé dans le cadre du Plan vert du Canada visant à promouvoir un meilleur suivi environnemental des forêts canadiennes.

Les planificateurs ont été séduits par la beauté

naturelle de l'île Beausoleil, ce qui a mené à la création

du parc national des Îles-de-la-Baie-Georgienne.

Des enfants se baignant à proximité du quartier général du parc sur l'île Beausoleil (photo prise vers 1940).

PARC NATIONAL
DES ÎLES-DE-LA-BAIE-GEORGIENNE

Le parc national des Îles-de-la-Baie-Georgienne protège 59 îles rocheuses disséminées, une infime portion des 30 000 îles sculptées dans le paysage lors de la dernière période glaciaire. L'île Beausoleil est au cœur des activités du parc. Cette île de 7 kilomètres de long est un exemple parfait de la zone de transition qui divise le nord et le sud de l'Ontario. Les îles s'étirent sur une distance de 150 kilomètres le long de la côte est de la baie Georgienne ; pour les visiteurs, la possibilité de camper sur une section du Bouclier canadien sauvage et battue des vents constitue une expérience tout à fait exceptionnelle.

Les peintres paysagistes du Groupe des Sept qui, durant leurs années de formation, ont concentré leur attention sur la nature sauvage du nord de l'Ontario, y compris la baie Georgienne, ont immortalisé cette région. Ils ont su capter l'essence absolue de ce paysage : le roc nu du Bouclier canadien, les littoraux dentelés, l'eau bleue et les pins tordus par le vent. Une visite au parc national des Îles-de-la-Baie-Georgienne permet de contempler de visu une terre façonnée par les glaciers et célébrée par des peintres paysagistes de renommée internationale.

La dernière glaciation a profondément décapé l'assise rocheuse du Bouclier canadien et a donné naissance aux îles de la partie nord du parc. Les glaciers et leurs débris ont également produit des anses couvertes, des reliefs rocheux et des plages de sable fin et de galets qui attirent en grand nombre les estivants, les amateurs de canotage et les campeurs dans cette région sauvage du nord de l'Ontario. Au sud de l'île Beausoleil, les débris abandonnés sur place lors du retrait des glaciers ont formé le sol qui nourrit maintenant de luxuriantes forêts. On y trouve les échantillons les plus représentatifs des forêts de bois durs des basses-terres du Saint-Laurent en Ontario. Au nord, les forêts ont poussé sur une couche de sol plus mince. Les pins et les chênes très grands et tordus par les vents se cramponnent avec détermination à leur sol rocheux. Sur l'île Beausoleil, les visiteurs peuvent véritablement voir l'endroit où s'effectue la transition entre le Bouclier canadien et le sud de l'Ontario.

La présence de l'homme fait partie intégrante de l'histoire de la baie Georgienne. L'île Beausoleil a été, au cours des siècles, un lieu de chasse et de pêche de l'homme préhistorique, puis une réserve des Indiens Ojibwas et finalement une zone d'exploitation forestière et d'extraction. Pendant une certaine période, la région a appartenu aux Hurons, puis aux Ojibwas ou Chippewas ; en 1856, ces derniers la confièrent par des traités au gouvernement fédéral qui l'administrait en fidéicommis. Les îles aujourd'hui protégées dans le parc national comptaient au nombre des îles dont se sont départis les Amérindiens. En 1920, C.B. Orr, du musée provincial de Toronto, fut le premier à proposer la création d'un parc national dans cette région. Il attira l'attention du gouvernement sur la beauté de l'île Beausoleil, la plus grande des îles encore invendues administrées par les fidéicommissaires. On fit faire des études et on identifia d'autres îles qu'il valait la peine de protéger dans un parc national. Au XXe siècle, le tourisme avait accéléré la vente des îles et presque toutes appartenaient à des propriétaires privés. On fit circuler une pétition en vue de protéger celles qui restaient, ce qui entraîna la création du parc en 1929.

Les gardiens de Parcs Canada procèdent à un recensement de la faune dans le parc national des Glaciers. Ces recensements sont essentiels pour gérer la santé des écosystèmes du parc.

L'île Flowerpot, au large de la péninsule Bruce, fut annexée au parc national un an après que le gouvernement l'eût achetée pour la somme de 165 $ sur la recommandation d'un avocat d'Owen Sound en Ontario. (Elle fait maintenant partie du parc marin national Fathom Five.) Le parc national des Îles-de-la-Baie-Georgienne est représentatif de deux régions du réseau des parcs nationaux : la région précambrienne du Saint-Laurent et des Grands Lacs et la région des basses-terres du Saint-Laurent. La zone de transition décrite précédemment chevauche les deux régions naturelles représentée par le parc national.

Cette région de l'Ontario est une destination touristique très populaire ; les pressions exercées par le développement ne peuvent qu'avoir des conséquences néfastes sur les ressources du parc. Le seul gros problème qui menace le parc est l'urbanisation croissante à l'extérieur de ses limites. La pollution causée par les activités récréatives, les embarcations à moteur et d'autres sources affecte la qualité de l'eau de la baie Georgienne et, par conséquent, l'environnement aquatique. La perte d'habitat à l'extérieur du parc menace les espèces vivant à l'intérieur de celui-ci. Les pluies acides font diminuer la qualité de l'eau, ce qui pourrait avoir des conséquences sur la reproduction des animaux et même entraîner la diminution du nombre d'espèces d'amphibiens et de reptiles.

PARC NATIONAL DES GLACIERS

Le parc national des Glaciers est un parc de contrastes saisissants : les sommets des montagnes et les glaciers dominent d'étroites vallées abritant des peuplements de forêt pluviale intérieure. Les avalanches qui dévalent en grondant les pentes abruptes des montagnes attestent de l'indomptable puissance de la nature. C'est d'ailleurs l'une des régions du monde où il y a le plus d'avalanches. Au sommet du col de Rogers, l'être humain se sent tout petit devant l'imposante majesté des hauts sommets escarpés des monts Selkirk ; c'est ce panorama qui a accueilli le major A.B. Rogers, en 1881, quand il a découvert la route qu'emprunterait le chemin de fer à travers les montagnes.

Les ressources écologiques du parc national des Glaciers sont représentatives de la région naturelle de la chaîne du Columbia. Ses 400 glaciers couvrent douze pour cent de sa superficie totale. Plus vieilles que les Rocheuses à l'est, les montagnes du Columbia sont formées de gneiss ; l'érosion a donc mis plus de temps à sculpter la roche, ce qui a donné les pics escarpés des monts Selkirk. Le parc national des Glaciers protège l'un des plus vastes réseaux de cavernes au Canada, les cavernes Nakimu. L'eau, en érodant le calcaire, a formé ce vaste réseau de reliefs karstiques, de passages souterrains et de cavernes.

Le parc se divise en trois zones écologiques : la forêt pluviale intérieure, la forêt subalpine intérieure et la toundra alpine. En suivant le sentier de la Boucle, les visiteurs pénètrent dans la forêt pluviale intérieure, caractérisée par les pruches de l'Ouest, les thuyas géants, la fougère et la mousse. Le caribou des montagnes, le grizzli, l'ours noir et la chèvre de montagne sont les espèces fauniques les plus représentatives de ce parc ; il ne reste toutefois que quelques-uns des nombreux caribous des montagnes qui peuplaient autrefois le parc des Glaciers. Les différentes zones écologiques du parc accueillent une faune ailée riche et diversifiée, dont de nombreuses espèces d'oiseaux migrateurs néotropicaux, quatre espèces de

Parc national des Îles-de-la-Baie-Georgienne

- **Province** : Ontario
- **Date de création** : 1929
- **Superficie** : 25 kilomètres carrés
- **Fréquentation par année** : environ 65 000 visiteurs
- **Camping** : 200 emplacements sur 15 terrains de camping
- **Sentiers** : vaste réseau de sentiers sur l'île Beausoleil
- **Collectivité** : Honey Harbour
- **Accès** : par la route 12 (Midland) et la route secondaire 5, puis par bateau de Honey Harbour
- **Personne-ressource** : le directeur, parc national des Îles-de-la-Baie-Georgienne, C.P. 28, Honey Harbour (Ontario) P0E 1E0 ; téléphone : (705) 756-2415

Il ne reste que quelques centaines de caribous des montagnes. Ils trouvent refuge dans les parcs nationaux des Glaciers et du Mont-Revelstoke. Des chercheurs équipent l'un d'entre eux d'un collier émetteur.

mésanges et même des roselins qui y font d'occasionnelles incursions.

Une lutte classique opposant l'homme et les forces de la nature a coûté la vie à plus de 250 employés de la société des chemins de fer du Canadien Pacifique entre 1885 et 1916. Ces hommes sont morts dans le col de Rogers en essayant de dégager la voie ferrée de la neige qui dévalait continuellement des pentes des montagnes. Il fallut toutefois l'avalanche du 4 mars 1910, qui tua soixante-deux hommes, pour forcer la CPR à abandonner cette voie terrestre et à construire le tunnel Connaught qui traverse le mont MacDonald. Le programme d'interprétation du parc narre avec force détails ces avatars.

En dépit de la toute-puissance de la nature dans les monts Columbia, l'intégrité écologique du parc national des Glaciers est menacée à cause de sa petite superficie, de la coupe du bois sur les terres adjacentes et de la fragmentation de son écosystème par les principales voies de transport. L'exploitation forestière et l'essor touristique détruisent les habitats fauniques clés en périphérie ; ces habitats servent pourtant de refuge à de grands animaux comme le caribou et le grizzli qui migrent à travers le parc. L'accès de moins en moins surveillé aux limites du parc a causé du braconnage. Les oiseaux migrateurs néotropicaux sont menacés par la destruction des forêts matures. Finalement, la perte et la fragmentation continues des peuplements forestiers matures à l'extérieur du parc menacent des espèces fauniques qui dépendent de ces vieilles forêts, comme la martre des pins, le pic, le caribou, la chauve-souris, le hibou et la chouette. La circulation sur la Transcanadienne et sur la voie ferrée du Canadien Pacifique perturbe continuellement les rares habitats situés dans le fond des vallées. Les véhicules routiers et les trains représentent une menace constante pour la vie des animaux, qu'il s'agisse de gros ongulés ou de vulnérables fringillidés.

Au cours des cent dernières années, l'histoire du col de Rogers et du parc national des Glaciers se résume à une tentative de l'homme de maîtriser les éléments et de remodeler le paysage afin d'assurer le passage d'une voie de transport nationale. Toutefois, compte tenu des répercussions précédemment décrites, une nouvelle relation doit s'établir entre la présence de l'homme et la nature si on veut assurer la survie des espèces fragiles qui habitent les vallées aux versants abrupts des montagnes du Columbia. La leçon à tirer de l'histoire du parc national des Glaciers, c'est qu'en dépit de l'aspect imposant de la nature environnante, la survie des animaux et des plantes dans ces montagnes est une question de luttes constantes. Par son activité, l'homme impose à cette vie un stress insoutenable qui peut éventuellement mener à la disparition d'espèces.

Parc national des Glaciers

- **Province :** Colombie-Britannique
- **Date de création :** 1886
- **Superficie :** 1 349 kilomètres carrés
- **Fréquentation :** environ 375 000 visiteurs par année (près de 3 millions de personnes traversent les limites du parc sur la route transcanadienne)
- **Camping :** 2 terrains de camping principaux regroupent 78 emplacements

- **Sentiers :** 140 kilomètres
- **Collectivités locales :** Golden, Revelstoke
- **Accès :** par la route transcanadienne
- **Personne-ressource :** le directeur, parc national des Glaciers, C.P. 350, Revelstoke (Colombie-Britannique) V0E 2S0 ; téléphone : (604) 837-5155

Le parc national des Prairies assure la conservation d'une portion de prairie mixte relativement intacte, près de Val Marie et de Killdeer.

PARC NATIONAL DES PRAIRIES

Déjà, au milieu du XIXe siècle, la colonisation avait en grande partie éliminé la prairie. Les efforts en vue de protéger un vestige relativement vierge de cet écosystème menacé ont progressé à pas de tortue. Malgré de nombreuses déclarations de bonne volonté de la part des hommes politiques depuis 1966 et la signature de deux ententes fédérales-provinciales, le parc national des Prairies dans le sud de la Saskatchewan n'est encore qu'une moitié de parc.

Des 906 kilomètres carrés qu'il se proposait d'acquérir en vue de la création du parc national des Prairies, Parcs Canada en a acheté plus de 420 kilomètres carrés, soit à peu près la moitié. Une fois terminé, ce parc représentera la région naturelle des Prairies. Parcs Canada s'est fixé comme objectif de préserver une portion relativement vierge de la prairie mixte qui, autrefois, recouvrait de vastes superficies de l'Amérique du Nord. Puisque le gouvernement s'est donné comme priorité d'acquérir les terres des propriétaires disposés à les lui vendre, les installations du parc sont réduites à leur plus simple expression. Il vaut donc mieux appeler au parc national des Prairies avant de planifier une visite.

Le paysage de la prairie aux alentours de Val Marie résulte de l'action des glaciers : collines et marmites, chenaux d'eau de fonte et dépressions creusées par les glaciers en retraite. Une partie de cette région est caractérisée par des « badlands », résultat d'ailleurs en constante évolution de l'érosion par l'eau et le vent. Dans ce paysage relativement sec survivent encore l'antilope, le cerf de Virginie, le cerf mulet, le coyote et le lynx roux. Le parc national des Prairies constitue un refuge critique pour de nombreuses espèces fauniques dont l'avenir est menacé par les activités de l'homme. Le parc abrite le Pluvier siffleur, une espèce menacée, le Pluvier montagnard, la Gélinotte des armoises, la Chevêche des terriers qui est, elle aussi, une espèce menacée, la Buse rouilleuse, le Pinson

Parc national des Prairies

- **Province** : Saskatchewan
- **Entente de principe** : 1975
- **Superficie** : présentement, 420 kilomètres carrés ; objectif : 906 kilomètres carrés (350 miles carrés)
- **Fréquentation** : donnée non disponible
- **Camping** : inexistant
- **Sentiers** : sentier d'interprétation « Two Trees »
- **Collectivités** : Val Marie, Killdeer
- **Accès** : à 125 kilomètres au sud de Swift Current par la route 4
- **Personne-ressource** : le directeur, parc national des Prairies, C.P. 150, Val Marie (Saskatchewan) S0N 2T0 ; téléphone : (306) 298-2257

La conservation d'un secteur relativement peu perturbé des habitats caractéristiques de la prairie contribue à la protection de la chevêche des terriers, une espèce en voie d'extinction.

de Baird et la Pie-grièche migratrice ; y vivent également le vulnérable chien des prairies, l'Épervier de Cooper, le Courlis à long bec, la couleuvre agile et l'iguane pygmée à petites cornes.

Les terres acquises en vue de la création du parc national des Prairies sont d'une valeur agricole marginale. Néanmoins, certaines terres furent quand même morcelées pour la culture quand arrivèrent les premiers fermiers dans cette région après 1906. La végétation a également été modifiée par l'élevage, moteur du développement et fondement de la vie sociale et économique de cette région. Si l'on veut que la prairie survive, il faut restaurer son écosystème car les facteurs naturels qui en avaient jusque-là assuré le renouvellement, comme les bisons qui pâturent, les incendies naturels et une faune prospère, n'existent plus désormais.

Ce fut la *Saskatchewan Natural History Society* qui, la première, proposa la création du parc national des Prairies en 1957. En 1974, on fixa les conditions nécessaires à l'établissement d'un parc national dans la région de Val Marie : le gouvernement fédéral ne recourrait pas à l'expropriation. Les éleveurs en place pourraient céder leurs droits de propriété à leurs héritiers et ceux qui désiraient vendre leurs terres obtiendraient leur juste valeur marchande. Une première entente a été conclue entre le gouvernement fédéral et celui de la Saskatchewan en 1981, mais elle n'a pas mené à la création d'un parc.

Sept ans plus tard, une deuxième entente, plus précise, menait à la mise sur pied d'un programme qui a permis d'acquérir la moitié des terres nécessaires à la création du parc. Cependant, depuis 1992, le gouvernement fédéral n'a pas fourni les fonds nécessaires pour acquérir l'autre moitié. En 1993, l'effectif national de la Fédération canadienne de la nature pressait le gouvernement fédéral de rétablir son budget d'acquisition des terres avant que cette importante initiative de conservation ne soit en péril.

L'avenir écologique du parc national des Prairies ne peut être assuré que par un mode de gestion écosystémique. Les terres déjà acquises forment deux blocs distincts, ce qui ne reflète aucunement les réalités écologiques du paysage. On a proposé la création d'un comité consultatif sur l'écosystème. Il est prioritaire d'achever le parc national des Prairies ; quant aux citoyens canadiens, ils doivent demeurer vigilants et surveiller les efforts déployés par le gouvernement pour atteindre cet objectif national sur le plan de la conservation.

PARC NATIONAL DU GROS-MORNE

Les montagnes, les fjords, les promontoires rocheux et les larges plages sablonneuses sont les éléments dominants du parc national du Gros-Morne, l'un des plus spectaculaires du Canada. Sa beauté naturelle et ses importantes caractéristiques géologiques ont incité les Nations Unies à inscrire ce parc national de la côte ouest de Terre-Neuve sur la Liste des sites du patrimoine mondial. Les visiteurs peuvent apprécier les beautés d'une diversité fascinante de paysages, allant des plateaux nus aux luxuriantes forêts côtières.

Le parc national du Gros-Morne représente la région des hautes-terres de l'ouest de Terre-Neuve. La brusque transition entre les plages de sable et de galets du bord de la mer et les vertigineuses parois rocheuses des fjords

emprisonnés dans les terres produit des panoramas des plus inspirants. On trouve, dans cette région, des vestiges de divers peuplements humains successifs qui remontent à des milliers d'années. L'homme de pierre de la tradition archaïque maritime y vivait il y a trois ou quatre mille ans. Des représentants de la culture Dorset y ont également habité il y a plus d'un millier d'années.

Certaines des roches qui s'offrent au regard des visiteurs dans le parc du Gros-Morne sont exceptionnelles. L'activité tectonique a fait surgir du cœur de la terre des roches provenant du manteau, couche qui entoure le noyau en fusion, et de la couche océanique, qui elle, entoure le manteau. Les géologues en ont tiré des indices importants sur l'origine de la terre. Ces roches se sont incorporées à la croûte terrestre il y a 400 000 ans, mais on ne sait pas depuis quand elles sont exposées à la surface. Trois zones écologiques se partagent le territoire du parc national du Gros-Morne : la mer et le littoral, la longue plaine côtière couverte de forêts et de tourbières et échancrée par des fjords d'eau douce et d'eau salée et finalement, les plateaux accidentés des monts Long Range au nord et ceux des « tablelands » au sud.

Le sentier Green Garden dans la partie sud-ouest du parc permet aux excursionnistes de traverser plusieurs environnements : d'un paysage désolé sans végétation, il descend dans une vallée boisée luxuriante et aboutit à des prairies qui se terminent au bord de falaises surplombant le golfe du Saint-Laurent. Des éperons rocheux géants surgissent de l'océan et montent la garde devant le littoral accidenté. Plusieurs sentiers mènent du haut de la falaise jusqu'à des anses. À l'extrémité nord du parc, les plages rocheuses et les plaines salées laissent place à des plages de sable blanc adossées à des dunes de sable et à des champs d'herbes.

La côte est parsemée de villages de pêche qui sont le fondement de la culture terre-neuvienne. Toutefois, l'actuelle crise des pêches de l'Atlantique menace sérieusement leur survie. Neuf collectivités, dont Trout River, Rocky Harbour, Sally's Cove, St. Paul's et Cow Head, sont enclavées à l'intérieur des limites du parc. Conformément à la politique en vigueur au moment de la création du parc national du Gros-Morne, le gouvernement voulait déplacer ces villages. Toutefois, peu de gens se prévalurent du programme de relocalisation ; de plus,

Des falaises qui semblent surgir de l'étang Western Brook dans le parc national du Gros-Morne. L'étang est un fjord séparé de la mer par une étroite bande de terre qui contient maintenant de l'eau douce au lieu de l'eau salée.

la politique fédérale relative aux collectivités locales avait déjà commencé à changer, en réaction à l'opposition des gens d'autres collectivités ailleurs au pays.

Le sol de la plaine côtière s'élève lentement à partir de la côte jusqu'aux hautes-terres. Plusieurs groupements végétaux caractérisent les divers milieux rencontrés. À basse altitude, dans les vallées de la partie sud du parc, règnent les forêts tempérées de bouleaux, d'érables rouges, de frênes et de pins blancs de l'est ; on trouve parfois des cerisiers à grappes dans la partie la plus au nord. À plus haute altitude, la forêt boréale domine ; c'est le domaine du sapin baumier, de l'épinette noire, de l'épinette blanche et du bouleau blanc. La forêt côtière est un enchevêtrement d'épinettes et de sapins baumiers rabougris par le vent, les embruns et la glace que les gens du coin appellent « tuckamore » ou *krummholz*. Peu importe le nom, cette végétation est un obstacle quasi infranchissable. Franc est, l'étang Western Brook, un fjord intérieur de 16 kilomètres de long dont les falaises abruptes s'élèvent à près de 800 mètres, coupe la plaine côtière. Une excursion de 3 kilomètres mène à l'« étang », l'un des endroits les plus souvent photographiés de Terre-Neuve ; le sentier débute dans le tuckamore et traverse les tourbières et la forêt boréale.

Parc national du Gros-Morne

- **Province :** Terre-Neuve
- **Entente de principe :** 1970
- **Superficie :**
  1 805 kilomètres carrés
- **Fréquentation :**
  environ 120 000 visiteurs
  par année
- **Camping :** 5 terrains accessibles
  en auto regroupant 287 emplacements
- **Sentiers :** 70 kilomètres
- **Collectivités locales :** Rocky

Harbour, Cow Head, Woody Point, Trout River, Wiltondale
- **Accès :** l'entrée sud est à 82 kilomètres de Corner Brook par la Transcanadienne et la route 430 (Viking Trail)
- **Personne-ressource :** le directeur, parc national du Gros-Morne, C.P. 130, Rocky Harbour (Terre-Neuve) A0K 4N0 ; téléphone : (709) 458-2417

Une excursion dans les monts Long Range ou l'escalade au sommet du Gros Morne permet d'admirer un environnement arctique-alpin et ses paysages saisissants. Aucune végétation ne peut pousser sur la roche serpentine des tablelands qui contient un fort pourcentage de magnésium. On déconseille de grimper jusqu'au sommet des tablelands afin d'en protéger les caractéristiques naturelles.

Divers facteurs menacent les ressources du parc. Les groupements végétaux alpins au sommet du Gros-Morne ont été endommagés par le trop grand nombre de visiteurs. La pêche sportive met en danger les populations de saumons de l'Atlantique. La coupe du bois sur les terres adjacentes au parc et à proximité de ses limites rend l'arrière-pays plus accessible. Diverses espèces fauniques fréquentent le parc, dont le caribou des bois, l'orignal, l'ours noir, le renard, le lièvre d'Amérique. On y trouve aussi des peuplements de fougères arctiques et communes qui semblent en régression.

Des adeptes du kayak en mer approchent de Sgan Gwaii, site du village haïda de Ninstints.

RÉSERVE DE PARC NATIONAL GWAII HAANAS

L'archipel sauvage de Gwaii Haanas est, sur le plan international, une région naturelle importante caractérisée par un littoral accidenté, les monts San Cristoval, l'une des plus belles forêts pluviales tempérées matures de la côte ouest de l'Amérique du Nord et une faune terrestre et marine abondante.

Îles de merveilles et de beauté! Îles des brumes! Galapagos canadiennes! Capitale mondiale de la mousse! Îles à la frontière! Ce ne sont que quelques-uns des noms donnés à ce groupement de 138 îles qui s'étendent sur une distance de 90 kilomètres à l'extrémité sud de l'archipel de la Reine-Charlotte. Ce secteur fait partie des terres ancestrales de la nation haïda qui l'appelle « Gwaii Haanas », ce qui veut dire « îles de merveilles et de beauté ». Les splendeurs terrestres et marines de ce magnifique archipel sauvage, jadis menacées par la coupe à blanc, sont maintenant protégées par la réserve de parc national Gwaii Haanas.

La communauté internationale s'intéressa à la situation critique de Gwaii Haanas en 1985, quand soixante-douze Haïdas furent arrêtés pour avoir voulu entraver les opérations forestières sur l'île Lyell. En 1987, le gouvernement fédéral et le gouvernement de la Colombie-Britannique signaient un protocole d'entente qui mettait fin à la coupe du bois dans cette forêt pluviale tempérée ; les deux gouvernements convenaient de créer une réserve de parc national couvrant quinze pour cent de la superficie de l'archipel de la Reine-Charlotte. Afin de protéger l'environnement marin entourant ces îles, ils convinrent également de créer un parc marin national qui couvrirait environ 3 400 kilomètres carrés des eaux de l'océan Pacifique et du détroit d'Hécate. L'accord de 1987 mettait fin à une lutte que menaient depuis treize ans les Haïdas et les environnementalistes afin de préserver les magnifiques paysages terrestres et marins

de Gwaii Haanas pour les générations futures.

Cet archipel sauvage est si riche, sur le plan biologique, que c'est le seul endroit au Canada où l'on trouve des échantillons représentatifs de trois régions naturelles définies par Parcs Canada, une terrestre et deux marines. La réserve de parc national Pacific Rim et la réserve de parc national Gwaii Haanas représentent les caractéristiques écologiques de la chaîne côtière du Pacifique. La réserve de parc marin national de Gwaii Haanas protégera, quant à elle, les éléments écologiques de deux régions marines définies par le réseau des parcs marins nationaux – le détroit d'Hécate et l'ouest de l'archipel de la Reine-Charlotte.

Ce qui confère tant de splendeur à cette réserve de parc national, ce sont les montagnes très découpées, les fjords profonds, les forêts matures, les nombreux îlots et îles ainsi que l'abondance et la diversité stupéfiantes de la flore et de la faune. Des flancs abrupts des monts San Cristoval, éléments dominants de cette région, dévalent des ruisseaux qui alimentent plus de quarante lacs d'eau douce. Des épinettes de Sitka, des pruches de Mertens et des cèdres rouges parmi les plus grands du monde poussent dans l'une des plus belles forêts pluviales matures demeurée relativement intacte sur la côte ouest du Pacifique. De nombreux types de mousse et d'hépatiques prolifèrent dans le milieu humide qu'assure le couvert forestier.

Réserve de parc national Gwaii Haanas

- **Province :** Colombie-Britannique
- **Entente de principe :** 1987
- **Nom initial :** Moresby-Sud
- **Superficie :** 1 495 kilomètres carrés
- **Fréquentation :** environ 2 000 visiteurs par année
- **Aménagements :** aucun terrain de camping, sentier ou route
- **Collectivités locales :** Sandspit, Queen Charlotte et Skidgate
- **Accès :** par bateau, kayak ou avion. Avions nolisés disponibles
- **Personne-ressource :** le directeur, réserve de parc national Gwaii Haanas, C.P. 37, Queen Charlotte (Colombie-Britannique) V0T 1S0 ; téléphone : (604) 559-8818

Le pygargue à tête blanche est un visiteur régulier
des îles de la Reine-Charlotte.

D'après les scientifiques, des portions des monts San Cristoval ont échappé à la dernière glaciation, il y a 10 000 ans. Ces régions non recouvertes de glace ont alors donné asile à des plantes et à d'autres formes de vie ; au moins trente-neuf espèces de plantes, d'animaux, de poissons et d'insectes spécifiques à cette région ont pu évoluer dans ce milieu protégé. Cet archipel, le plus isolé du Canada, est le territoire du plus gros ours noir de la planète ; des sept sous-espèces exceptionnelles de mammifères qui se sont développées dans cette région, c'est lui que l'on aperçoit le plus souvent. L'archipel compte également trois sous-espèces d'oiseaux indigènes, dont une Petite nyctale, ainsi que des sous-espèces uniques de Geai de Steller et de Pic chevelu. On y trouve également trois espèces de scarabée que l'on ne trouve nulle part ailleurs au monde.

Bien longtemps avant la naissance de la reine Charlotte, les Haïdas appelaient les îles qui portent son nom « Haïda Gwaii », ce qui signifie « les îles des gens ». Il y a 10 000 ans, Haïda Gwaii donnait naissance à la nation haïda ; celle-ci considère que Gwaii Haanas fait partie intégrante de son territoire ancestral et spirituel. Les recherches archéologiques récentes laissent penser que l'occupation humaine de Gwaii Haanas remonte à neuf ou dix mille ans. Les magnifiques totems haïdas de Sgan Gwaii, ou île Anthony, avertissent clairement les visiteurs que cette région était, et est toujours, une source d'inspiration artistique et culturelle pour les Haïdas. Ceux-ci partagent, avec le gouvernement du Canada, la gestion de Gwaii Haanas par l'intermédiaire du Conseil de gestion de l'archipel. Formé d'un nombre égal de représentants des Haïdas et de Parcs Canada, le Conseil est chargé de l'administration et de la gestion de la réserve de parc national.

Bien que Gwaii Haanas soit une zone sauvage isolée en grande partie intacte et protégée sur la côte ouest du Canada, son intégrité écologique est tout de même menacée. L'homme y a introduit des animaux comme le rat et le raton laveur qui, en s'attaquant aux œufs et aux oisillons, menacent les populations d'oiseaux de mer qui nichent dans des terriers. La pêche a fait disparaître certains invertébrés marins. L'introduction du cerf à queue noire a des conséquences néfastes sur l'écologie de la forêt. La présence des visiteurs est une menace pour les ressources patrimoniales et les richesses de Sgan Gwaii, de l'île

Hotsprings, de Burnaby Narrows et de la baie Windy. Plusieurs colonies d'oiseaux de mer sont également touchées.

En raison de leur très grande valeur culturelle, les pôles totémiques de Sgan Gwaii ont été déclarés site du patrimoine mondial. Les valeurs naturelles de Gwaii Haanas méritent aussi de figurer sur la Liste du patrimoine mondial ; quand ce sera chose faite, ce site sera l'un des quinze à vingt endroits au monde qui ont été classés sites du patrimoine mondial en raison de leurs valeurs naturelles et culturelles. En attendant que le Conseil de la nation haïda et le gouvernement du Canada règlent le conflit qui les oppose quant à la propriété des terres, le secteur de Gwaii Haanas a été déclaré réserve de parc national.

PARC NATIONAL IVVAVIK

Le galop retentissant des 180 000 caribous de la Porcupine donne vie à cette région sauvage nordique coincée dans la partie nord-ouest du Yukon, à la frontière du Canada et des États-Unis. Chaque nouvelle génération de caribous naît ici même, sur la plaine côtière, maintenant conservée à l'état sauvage dans le parc national Ivvavik qui s'appelait auparavant parc national du Nord-du-Yukon.

Le troupeau de caribous de la Porcupine, dont les migrations s'effectuent sur un vaste territoire couvrant 250 000 kilomètres carrés, est l'un des plus nombreux en Amérique du Nord ; il représente environ dix pour cent de la population mondiale de ces grands ongulés. Chaque printemps, les caribous se rendent sur la plaine côtière pour mettre bas. Après la découverte de pétrole à Prudhoe Bay en Alaska, des pressions furent exercées pour que soit construit un pipeline qui aurait traversé la « nursery » des caribous. En 1984, le Parlement créait le parc national Ivvavik pour protéger légalement les aires de vêlage du caribou, préserver leur caractère sauvage et empêcher tout développement

La rivière Firth traverse en plein centre
le parc national Ivvavik.

industriel dans cette région. Ivvavik signifie « un endroit pour donner naissance et élever des petits – une pouponnière ».

Le parc national Ivvavik représente les caractéristiques écologiques de la région naturelle du nord du Yukon. Sa création a constitué un précédent historique : pour la première fois, un parc national était établi à la suite d'une entente territoriale conclue entre le gouvernement du Canada et un peuple autochtone. Depuis 1978, ce secteur était soustrait au développement afin d'en protéger la faune et de lui conserver son caractère sauvage.

Le parc national Ivvavik compte trois zones écologiques. Le littoral arctique présente d'abruptes falaises côtières qui aboutissent à des plages étroites, des flèches littorales et des cordons littoraux de 10 kilomètres de long et d'à peine quelques mètres de large. Les deltas qui se forment aux endroits où les rivières débouchent dans la plaine côtière sont, pour des millions d'oiseaux, des aires de nidification, de repos et de ravitaillement d'importance vitale.

La plaine côtière, qui émerge des monts Britanniques et des chaînons Richardson, ondule doucement en s'inclinant vers la mer de Beaufort. Une partie de cette plaine a échappé à la dernière glaciation. Quatre rivières principales – Firth, Malcolm, Babbage et Blow – la traversent. La rivière Firth, avec ses gorges et ses terrasses où affleure l'assise rocheuse, est un itinéraire souvent emprunté

par les visiteurs. La végétation très diversifiée, composée de linaigrette, de carex et de mousse ainsi que de bouquets de bouleaux et de saules, constitue un habitat de choix pour la faune, en particulier pour le caribou. La végétation aquatique d'Ivvavik se compose de saxifrages, de silène cucubale, d'aconit et de parnassie des marais, une petite herbe qui pousse dans les tourbières très humides. Le nombre d'espèces présentes dans le parc national Ivvavik est limité comparativement à la variété que l'on trouve plus à l'est, dans le delta du Mackenzie.

Les monts Britanniques, Barn et Richardson s'élèvent au-dessus de la plaine côtière. Les monts Britanniques, des montagnes très accidentées, forment la seule grande chaîne de montagnes au Canada qui a été épargnée par la dernière glaciation. La forêt boréale atteint ici sa limite la plus septentrionale ; elle s'étend vers le nord jusqu'à la rivière Firth et s'étire jusqu'à 40 kilomètres de la côte. Les monts Richardson à l'est sont des montagnes beaucoup plus arrondies et moins accidentées que les monts Britanniques. On trouve dans cette région des groupements végétaux caractéristiques de la taïga, de la toundra arctique-alpine et de la toundra arctique.

Trois principales espèces d'ours fréquentent la région du nord du Yukon. Le grizzli est présent partout ; l'ours polaire vit sur la plaine côtière en hiver et retourne sur les banquises en été ; quant à l'ours noir, il reste à proximité des rivières des plaines d'Old Crow. Les monts Britanniques servent de refuge à la population de mouflons de Dall la plus septentrionale du Canada ; l'habitat de l'orignal va jusqu'au littoral de l'Arctique. L'Aigle royal, la Buse pattue, le Harfang des neiges, le Gerfaut et le Faucon pèlerin, une espèce rare et menacée, nichent dans les montagnes.

Vers l'ouest, la plaine côtière pénètre en Alaska. Cependant, les pressions constamment exercées par l'industrie pétrolière américaine pour explorer et exploiter les ressources pétrolifères de la plaine côtière à l'intérieur du refuge faunique national de l'Alaska constitue une menace majeure pour l'intégrité écologique du parc national Ivvavik. Les veaux des caribous quittent la plaine côtière du Yukon et se rendent aux territoires d'après-vêlage en Alaska, où ils trouvent nourriture et protection contre les prédateurs. Si le congrès américain autorise le développement à l'intérieur du refuge, les scientifiques prévoient que le troupeau de caribous de la Porcupine sera décimé. Lors de la campagne électorale de 1992, le président Clinton promettait de désigner officiellement la plaine côtière zone sauvage, mais le congrès n'a pas encore adopté de loi en ce sens. En 1987, le gouvernement canadien a officiellement invité les États-Unis à jumeler Ivvavik et le refuge faunique de l'Arctique afin d'assurer conjointement la protection d'une zone sauvage internationale.

Parc national Ivvavik

- **Territoire :** Yukon
- **Date de création :** 1984
- **Nom initial :** parc national du Nord-du-Yukon
- **Superficie :** 10 168 km^2
- **Fréquentation :** environ 100 visiteurs par année
- **Collectivité locale :** Inuvik (T. du N.-O.)
- **Accès :** les petits avions peuvent atterrir à des endroits désignés – permis nécessaire
- **Personne-ressource :** le directeur, parc national Ivvavik, district de l'Ouest de l'Arctique, C.P. 1840, Inuvik (Territoires du Nord-Ouest) X0E 0T0 ; téléphone : (403) 979-3248

PARC NATIONAL JASPER

Le parc national Jasper est le plus grand des quatre parcs de montagnes du Canada et celui qui est le plus au nord. Quand le chemin de fer Grand Tronc – Pacifique atteignit le col Yellowhead en 1907, le gouvernement fédéral décida de mettre ce secteur de côté pour en faire un parc national. Quand les premiers explorateurs, les commerçants de fourrures et les missionnaires voyageaient par la piste Athabasca entre Fort Edmonton et la côte ouest, ils empruntaient des rivières comme l'Athabasca et la Miette. Le parc tient son nom de Jasper House, poste de traite des fourrures de la Compagnie du Nord-Ouest confié vers 1813 à un employé du nom de Jasper Hawes. Le lieu historique national de Jasper House, situé sur la rivière Athabasca au sud du lac Jasper, commémore le rôle de Jasper House dans le commerce des fourrures.

Créé à l'origine en vertu de la *Loi sur les terres fédérales* comme parc forestier pour préserver les forêts des Rocheuses ainsi que les rivières et cours d'eau qui prenaient leur source dans les montagnes et traversaient la province d'Alberta, le parc national Jasper représente aujourd'hui la région naturelle des montagnes Rocheuses, en particulier deux des trois chaînons qui forment les Rocheuses, les chaînons frontaux et principaux. Des quatre parcs nationaux situés dans les montagnes (Jasper, Banff, Kootenay et Yoho), Jasper est le plus représentatif de cette région naturelle.

Le parc national Jasper se divise en quatre zones écologiques. La zone alpestre, dont le lac Pyramid est un bon exemple, se caractérise par de larges vallées et des forêts de sapins de Douglas. Les forêts subalpines, qui bordent le lac Maligne, sont peuplées d'épinettes d'Engelmann et de sapins subalpins. Pour observer la zone de toundra alpine, qui présente une végétation en miniature et des affleurements rocheux, on peut se rendre aux Whistlers, près de la

Brume et lumière du soir sur le mont Kerkeslin dans le parc national Jasper.

Les visiteurs des années 1930 louaient des chevaux et des tentes indiennes pour aller camper dans le col Byng (parc national Jasper).

et qui refait surface 16 kilomètres plus loin, dans le spectaculaire canyon Maligne.

On peut admirer des vestiges géologiques particuliers d'une formation récifale dévonienne dans le secteur des sources thermales Miette, dans la vallée Fiddle. Les roches exposées datent de l'époque des mers dévoniennes qui recouvraient cette région il y a 350 millions d'années. Le processus de formation des montagnes qui a pris fin il y a 40 millions d'années a soulevé ces sédiments à leur altitude actuelle au-dessus du niveau de la mer.

Le programme éducatif du parc national Jasper est principalement axé sur le mont Edith Cavell, son environnement subalpin et la petite époque glaciaire. Les glaciers de ce secteur ont reculé au cours des cent dernières années, ce qui a permis à la flore de se réapproprier le secteur. Un sentier d'interprétation autoguidé explique la recolonisation du continent nord-américain par la flore et la faune à la fin de la dernière grande période glaciaire, il y a entre 10 000 et 15 000 ans.

ville de Jasper (ils sont accessibles par téléphérique). La quatrième zone domine le paysage : elle est recouverte de glaciers et de champs de glace qui s'étirent jusqu'à la zone alpine. La spectaculaire promenade des Glaciers mène au glacier Athabasca qui, avec ses 6,5 kilomètres de longueur, est le plus grand champ de glace des Rocheuses. Le long de cette route, qui va du lac Louise à la ville de Jasper, les visiteurs peuvent admirer de nombreux glaciers. Des visites guidées du glacier Athabasca sont également offertes. Cette merveille naturelle est également la source de la rivière Athabasca, qui fait partie du Réseau des rivières du patrimoine canadien.

Le parc national Jasper présente de nombreux éléments naturels qui contribuent à son statut de site du patrimoine mondial. En 1911, des recherches dans la vallée Maligne, à proximité de la ville de Jasper, indiquèrent qu'il fallait protéger cette vallée. Le lac Maligne est le plus grand lac glaciaire dans cette partie des Rocheuses. Le lac Medecine, situé également dans la vallée Maligne, fait partie d'un complexe karstique dont une rivière qui coule en-dessous du lac

Parc national Jasper

- **Province** : Alberta
- **Date de création** : 1907
- **Superficie** : 10 878 kilomètres carrés
- **Fréquentation** : environ 1,5 million de visiteurs par année
- **Camping** : 1 750 emplacements allant des emplacements entièrement aménagés aux emplacements de camping primitif, regroupés dans 10 terrains accessibles en auto.
- **Sentiers** : vaste réseau de sentiers de marche, de raquette et de ski de randonnée
- **Collectivité locale** : Jasper
- **Accès** : à 362 kilomètres à l'Ouest d'Edmonton par la route Yellowhead ou par la Promenade des glaciers, à partir du parc national Banff
- **Personne-ressource** : le directeur, parc national Jasper, C.P. 10, Jasper (Alberta) T0E 1E0 ; téléphone : (403) 852-6161

La partie sud de la vallée de l'Athabasca englobe la plus grande partie de l'écorégion alpestre. Bien qu'elle ne recouvre que dix pour cent de la superficie du parc national Jasper, elle sert d'habitat à quatre-vingt-dix pour cent de la faune du parc en hiver, y compris le wapiti, le mouflon et le cerf. Toutefois, cette zone est également la cible du développement ; elle comprend la ville de Jasper, la route, la voie ferrée, les emprises des services publics, l'aéroport, des terrains de camping et d'autres aménagements. On peut donc dire qu'à chaque nouveau développement, la superficie d'un habitat faunique critique diminue, en même temps que celle de l'écorégion alpestre, pourtant mise en réserve pour les générations futures.

Comme les parcs nationaux voisins (Banff, Kootenay et Yoho), le parc national Jasper protège de vastes habitats fauniques qui donnent asile au wapiti, à l'orignal, au chevreuil, au caribou des montagnes, au grizzli, au mouflon des Rocheuses, au loup et au couguar. Deuxième plus grand parc national au sud du 60e parallèle (seul le parc national Wood Buffalo est plus grand), Jasper abrite un impressionnant écosystème faunique de prédateurs-proies.

Les ressources du parc sont menacées par le braconnage et la chasse ainsi que par l'utilisation non compatible des terres à l'extérieur du parc. Les autres menaces déterminées par Parcs Canada sont : la mortalité animale sur les routes, le risque de déversements toxiques en bordure des routes et de la voie ferrée et l'introduction de mauvaises herbes exotiques le long de la route Yellowhead. La coupe des forêts matures au nord-est, à l'extérieur du parc, fait diminuer la superficie d'un important habitat du caribou des montagnes Rocheuses qui migre à travers le parc. Le projet de Forêt modèle des contreforts permet d'étudier des façons de mieux gérer les ressources forestières à l'extérieur du parc afin d'assurer la protection de l'habitat du caribou. C'est un exemple de gestion conjointe des zones protégées et des zones limitrophes dans le but de protéger les écosystèmes naturels.

PARC NATIONAL KEJIMKUJIK

Le parc national Kejimkujik englobe une exceptionnelle région sauvage maritime au relief bas et ondulant couvert de futaies de grandes pruches. Les lacs, rivières et cours d'eau du parc forment un vaste réseau. Le riche patrimoine naturel et culturel de cette région lui a valu d'être incorporée au réseau des parcs nationaux en 1967. Le parc protège des peuplements de grandes pruches de l'Est vieilles de plus de 300 ans ainsi qu'environ 200 tortues mouchetées, une espèce que l'on ne trouve nulle part ailleurs au Nouveau-Brunswick. Y sont préservés également plus de 400 pétroglyphes, vestiges de la culture micmac traditionnelle illustrant les changements subis par cette culture au contact des premiers explorateurs et colons.

Cette zone sauvage maritime du centre-ouest de la Nouvelle-Écosse est le territoire ancestral des Micmacs. Des noms comme Peskowesk, Peskawa et Pebbleloggitch rappellent un mode de vie nomade que les autochtones ont fini par abandonner sous l'influence des fonctionnaires du gouvernement qui les pressaient de s'établir sur les réserves. Les Micmacs empruntaient le réseau de lacs et de rivières du parc national Kejimkujik comme corridor entre la forêt et la mer. Les jours de grand vent, ils devaient rester accroupis longtemps dans leur embarcation pour traverser le plus grand lac du parc. Leurs membres devenaient endoloris et enflés et c'est pourquoi ils ont baptisé ce lac Kejimkujik, ce qui veut dire « gonflements ».

Contrairement à de nombreux parcs des Maritimes, le parc national Kejimkujik protège une région naturelle *intérieure*. Le parc est représentatif de la région naturelle des bas-plateaux atlantiques. Bon nombre des caractéristiques physiques du parc remontent à la dernière période glaciaire. Les lacs peu profonds sont des dépressions creusées dans le roc et le sol de la région par les glaciers en mouvement. L'inclinaison nord-ouest – sud-est des lacs indique la

La collection la plus complète de pétroglyphes des Indiens des bois de l'Est du Canada a été gravée dans l'ardoise tendre autour du lac Kejimkujik.

route suivie par les glaciers ; cette dernière période glaciaire a laissé sur le sol une couche de terre mince et rocailleuse. Plusieurs rivières sillonnent le parc dont la plus spectaculaire et la plus accessible est la rivière Mersey ; la plus éloignée est la rivière West, située du côté ouest du lac Kejimkujik.

La Nouvelle-Écosse souhaitait la création d'un deuxième parc national pour faire pendant au parc national des Hautes-Terres du Cap-Breton dès 1945. En 1960, le premier ministre Robert Stanfield reprenait la discussion à ce sujet avec le gouvernement fédéral. En 1962, celui-ci informait M. Stanfield du choix de la région de Kejimkujik ; en 1963, les deux gouvernements s'engageaient à la protéger, ce qui fut fait officiellement en 1974, en vertu de la *Loi sur les parcs nationaux*.

Le parc national Kejimkujik est représentatif de l'écosystème de la forêt mixte acadienne ; l'automne pare les pruches, les érables à sucre et les bouleaux jaunes de leurs plus beaux atours. À l'origine, les forêts ont attiré l'homme vers cette région de la Nouvelle-Écosse. Elles fournissaient des pins blancs pour les mâts des navires et du cèdre rouge pour le bois d'œuvre. Après avoir décimé la

forêt côtière, les bûcherons allèrent vers l'intérieur des terres. Les forêts de Kejimkujik ont moins de cent ans ; il faudra encore un siècle ou deux avant que ne repousse une forêt semblable à celle du XVIIIe siècle. Le cerf de Virginie et l'ours sont des habitués du parc ; le lynx roux, le Huard à collier et d'autres oiseaux aquatiques y trouvent également refuge, tout comme de nombreux amphibiens et reptiles, dont la rare tortue mouchetée et la couleuvre mince.

Autrefois, la martre était abondante en Nouvelle-Écosse, mais la modification de son habitat et le piégeage l'ont éliminée de la partie continentale de la province. Depuis 1987, Parcs Canada a relâché presque une centaine de martres d'Amérique dans les forêts de bois mous de Kejimkujik où elles sont à l'aise tant dans les arbres que sur le sol.

Les pluies acides constituent une menace majeure pour Kejimkujik. L'acidité croissante de l'environnement aquatique a un effet néfaste sur le taux de reproduction des poissons et des amphibiens. Parcs Canada surveille depuis 1978 la qualité de l'eau de quatre lacs du parc. En raison de son environnement relativement intact et de ses écosystèmes aquatiques uniques, Environnement Canada a fait de Kejimkujik l'un de ses postes de recherche sur « le transport à de grandes distances des polluants de l'air ». L'un des thèmes d'interprétation du parc est l'impact des pluies acides sur les écosystèmes d'eau douce.

L'« Annexe côtière », une superficie de 22 kilomètres carrés de la côte rocheuse aux escarpements prodigieux, a été ajoutée au parc national Kejimkujik en 1988. Parcs Canada est très satisfait de cette acquisition qui, à son avis, « ...présente des contrastes marqués : des hautes-terres arides et escarpées, des anses protégées et de vastes plages de sable blanc. Des foules d'oiseaux marins et côtiers s'y posent tandis que des phoques viennent s'ébattre dans les vagues et se reposer sur les rochers. » L'Annexe côtière constitue une importante aire de nidification du Pluvier siffleur : environ dix couples y nichent, soit une importante proportion de la population nicheuse de cette espèce en Nouvelle-Écosse. On espère que leurs petits permettront de recoloniser d'autres secteurs où cet oiseau a disparu. Ce serait une contribution de plus du parc national Kejimkujik aux programmes de conservation de la faune canadienne.

Parc national Kejimkujik

- **Province** : Nouvelle-Écosse
- **Date de création** : 1974
- **Superficie** : 403 kilomètres carrés
- **Fréquentation** : environ 130 000 visiteurs par année
- **Camping** : un terrain de camping semi-aménagé de 329 emplacements et 46 emplacements de camping primitif
- **Sentiers** : 14 courts sentiers pédestres, 60 kilomètres de sentiers d'arrière-pays et un vaste réseau de parcours canotables
- **Collectivités** : Lunenburg, Bridgewater, Liverpool, Annapolis Royal et Bear River à une heure de route
- **Accès** : le parc est à 60 kilomètres au nord de Liverpool par la route 8. L'Annexe côtière est située à 25 kilomètres de Liverpool par la route 103
- **Personne-ressource** : le directeur, parc national Kejimkujik, C.P. 236, Maitland Bridge, comté d'Annapolis (Nouvelle-Écosse) B0T 1B0 ; téléphone : (902) 682-2772

Le lac Kejimkujik est le plus grand lac du parc du même nom. Environ vingt pour cent du territoire du parc est formé de lacs et de rivières.

Le loup des bois est encore abondant dans la majeure partie de son aire de répartition, mais les autres espèces de loup sont toutes plus ou moins menacées.

RÉSERVE DE PARC NATIONAL KLUANE

Seuls les alpinistes audacieux et les explorateurs intrépides se risquent à défier les hautes montagnes sauvages de la réserve de parc national Kluane dont bon nombre de sommets s'élèvent à 2 500 mètres. Le paysage de cette réserve de parc coincée dans la partie sud-ouest du Yukon est dominé par les chaînons Icefield des monts St. Elias et par les chaînons Kluane, qui bordent la route de l'Alaska et le chemin Haines.

D'énormes langues glaciaires s'écoulent dans les vallées à partir des montagnes de glace. C'est là que se trouve le plus haut sommet du Canada, le mont Logan qui atteint 5 959 mètres. Une ceinture de verdure borde les glaciers et forme la limite est du parc ; elle est constituée de prés alpins, de marais, de plaines inondables et de forêts. Un grand nombre de grizzlis tiennent les voyageurs qui traversent cette région en alerte.

Dans la langue des Indiens Tutchone du Sud, Kluane signifie « lieu où abonde le poisson ». La réserve de parc national Kluane n'a été créée officiellement qu'en 1974 en vertu de la *Loi sur les parcs nationaux*. Toutefois, le gouvernement avait réservé ce secteur dès 1942 à des fins de parc national afin d'y empêcher l'établissement de propriétés privées. L'exploitation minière pouvait, par ailleurs, se poursuivre. En 1943, la création de la réserve de gibier Kluane mettait fin à la chasse dans ce secteur. Pendant des décennies, les compagnies minières s'opposèrent à la création d'un parc. Elles perdirent toutefois la partie en 1972 quand les environnementalistes, menés par l'Association des parcs nationaux et provinciaux du Canada, obtinrent que le gouvernement fédéral s'engage à créer la réserve de parc national Kluane.

Située à deux heures de route à l'ouest de Whitehorse, la réserve de parc national Kluane est représentative de la région de la chaîne côtière du Nord.

Elle protège la plus grande diversité d'espèces végétales du Pacifique et de l'Atlantique au nord du 60e parallèle. Le parc englobe l'une des plus riches régions fauniques du Nord du Canada ; toutefois, comme de nombreuses espèces franchissent les limites du parc, elles sont vulnérables au braconnage et à la chasse.

La flore de la ceinture de verdure qui entoure le parc présente une diversité rarement vue sous de telles latitudes ; elle est constituée d'espèces caractéristiques de la Côte, de l'Arctique, des montagnes de l'Ouest, des prairies du Nord et des steppes d'Asie. Le pâturin des prés, le chiendent et le carex sont quelques-unes des herbes de prairie qui tapissent le fond des vallées ; celles-ci sont également couvertes de forêts d'épinettes blanches, de trembles et de peupliers baumiers. La parure estivale de Kluane se compose de pavot safrané, de saxifrage à fleurs opposées, de phyllodoce bleue et de silène acaule, plantes robustes adaptées à la toundra alpine.

C'est dans le sud-ouest du Yukon que l'on compte le plus grand nombre d'espèces d'oiseaux au nord du 60e parallèle. Plus de 105 espèces nichent dans le parc. Le Lagopède des rochers, le Chevalier errant, la Chouette épervière, la Sterne arctique, le Faucon pèlerin, l'Aigle royal et le Pygargue à tête blanche sont quelques-uns des oiseaux vivant à Kluane. Le parc abrite la plus grande concentration connue de mouflons de Dall ainsi que des représentants de la plus nombreuse sous-espèce d'orignal en Amérique du Nord. Les excursionnistes doivent être très vigilants dans l'arrière-pays en raison du grand nombre de grizzlis.

Même si les montagnes massives et les gigantesques glaciers de Kluane sont visibles à partir de la route de l'Alaska, il est impossible de s'y rendre en auto. Cependant, la vallée de la rivière Slims pénètre dans le massif St. Elias ; après avoir parcouru 27 kilomètres à pied le long de cette rivière, les visiteurs arrivent au pied du glacier Kaskawulsh. Au sommet des crêtes environnantes, la vue sur le glacier qui entoure le mont Maxwell est spectaculaire. Les eaux de fonte glaciaires se concentrent pour former une partie du cours supérieur de la rivière Alsek. Cette rivière du Réseau des rivières du patrimoine canadien

Un arc-en-ciel signale la fin d'une averse soudaine à l'endroit où le sentier Cottonwood traverse le ruisseau Victoria (réserve de parc national Kluane).

coule vers l'est, puis vers le sud et rejoint finalement la rivière Tatshenshini en Colombie-Britannique.

La réserve de parc national Kluane et le parc national Wrangell-St. Elias en Alaska forment un bloc contigu ; en 1979, le Canada et les États-Unis demandaient conjointement d'inscrire ce site sur la Liste des sites du patrimoine mondial de l'UNESCO. Ce fut la première inscription du genre. En 1992, le Comité du patrimoine mondial inscrivait également sur la Liste le parc national Glacier Bay d'Alaska, qui se trouve immédiatement au sud du parc Wrangell – St. Elias.

Réserve de parc national Kluane

- **Territoire :** Yukon
- **Date de création :** 1976
- **Superficie :**
  22 013 kilomètres carrés
- **Fréquentation :** environ
  80 000 visiteurs par année
- **Camping :** un terrain de camping
  de 41 emplacements au lac
  Kathleen
- **Sentiers :** 13 sentiers totalisant
  300 kilomètres mènent à divers
  endroits dans les chaînons Kluane

- **Collectivité locale :**
  Haines Junction
- **Accès :** la réserve est située à
  160 kilomètres à l'ouest de
  Whitehorse sur la route de l'Alaska,
  ou à 249 kilomètres au nord
  de Haines (Alaska) par le
  chemin Haines
- **Personne-ressource :** le directeur,
  réserve de parc national Kluane,
  C.P. 5495, Haines Junction (Yukon)
  Y0B 1L0 ; téléphone : (403) 634-2251

Les quatre thèmes d'interprétation : « L'être humain et les montagnes de St. Elias », « La vie au sommet des champs de glace », « L'origine du paysage » et « Les champs de glace » renseigneront sur le parc les visiteurs qui se rendent dans cette région sauvage d'importance internationale.

En vertu de la *Loi sur les parcs nationaux*, Kluane a été désigné réserve de parc national, en attendant le règlement des revendications territoriales des premières nations qui habitent cette région. Les groupes de défenseurs de l'environnement, comme la Fédération canadienne de la nature et la *Yukon Conservation Society*, veulent repousser la frontière sud-est du parc pour qu'il englobe la portion non protégée de la rivière Tatshenshini qui traverse le Yukon. De son côté, Parcs Canada voudrait agrandir le parc au nord-ouest pour englober le secteur du glacier Klutlan. Il y a 1 200 ans, une éruption volcanique a déposé une couche de cendres blanchâtres sur le front du glacier. Chose surprenante, une forêt d'épinettes blanches et de peupliers s'y est développée. L'orignal hiverne dans ce secteur et le caribou le parcourt. Peut-être n'y a-t-il aucun autre endroit au monde où de grands mammifères vivent sur un glacier !

L'intégrité écologique de Kluane est menacée par les demandes de plus en plus nombreuses de la part des visiteurs pour faciliter l'accès au parc et par la mise en place d'installations dans l'arrière-pays. De plus, la circulation routière et la chasse ont un effet néfaste sur certaines espèces comme l'orignal et le loup qui migrent à travers le parc. Le braconnage organisé à l'échelle internationale par des chasseurs de trophées met également la faune du parc en péril.

PARC NATIONAL KOOTENAY

Les chèvres de montagne de la réserve de parc national Kluane peuvent escalader les pentes rocheuses de certaines des montagnes les plus escarpées.

qui sépare ces dernières des monts Columbia.

Depuis les temps préhistoriques, cette partie du centre des Rocheuses a servi de corridor nord-sud. Les pictographes découverts à proximité des sources thermales Radium au sud du parc, où le terrain est moins accidenté, indiquent que cette région était un lieu de rencontre pour les Indiens des plaines et des montagnes. Des explorateurs comme sir George Simpson et sir James Hector de l'expédition Palliser ont sillonné les vallées et les cols de cette région. Dans son rapport, le capitaine John Palliser concluait que le col Vermillon était celui qui convenait le mieux et se révélait le plus économique pour construire des « aménagements pour véhicules ».

L'aménagement de la promenade Banff-Windermere fut l'élément catalyseur qui a mené à la création du parc national Kootenay. Un ingénieur écossais habitant à Windermere (C.-B.), Robert Randolph Bruce, fit valoir qu'une route reliant Banff au district de Windermere en Colombie-Britannique par le col Vermillon constituerait un lien commercial avec les provinces de l'Est et une route touristique spectaculaire. La construction de la portion de la route située en Colombie-Britannique commença en 1911. Comme le gouvernement provincial n'avait pas les ressources financières pour la terminer, le gouvernement fédéral accepta de le faire en échange de la création du parc national Kootenay. En 1919, la province cédait au gouvernement fédéral la route ainsi qu'une bande de terre de 16 kilomètres de largeur englobant la route. Le parc fut inauguré en 1920.

Les sections nord et sud du parc sont deux environnements tout à fait différents. À partir du parc national Banff, le voyageur qui traverse le col Vermillon débouche dans la zone humide peuplée de forêts denses, au nord de Kootenay Crossing. Une promenade le long du sentier Fireweed le mène dans un environnement en régénération à la suite d'un incendie d'une durée de huit jours en 1968. Les panneaux d'interprétation expliquent la modification que le feu fait subir aux forêts de montagne. Dans ce secteur, la forêt est peuplée d'épinettes d'Engelmann et de sapins subalpins.

La zone sud du parc est moins humide car les courants d'air qui arrivent de l'ouest s'assèchent presque complètement au-dessus des monts Columbia.

Le parc national Kootenay s'étire le long du versant ouest de la ligne de partage des eaux. La promenade Banff-Windermere, inaugurée en 1924, parcourt toute la longueur de ce « parc routier ». Cette année-là, plus de 4 500 automobiles empruntèrent cette route spectaculaire qui traverse un paysage de montagnes escarpées, de reliefs glaciaires, de canyons et de formations karstiques. Quatre parcs nationaux de montagnes, dont le parc Kootenay, forment le site du patrimoine mondial des montagnes Rocheuses, bloc contigu protégeant une superficie de 20 160 kilomètres carrés.

La rivière Kootenay prend sa source dans ce parc, le dernier créé des quatre parcs des Rocheuses. Son nom, qui vient peut-être des Pieds-Noirs, signifie « les gens de l'eau ». Le parc national Kootenay protège des échantillons représentatifs du versant ouest des Rocheuses, y compris des portions des chaînons de l'Ouest et du versant ouest des chaînons principaux. Les Rocheuses comprennent trois chaînons : les chaînons frontaux à l'est, les chaînons principaux et les chaînons de l'Ouest. À l'ouest du parc se trouve la faille des Rocheuses

Ici, la forêt est formée de sapins de Douglas. Les espèces fauniques qui fréquentent le parc sont le wapiti, le cerf mulet et le cerf de Virginie, le mouflon d'Amérique, la chèvre de montagne, le grizzli, l'ours noir et le loup. Le caribou des montagnes, qui a peut-être fréquenté le parc autrefois, en est maintenant absent.

Le parc national Kootenay présente de nombreux points d'intérêt. Les sentiers d'interprétation mènent aux parois calcaires sculptées du canyon Marble ; ils permettent également de s'approcher des mousses et des fleurs arctiques qui survivent dans cet environnement. C'est dans les dépôts d'ocre Paint Pots que les Indiens Kootenais trouvaient les couleurs éclatantes qui leur servaient à décorer leurs corps et leurs tentes. Une randonnée de quatre heures à pied mène au glacier Stanley.

Les principaux problèmes auxquels le parc est confronté sont la mortalité animale le long de la promenade Banff-Windermere, le braconnage, la détérioration des régions sauvages résultant d'une trop grande utilisation du parc par les visiteurs ainsi que l'introduction de plantes non indigènes. Comme il est impossible de régulariser l'accès au parc à partir des chemins forestiers adjacents, les braconniers en profitent pour chasser à l'intérieur des limites. Toutefois, l'administration du parc met en œuvre diverses initiatives en vue d'améliorer la protection de ses ressources patrimoniales uniques.

Parc national Kootenay

- Province : Colombie-Britannique
- Date de création : 1920
- Superficie : 1 406 km^2
- Fréquentation :
  1 850 000 visiteurs par année
- Camping : 3 terrains regroupant
  401 emplacements allant du tout
  confort au strict nécessaire
- Sentiers : 200 km de randonnées

- Collectivités locales : Radium
  Junction (C.-B.) et Lac Louise
  (Alberta)
- Accès : Banff-Windermere (93 sud)
- Personne-ressource : le directeur,
  parc national Kootenay, C.P. 220,
  Radium Hot Springs
  (Colombie-Britannique) V0A 1M0 ;
  téléphone : (604) 347-9615

PARC NATIONAL KOUCHIBOUGUAC

Le parc national Kouchibouguac protège une fascinante diversité d'habitats naturels dispersés le long du détroit de Northumberland entre le Nouveau-Brunswick et l'Île-du-Prince-Édouard. Un réseau de 25 kilomètres de cordons littoraux protège de la furie des tempêtes et des vagues les lagunes chaudes et les riches marais d'eau salée du parc. Au premier coup d'œil, le seul aspect intéressant de Kouchibouguac semble être les plages et les dunes de sable. Toutefois, il englobe un écosystème en constante évolution, l'un des plus dynamiques dans le réseau des parcs nationaux.

Le nom du parc, prononcer « Cou-chi-bou-gou-ac », lui vient de la rivière qui le traverse en plein centre. Il dérive de l'expression micmac *Pejeboogwek* qui signifie « la rivière aux longues marées ». Dans le réseau des parcs nationaux, le parc représente les basses-terres du Nouveau-Brunswick, qui font partie de la région naturelle de la plaine des Maritimes. Comme les terres de Kouchibouguac ont été, par le passé, en grande partie exploitées pour la coupe du bois et l'agriculture, la forêt du parc est à un stade précoce de régénération.

Trois rivières principales, Saint-Louis, Kouchibouguac et Black, serpentent à travers le parc. Comme l'eau s'écoule difficilement de la plaine des Maritimes, les tourbières couvrent plus de vingt pour cent de la superficie intérieure du parc. Un sentier naturel mène le visiteur à la tourbière Kelly dont la couche de mousse de sphaigne atteint plus de 5 mètres d'épaisseur. L'orignal, le cerf, l'ours noir, le castor, le renard, le lièvre et le coyote habitent la forêt en régénération de la partie ouest. La forêt acadienne se compose d'épinettes noires et d'épinettes rouges, de quelques immenses pins blancs qui ont échappé à la hache et de sapins baumiers.

Modelées et remodelées par les tempêtes, les vents et les courants océaniques, les trois principales îles du cordon littoral ont été formées il y a 2 500 ans et elles se sont tranquillement rapprochées de la rive au cours des siècles. En bordure de la forêt, l'eau douce se mélange à l'eau de mer, formant des lagunes retenues par les îles. Les lagunes et les marais d'eau salée offrent refuge à une grande diversité de plantes et d'animaux, dont les oiseaux marins indigènes et des dizaines de milliers d'oiseaux de rivage, d'oies et de canards migrateurs. Le Balbuzard (aigle pêcheur) – symbole du parc – et le Pluvier siffleur nichent à Kouchibouguac. Les îles constituent l'un des plus importants lieux de nidification de la Sterne commune en Amérique du Nord.

Au centre d'accueil, un diaporama présente aux visiteurs les divers habitats naturels auxquels ils ont accès à pied ou en canot. Les thèmes d'interprétation expliquent les rapports entre la terre et la mer, les dunes, les lagunes, les marais d'eau salée, la forêt acadienne et la régénération des anciens champs.

Parc national Kouchibouguac

- **Province :** Nouveau-Brunswick
- **Date de création :** 1979
- **Superficie :** 239 kilomètres carrés
- **Fréquentation :** environ 175 000 visiteurs par année
- **Camping :** 2 principaux terrains de camping offrant 240 emplacements accessibles en automobile et 9 emplacements accessibles à pied, plus 3 secteurs de camping primitif
- **Sentiers :** ce parc est exceptionnel en raison de ses 25 kilomètres de piste cyclable, de ses 13 sentiers naturels et de ses 30 kilomètres de pistes de ski de randonnée
- **Collectivités locales :** Kouchibouguac, Richibouctou, Pointe-Sapin, Saint-Louis-de-Kent, Rexton
- **Accès :** le parc est situé à 100 kilomètres au nord de Moncton ou à 110 kilomètres au sud de Bathurst par la route 11
- **Personne-ressource :** le directeur, parc national Kouchibouguac, Kouchibouguac (Nouveau-Brunswick) E0A 2A0 ; téléphone : (506) 876-2443

Quand les gouvernements du Canada et du Nouveau-Brunswick eurent décidé de créer le parc national Kouchibouguac en 1969, ils commencèrent à exproprier les terres nécessaires et à verser des compensations aux personnes qui vivaient à l'intérieur des limites proposées pour le parc. Bon nombre de résidents refusèrent de quitter, protestèrent contre leur déplacement forcé et occupèrent même en une occasion les bureaux administratifs du parc. Après avoir épuisé tous les recours légaux à leur disposition, certains occupèrent illégalement le parc. En 1975, le gouvernement fédéral accepta de déplacer les limites du parc pour rétablir les droits de pêche côtière et forma, en 1980, une commission royale pour évaluer la situation. Les résidents locaux ont fini par quitter le secteur du parc, mais ils ont conservé le droit d'y amarrer leurs embarcations et de disposer des coques qu'ils ramassent sur les plages de Kouchibouguac, comme ils le font depuis des générations. Le gouvernement fédéral a depuis abandonné sa politique d'expropriation ; il travaille maintenant de concert avec les résidents locaux pour résoudre les problèmes posés par la création de nouveaux parcs.

Diverses menaces internes et externes mettent en péril les ressources du parc. Les colonies de Pluviers siffleurs et de sternes sont menacées par les prédateurs naturels et par le dérangement causé par les visiteurs. La pêche sportive a des conséquences néfastes sur les populations d'ombles de fontaine et la pêche commerciale fait diminuer les populations de palourdes, de poissons et de myes communes (coques). Conformément aux recommandations de la commission royale d'enquête, la pêche commerciale est toujours permise à l'intérieur du parc. Parcs Canada continue cependant de surveiller la santé des populations de poissons qui font l'objet de la pêche commerciale et de la pêche sportive. Les recherches laissent également penser que la coupe du bois à proximité du cours supérieur des rivières à l'extérieur du parc peut menacer les frayères.

La complexité écologique du parc, dont le relief ne s'élève jamais à plus de 30 mètres au-dessus du niveau de la mer, est remarquable. Même si Kouchibouguac est depuis longtemps une destination touristique très prisée, il mérite d'être apprécié pour d'autres caractéristiques que ses plages splendides.

Plus de vingt pour cent de la superficie intérieure de Kouchibouguac
est un marais sans relief.

Des visiteurs du parc national de
La Mauricie étudient une exposition
d'interprétation portant sur la formation
du lac Wapizagonke et de quelques autres
éléments topographiques.

PARC NATIONAL DE LA MAURICIE

En plein cœur du Québec, le parc national de La Mauricie protège une forêt d'érables et d'épinettes émaillée de près de 150 lacs et étangs. Parc national le plus grand de cette province, il présente un paysage de collines basses et arrondies vieilles d'un milliard d'années : les Laurentides. La Mauricie chevauche une zone de transition entre la forêt boréale du Bouclier canadien et la forêt mixte des basses-terres du Saint-Laurent. En automne, les érables à sucre, les bouleaux et les hêtres enflamment le paysage de leurs vives couleurs.

Dans le réseau des parcs nationaux, le parc de La Mauricie est représentatif des caractéristiques écologiques du Bouclier canadien, des Laurentides québécoises et des basses-terres du Saint-Laurent. Le parc est borné par deux importantes rivières : la Mattawin au nord et à l'ouest et la Saint-Maurice au nord et à l'est. Le nom du parc lui vient de la rivière Saint-Maurice, elle-même baptisée ainsi au XVIIIe siècle en l'honneur du sieur Maurice Poulin de la Fontaine. Le castor, l'orignal, le renard roux, le lièvre d'Amérique et l'ours noir habitent cette région.

Les noms des lacs et des rivières du parc national de La Mauricie parlent du patrimoine culturel des peuples fondateurs du Canada. Ces forêts étaient déjà la patrie de nations autochtones il y a 5 000 ans. Les Français qui vinrent s'y installer rencontrèrent les Attikameks, nomades apparentés aux Cris et aux Algonquins, qui parcouraient les rivières et les forêts à la recherche de gibier, de racines et de petits fruits. On a découvert plus de trente sites archéologiques datant d'époques préhistoriques sur les rives et les îles des lacs Wapizagonke, Caribou et Anticagamac. Dès 1831, on faisait la coupe du bois dans cette région et, à la suite de la construction de centrales électriques entre 1898 et 1903, elle devint un important centre de pâtes et papier.

Trois grands corridors naturels, failles de la croûte terrestre formées lors de la dernière époque glaciaire, découpent le parc et forment le centre des activités récréatives. Au sud du parc, ces corridors sont traversés par une importante promenade aménagée après la création du parc. L'une des principales caractéristiques géologiques est Le Passage, à l'extrémité nord du lac Wapizagonke, qui a vu défiler les glaciers, les caribous et les orignaux, les chasseurs nomades, les trappeurs et les bûcherons, les pêcheurs sportifs et, aujourd'hui, les adeptes du canot-camping qui recherchent la tranquillité de la nature sauvage.

Le parc national de La Mauricie est l'un des plus isolés sur le plan écologique au Canada. Comme tout autre environnement naturel, le parc subit les effets néfastes de la pollution de l'air, du réchauffement de la planète et de la destruction de la couche d'ozone. Son territoire est relativement petit et ses écosystèmes débordent à l'extérieur de ses limites. Ils subissent donc plus ou moins les conséquences directes de différentes formes d'exploitation des ressources pratiquées en périphérie, comme la chasse, le piégeage, la coupe du bois et l'agriculture. De plus, les ressources du parc souffrent du grand nombre de visiteurs qui fréquentent le parc en été.

C'est grâce à un bon appui local et politique que les impressionnantes caractéristiques naturelles de ce paysage des Laurentides sont maintenant protégées dans le parc national de La Mauricie. En 1969, diverses municipalités et chambres de commerce firent parvenir au ministre responsable des parcs nationaux des résolutions au sujet de la création d'un parc. De plus, une assemblée des maires des municipalités du cœur du Québec demanda instamment au gouvernement du Québec d'appuyer la création d'un parc national dans la vallée de la rivière Saint-Maurice. Fort d'un solide appui local, le ministre responsable des parcs nationaux, l'honorable Jean Chrétien, député du comté de Saint-Maurice, s'entendit avec le gouvernement québécois sur la création du parc national de La Mauricie en août 1970.

Parc national de La Mauricie

- **Province :** Québec
- **Date de création :** 1977
- **Superficie :** 536 kilomètres carrés
- **Fréquentation :** environ 300 000 visiteurs par année
- **Camping :** 3 terrains de camping offrant 518 emplacements semi-aménagés, plus 181 emplacements de camping primitif sur les itinéraires de canot-camping
- **Sentiers :** nombreux itinéraires de canot, courts sentiers

pédestres
- **Collectivités locales :** Shawinigan, Grand-Mère, Saint-Jean-des-Piles et Saint-Gérard-des-Laurentides
- **Accès :** le parc est situé à 70 kilomètres au nord de Trois-Rivières par la route 55
- **Personne-ressource :** le directeur, parc national de La Mauricie, C.P. 758, 465, 5e Rue, Shawinigan (Québec) G9N 6V9 ; téléphone : (819) 536-2638

Réserve de parc national de l'Archipel-de-Mingan

L'archipel de Mingan est une collection unique d'îles calcaires disséminées le long de la côte nord du golfe du Saint-Laurent entre l'île d'Anticosti et le Québec. Ces îles s'étirent sur une distance de 175 kilomètres entre Longue-Pointe et Aguanish (Québec) ; en moyenne, elles sont situées à 4 kilomètres des côtes de la province de Québec. En 1983, Parcs Canada achetait à la société Dome Petroleum de Calgary les quarante îles principales de cet archipel de quarante-sept îles.

La réserve de parc national de l'Archipel-de-Mingan est représentative de la géomorphologie, de la flore et de la faune de la partie est de la région naturelle des basses-terres du Saint-Laurent. Personne ne peut encore dire avec certitude d'où vient le mot « Mingan ». Peut-être est-ce le mot montagnais qui veut dire « loup » ou bien un mot breton qui signifie « pierre arrondie », ce qui décrit assez bien la topographie des îles.

Dès 1926, le gouvernement fédéral souhaitait intégrer l'archipel au réseau des parcs nationaux en raison des attraits naturels et du potentiel récréatif des îles. À cette époque, elles étaient en grande partie inhabitées et demeurées relativement intactes. En 1943, le Bureau des parcs nationaux écrivait que « ... dans le cadre de notre planification d'après-guerre du réseau des parcs au Québec et pour l'ensemble du Canada, nous devrions envisager sérieusement de nous porter acquéreur de ces îles ».

Les principales « attractions naturelles » de l'archipel de Mingan sont ses monolithes, ses arches rocheuses et ses grottes, résultats de l'action des vagues, de la glace et des réactions chimiques naturelles entre l'eau et le calcaire. Soulevées depuis des millions d'années, les îles calcaires de Mingan sont distinctes du

Un membre du personnel du parc entretient les visiteurs des caractéristiques topographiques uniques et des autres éléments des îles de Mingan.

Bouclier canadien ; l'érosion en a fait de magnifiques sculptures naturelles. Sur les plages des îles, les visiteurs peuvent explorer la plus grande concentration d'arches et d'éperons rocheux de mer au Canada.

Deux systèmes climatiques différents se rencontrent dans l'archipel de Mingan et permettent le développement d'une végétation diversifiée unique au Québec. Un climat maritime tempéré règne sur la plupart des îles et, conjugué aux eaux froides environnantes, donne une végétation semblable à la toundra. Ce mélange climatique et la présence de l'assise rocheuse calcaire et des dépôts laissés sur les plages ont donné naissance à six groupements végétaux distincts.

Plus de soixante pour cent de la superficie des îles est couverte de forêts où les peuplements de sapins prédominent ; l'épinette noire et l'épinette blanche forment le reste de la forêt. Les tourbières couvrent presque vingt pour cent des îles et c'est là que l'on trouve le plus grand nombre de groupements végétaux. Le rude climat en bordure de la mer a produit un habitat de landes où poussent le lichen et les arbustes. Ce type de végétation couvre dix pour cent de la superficie des îles de l'archipel. La végétation qui reste est concentrée sur les falaises et dans des habitats marécageux d'eau douce et d'eau salée. Il est rare de rencontrer de la végétation arctique-alpine à cette altitude en Amérique du Nord. On trouve dans le parc près de 500 espèces de plantes vasculaires, dont certaines vivent habituellement à 4 000 kilomètres plus au nord ou dans les montagnes, vers l'ouest.

La faune ailée est également très nombreuse dans le parc ; au moins 200 espèces d'oiseaux y ont été observées. Les goélands, les sternes et les mouettes nichent sur le littoral, les landes et les falaises des îles. Il y a même une falaise où se rassemblent plus de 1 000 Mouettes tridactyles. Le Macareux vit dans le parc ; il en est également le symbole. Jusqu'à 100 000 Eiders communs passent l'hiver dans l'archipel. Plus de 4 000 individus d'une sous-espèce distincte nichent sur les îles du parc. Le fait que les rivières d'eau douce se déversent dans les eaux de l'archipel crée une grande diversité d'habitats marins. Neuf types de baleines visitent ces eaux, dont le petit rorqual.

Les ressources du parc sont menacées en raison du libre accès aux îles. Des environnements importants sur le plan écologique ont été piétinés et des oiseaux ont été dérangés durant leur période de nidification. Le parc met l'accent sur la surveillance accrue des zones vulnérables et sur la sensibilisation du public à la fragilité de l'écosystème du parc. Les visiteurs devraient se renseigner sur les ressources du parc de façon à ne pas devenir eux-mêmes une partie du problème. Parmi les menaces externes, mentionnons la pollution des eaux du fleuve Saint-Laurent et la possibilité de déversements pétroliers.

L'Archipel-de-Mingan est la première réserve de parc national créée en-dehors des Territoires du Nord-Ouest et du Yukon. Le Parlement canadien déclarait la zone réserve de parc national en vertu de la loi en 1984, sous condition du règlement des revendications territoriales des Attikameks-Montagnais. Le conseil de bande de Mingan siège au conseil de gestion du parc avec des représentants de Parcs Canada afin de conseiller les gestionnaires sur la planification et l'administration de la réserve de parc.

Réserve de parc national de l'Archipel-de-Mingan

- **Province :** Québec
- **Date de création :** 1984
- **Superficie :** 150 kilomètres carrés
- **Fréquentation :** environ 25 000 visiteurs par année
- **Camping :** emplacements de camping primitif sur certaines îles
- **Sentiers :** l'archipel n'est accessible que par bateau
- **Collectivités locales :** Havre-Saint-Pierre, Mingan, Longue-Pointe-de-Mingan
- **Personne-ressource :** le directeur, réserve de parc national de l'Archipel-de-Mingan, C.P. 1180, 1303, rue Digue, Havre-Saint-Pierre (Québec) G0G 1P0 ; téléphone : (418) 538-3331

La phyllodoce bleue fleurit dans les prairies
subalpines du parc national du Mont-Revelstoke.

PARC NATIONAL
DU MONT-REVELSTOKE

Situé sur le versant ouest de la chaîne Selkirk, le parc national du Mont-Revelstoke englobe le chaînon Clachnacudainn ainsi qu'un vaste champ de glace alimentant plusieurs cours d'eau tumultueux qui s'écoulent vers l'extérieur du parc. Conjointement avec le parc national des Glaciers situé à 16 kilomètres vers l'est, le parc national du Mont-Revelstoke représente la région naturelle de la chaîne du Columbia dans le réseau des parcs nationaux. Le parc national du Mont-Revelstoke est le plus petit des parcs de montagnes de l'Ouest ; on le considère comme le « petit frère » du parc des Glaciers, dont il partage un grand nombre des traits écologiques.

Le parc national du Mont-Revelstoke doit son nom à la ville de Revelstoke située à l'est du parc. Cette ville fut ainsi baptisée en l'honneur de lord Revelstoke, un banquier britannique qui contribua à financer la construction du chemin de fer du Canadien Pacifique.

La formation, en 1910, d'un club local d'alpinisme à Revelstoke, en Colombie-Britannique, enclenchait une série d'événements qui allaient mener à la création du parc. Ce club réussit d'abord à convaincre le conseil municipal de Revelstoke d'aménager un sentier de randonnée depuis les limites de la ville jusqu'au sommet du mont Revelstoke. En 1912, voyant que la montagne attirait un grand nombre de visiteurs, un groupe de citoyens pressa le gouvernement fédéral de construire une route vers le sommet et de déclarer la région parc national. L'arrêté en conseil de 1914 qui crée le parc national du Mont-Revelstoke soulignait : « Les glaciers, les cimes des montagnes et les chutes d'eau attirent un grand nombre de touristes et se prêtent bien à l'établissement d'un parc touristique. »

La promenade du Sommet du mont Revelstoke, achevée en 1927, est l'un des rares endroits du réseau des parcs nationaux où les visiteurs peuvent se rendre en voiture jusqu'au sommet d'une montagne et au cœur des prairies subalpines. La popularité croissante de cette promenade motorisée entraîne cependant une détérioration des prairies et menace la végétation alpine. Lorsqu'on emprunte la route du parc depuis la Transcanadienne, on sent le passage de la forêt pluviale de la vallée aux fleurs spectaculaires du secteur subalpin. Au sommet, une vue magnifique sur les chaînes Selkirk et Monashee et sur les vallées Columbia et Illecillewaet attend le visiteur.

La faune et la flore du parc national du Mont-Revelstoke sont très semblables à celles du parc national des Glaciers. Des peuplements d'arbres de la forêt pluviale intérieure tempérée, de la forêt alpine intérieure et de la toundra alpine caractérisent le paysage à mesure que l'on passe des vallées aux montagnes. Le caribou des montagnes, le grizzli et l'ours noir, la chèvre de montagne et divers petits animaux, dont une grande variété de rongeurs et de chauves-souris trouvent refuge dans le parc national du Mont-Revelstoke.

Son Altesse royale le prince de Galles, à l'occasion du dévoilement, en septembre 1919, d'une plaque commémorant la construction de la promenade du Sommet.

Les visiteurs de ce parc peuvent se rendre compte des efforts fournis par sa direction pour protéger le caribou, une espèce qui tend à disparaître. La superficie du parc national du Mont-Revelstoke et celle du parc national des Glaciers sont insuffisantes pour les besoins du caribou des bois dont l'habitat doit être vaste. De plus, on croit que la fragmentation continuelle des forêts matures de la région contribue au déclin du caribou, car ceux-ci passent une grande partie de leur temps dans ce type de forêts à toutes les altitudes et en toutes saisons. Parcs Canada et le British Columbia Forest Service conjuguent leurs efforts pour déterminer les habitats à protéger afin d'assurer la survie du caribou des bois.

En mettant l'accent sur les ressources naturelles représentatives de la chaîne du Columbia et sur des pratiques de gestion des ressources propres à en assurer la conservation, le parc national du Mont-Revelstoke lance un message clair : la société doit protéger les écosystèmes entourant les parcs et non uniquement les parcs. Des activités d'interprétation encouragent les visiteurs à se renseigner sur l'état des ressources du parc et sur les mesures visant à préserver le plus petit des parcs nationaux de montagnes du Canada.

Parc national du Mont-Revelstoke

- Province : Colombie-Britannique
- Date de création : 1914
- Superficie : 260 kilomètres carrés
- Fréquentation : environ 125 000 visiteurs par année
- Camping : deux terrains de camping d'arrière-pays
- Sentiers : 40 kilomètres, et 15 kilomètres pour le ski de randonnée
- Accès : par la Transcanadienne
- Collectivité locale : Revelstoke
- Personne-ressource : le directeur, parc national du Mont-Revelstoke, C.P. 350, Revelstoke (Colombie-Britannique) V0E 2S0 ; téléphone : (604) 837-5155

RÉSERVE DE PARC NATIONAL NAHANNI

Les sombres allusions contenues dans certains noms de lieux, tels que la caverne « Headless » (Hommes-sans-tête), le chaînon « Funeral » (Funérailles) et la vallée « Deadman » (Homme mort) laissent planer un voile de mystère sur les canyons et les vallées de cette région sauvage nordique. Les 300 kilomètres de la rivière Nahanni-Sud et de ses quatre canyons, protégés à l'intérieur des limites de la réserve de parc national Nahanni, forment l'épine dorsale de ce parc de forme rubanée. Le nom même de Nahanni semble avoir plusieurs sens possibles : il signifierait « peuple de l'ouest », en athapaskan, ou encore il représenterait les premiers habitants de cette région, dits « les gens très loin là-bas ».

Blottie à la limite sud-est du territoire du Yukon, la réserve de parc national Nahanni est caractérisée par des rivières bouillonnantes, des montagnes rudes, des cavernes, des canyons et des sources thermales sulfureuses. Aux chutes Virginia, l'élément le plus connu des visiteurs, la Nahanni-Sud effectue un plongeon de 92 mètres, soit deux fois les chutes Niagara.

Les principales caractéristiques de la région naturelle des monts Mackenzie, dans le réseau des parcs nationaux, sont représentées par la réserve de parc national Nahanni. Les pics déchiquetés du chaînon Ragged s'élèvent au-delà de la limite nord-ouest du parc. Le cours supérieur de la rivière Nahanni-Sud serpente lentement à travers des montagnes aux sommets recouverts par la toundra. En contrebas des chutes Virginia, rapides et remous tumultueux caractérisent la rivière dans sa course à travers le Quatrième canyon. Plus loin en aval de la « Porte de l'enfer » (« Hell's Gate ») ou des rapides « En huit » (« Figure Eight »), la rivière exécute un virage en épingle à cheveux, s'engouffrant entre deux parois rocheuses au milieu d'un bouillonnement de vagues et de remous. Le Troisième canyon, appelé « La Porte » (« The Gate »), coïncide

Le castor est la seule espèce autorisée à construire
un barrage dans les eaux de la réserve de parc
national Nahanni sans contrevenir à la *Loi sur les
parcs nationaux.*

La création de la réserve de parc national
Nahanni mit fin à un projet de construction d'un
barrage hydroélectrique aux chutes Virginia.

avec un impressionnant rétrécissement de la rivière au pied d'une falaise verticale de 213 mètres que garde le rocher Pulpit. Le canyon le plus à l'est a été épargné par les glaciers, lors de la dernière glaciation, et il présente des parois vertigineuses de plus de 1 100 mètres.

La végétation du parc se compose surtout, au creux des vallées basses, d'espèces boréales telles que l'épinette et le peuplier, et de toundra alpine au sommet des montagnes. Certaines espèces fauniques vulnérables ou en voie d'extinction sont protégées à l'intérieur des limites de la réserve de parc Nahanni, entre autres le mouflon de Dall, le grizzli, le Cygne trompette, la chèvre de montagne et le Faucon pèlerin. On y a identifié plus de 120 espèces d'oiseaux.

Il existe également, à l'intérieur du parc, un grand nombre de sources thermales dont celles de Rabbitkettle, Kraus et Hole-in-the-Wall, et certaines

formations karstiques spectaculaires telles que la grotte Valerie. Celle-ci est une enfilade de 2 kilomètres de corridors formés par une modification du calcaire due à la percolation des eaux. On évalue l'âge de ce réseau à plus de 350 000 ans ; on y trouve des centaines de stalactites et de stalagmites encore en progression.

La réserve de parc national Nahanni a été le premier site canadien inscrit par l'UNESCO sur la Liste des sites du patrimoine mondial, entreprise en 1978. Ce statut international lui a été conféré en 1979 en raison de son vaste réseau de canyons, des chutes Virginia, de son remarquable sol karstique et de ses nombreuses sources thermales.

Dans le cadre des négociations territoriales avec les peuples autochtones, Parcs Canada pourrait assurer l'extension de la réserve de parc national Nahanni dans trois secteurs clés, soit le chaînon Ragged au nord-ouest, le secteur karstique situé au nord du Premier canyon et le plateau Tlogotsho. L'ajout de ces secteurs permettrait au parc de représenter la région naturelle des monts Mackenzie.

Plusieurs menaces importantes pèsent sur les ressources patrimoniales placées sous la protection de la réserve de parc national Nahanni. La qualité de l'eau du parc pourrait être menacée par l'ouverture possible d'une mine de plomb et de zinc sur le ruisseau Prairie, un affluent de la rivière Nahanni-Sud. La mine inactive de tungstène située aux sources de la rivière Flat fait aussi l'objet d'un projet de revalorisation comme ressource touristique internationale et comme centre de congrès. De plus, les visiteurs exercent une pression sur la qualité et l'expérience de la vie sauvage du parc. Même si la réserve de parc national Nahanni reçoit peu de visiteurs, sa fréquentation est fortement concentrée dans le corridor de la rivière, en une courte période de deux mois.

Le parc est désigné réserve de parc national en vertu de la *Loi sur les parcs nationaux*, en attente du règlement d'une revendication territoriale entre le gouvernement canadien et le peuple autochtone de la région. Les autochtones de Nahanni Butte pratiquent la chasse, la pêche et le piégeage dans le parc ; ces activités leur fournissent la nourriture, le cuir et les matériaux nécessaires à la production d'objets artisanaux.

Réserve de parc national Nahanni

- **Territoire :**
  Territoires du Nord-Ouest
- **Date de création :** 1976
- **Superficie :**
  4 765 kilomètres carrés
- **Fréquentation :** environ
  1 500 visiteurs par année
- **Camping :** un certain nombre
  d'emplacements de camping
  sauvage ; on peut également
  camper sur les plages de sable
  sec ou de galets.
- **Randonnée :** plusieurs sentiers et
  portages élaborés (Rabbit Kettle,
  chutes Virginia, mont Sunblood
  et rapides Figure Eight)

- **Collectivités locales :** Fort Liard,
  Nahanni Butte et Fort Simpson
- **Accès :** le mode d'accès habituel
  est l'hydravion affrété. Seules les
  embarcations non motorisées sont
  permises dans le parc. La route de
  Liard à partir de Fort Nelson
  donne accès au parc territorial de
  Blackstone, situé à 64 kilomètres
  des limites du parc du côté est.
- **Personne-ressource :** le directeur,
  réserve de parc national Nahanni,
  sac postal 300, Fort Simpson
  (Territoires du Nord-Ouest)
  X0E 0N0 ;
  téléphone : (403) 695-3151

PARC NATIONAL
DU NORD-DE-L'ÎLE-DE-BAFFIN

Plus de 22 200 kilomètres carrés de terres sauvages arctiques ont été soustraits au développement en avril 1992 afin de créer un parc national dans la partie septentrionale de l'île de Baffin. Le gouvernement canadien et celui de la Fédération Tungavik de Nunavut, organisme créé par les Inuit de la partie est de l'Arctique dans les négociations sur les revendications territoriales, se sont entendus pour fonder ce parc national dans le cadre de l'accord territorial du Nunavut. Bien qu'il soit possible que le parc ne soit pas établi officiellement avant 1996 en raison des transactions additionnelles que cela suppose, les deux parties se sont d'ores et déjà engagées à créer le parc. La mise en réserve de terres contribue à en assurer la protection jusqu'à ce que le parc soit officiellement protégé en vertu de la *Loi sur les parcs nationaux*.

Suivant les termes de l'accord du Nunavut, le gouvernement fédéral et les Inuit se sont donné trois ans pour négocier une entente sur les répercussions et les retombées pour les Inuit ; cette entente gérera la formation, les emplois, le développement économique et l'accès du parc. Le gouvernement fédéral disposera alors d'un délai d'un an pour établir officiellement le parc.

Le nouveau parc national représentera la terre, la végétation et la faune de la région naturelle de l'est des basses-terres de l'Arctique dans le réseau des parcs nationaux. Le parc national du Nord-de-l'Île-de-Baffin compte trois secteurs terrestres distincts : la presque totalité de l'île Bylot, les terres entourant le détroit d'Oliver, y compris le détroit lui-même, et un vaste secteur de la péninsule Borden. Des falaises escarpées de plus de 300 mètres de hauteur sur l'île Bylot accueillent d'importantes colonies d'oiseaux marins, comprenant des populations de Marmettes de Brünnich et de Mouettes tridactyles. L'île Bylot contient

également des habitats fréquentés par le Faucon gerfaut, la Mouette blanche, le Faucon pèlerin, la Grue du Canada et la Sterne arctique. Plus de vingt pour cent de la population canadienne de grandes Oies des neiges se reproduit dans les basses-terres du sud-ouest de l'île Bylot.

La caractéristique dominante des détroits d'Eclipse et d'Oliver est la présence de fjords profonds et de glaciers qui descendent vers la mer, offrant des panoramas spectaculaires aux adeptes de la randonnée et du kayak. On trouve dans le secteur du parc occupé par la péninsule Borden des basses-terres dépourvues d'arbres qui se couvrent chaque été de fleurs sauvages arctiques multicolores, de lichens et de carex, dont peuvent se nourrir les oiseaux et certains animaux sauvages. L'île Bylot et les glaces de mer qui l'entourent sont habitées par l'ours polaire, alors que l'on peut trouver de petites hardes de caribous sur l'île de Baffin. Un certain nombre de mammifères marins, parmi lesquels le narval, le béluga, le morse, l'épaulard ainsi que cinq espèces de phoques vivent dans les eaux environnantes. La rare baleine franche fréquente également ces eaux.

Les Inuit qui habitent ces lieux pratiquent encore un mode de vie traditionnel comportant des activités de chasse et de pêche. On peut trouver dans ce secteur des restes de campements anciens et d'inukshuks, sortes de cairns de pierre, ainsi qu'au-delà d'une cinquantaine de sites représentant les cultures pré-dorsétienne, dorsétienne et thulé. Les os de dinosaures qui ont été

Parc national du Nord-de-l'Île-de-Baffin

- **Territoire:** Territoires du Nord-Ouest/Nunavut
- **Date de création:** mise en réserve de terres à des fins de parc national en 1992
- **Superficie:** 22 252 kilomètres carrés
- **Aménagements:** aucun
- **Collectivité locale:** Pond Inlet, Arctic Bay
- **Accès:** en kayak ou par avion
- **Personne-ressource:** le directeur, Est de l'Arctique, Parcs Canada, C.P. 1720, Iqaluit (Territoires du Nord-Ouest) X0A 0H0 ; téléphone : (819) 979-6277

Dans le parc national du Nord-de-l'Île-de-Baffin,
on peut admirer la stratification horizontale des
splendides falaises des îlots Admiralty et Elwin situés
dans le secteur nord de la péninsule de Borden.

mis à jour sur l'île Bylot sont d'un grand intérêt scientifique.

Cette région est une véritable oasis arctique dotée d'une productivité biologique exceptionnellement élevée. C'est un corridor faunique, une aire de ravitaillement et un site de reproduction de première importance. Par exemple, plus de quatre-vingts pour cent de la population de narvals d'Amérique du Nord migre par le détroit de Lancaster ou y passe l'été, et plus de cinquante pour cent de l'avifaune qui dépend de la vie marine de l'est de l'Arctique fait halte, niche ou se ravitaille ici. Il y a encore beaucoup à faire dans cette région pour établir un parc marin national dans le but de protéger le fragile écosystème marin du détroit de Lancaster au nord des îles de Baffin et Bylot.

RÉSERVE DE PARC NATIONAL PACIFIC RIM

La réserve de parc national Pacific Rim est une mince bande de terre qui s'étend sur 150 kilomètres le long de la côte ouest du secteur sud de l'île de Vancouver. La puissance de l'océan Pacifique y rencontre les forêts matures d'épinettes de Sitka, de cèdres rouges et de pruches de l'Ouest qui subsistent encore le long de la bordure du continent. Les vagues viennent se briser sur les falaises escarpées ou rouler sur les plages sablonneuses de cette magnifique réserve de parc national consacrée à la beauté naturelle et au patrimoine côtier de l'île de Vancouver.

La réserve de parc national Pacific Rim représente la partie de la région naturelle de la chaîne côtière du Pacifique appelée la plaine côtière Estevan. Elle comprend la zone de Long Beach, au nord, les îles Broken Group, au centre, et la zone du sentier de la Côte ouest, au sud. En raison de l'étroitesse de son territoire, le parc Pacific Rim ne renferme aucun écosystème ni bassin hydrographique complet à Long Beach et sur le sentier de la Côte ouest. Les îles Broken Group, par contre, forment un archipel intact sur la côte ouest.

Le secteur le plus nordique, Long Beach, doit son nom à sa bande de sable de 11 kilomètres battue par les vagues. À cet endroit, le visiteur peut explorer les quatre zones écologiques du parc : la zone de plage immergée, la zone intertidale, le haut de la plage et la forêt. La zone de plage immergée fait partie du réseau des parcs marins nationaux. Des lits de varech s'étendent depuis la surface jusqu'à des profondeurs atteignant 30 mètres. Dans le cadre de certaines activités d'interprétation, des employés du parc ramènent des spécimens marins que les visiteurs peuvent observer. Entre la mi-mars et la mi-avril, la baleine grise de Californie traverse le parc marin dans la migration qui l'amènera de l'océan Arctique au Mexique, ce qui donne lieu à des observations de baleines tout à fait fascinantes.

Des renseignements sont disponibles sur place, au centre d'accueil Wackaninnish.

À marée basse, les étangs à marées de la zone intertidale sont à découvert. Anémones de mer aux couleurs vives, étoiles de mer et algues sont visibles dans les secteurs rocheux de Long Beach. La baie Florencia, à l'extrémité sud du secteur Long Beach, est un lieu intéressant d'exploration de la zone intertidale.

Les longues plages sablonneuses jonchées d'énormes bûches et pourvues d'une végétation rare caractérisent le haut de la plage, qui sert de transition entre la zone intertidale et la zone forestière. Parcourez à pied le sentier dit de la Forêt pluviale et admirez les cèdres rouges et les pruches de l'Ouest.

Les îles Broken Group regroupent plus de 100 îles et îlots du détroit de Barkley couvrant un secteur d'environ 60 kilomètres carrés. Les visiteurs peuvent explorer un certain nombre d'îles par bateau, mais seules huit de ces îles ont des emplacements de camping désignés. Ces îles sont populaires auprès des pagayeurs. Parcs Canada mettra bientôt en place à cet endroit un système de réservations semblable à celui du sentier de la Côte ouest, afin de prévenir la fréquentation excessive de ces îles et la détérioration de l'environnement.

Le sentier de la Côte ouest a d'abord été tracé, en 1890, pour permettre le passage des fils télégraphiques. Cependant, en janvier 1906, le paquebot *Valencia* s'abîmait là sur un récif. Or, les équipes venues à la rescousse par terre et par mer ne réussirent pas, en deux jours, à rejoindre le bateau qui finit par sombrer en emportant dans la mort 126 passagers et membres d'équipage. En rapport direct avec cet événement, une équipe de soixante hommes construisit, entre 1907 et 1912, une piste de sauvetage le long d'un secteur côtier de l'île de Vancouver qu'on appelait le « cimetière du Pacifique ». Donc, le sentier de la Côte ouest qu'empruntent aujourd'hui les adeptes de la randonnée pédestre était à l'origine un chemin traversant l'épaisse forêt et que pouvaient emprunter les marins naufragés pour rejoindre l'une des collectivités côtières. Après la Seconde Guerre mondiale, on commença à entretenir le sentier de façon plus sporadique, et on finit par l'abandonner à cause de l'amélioration des services à la navigation et des techniques maritimes.

Au cours des années 1960, le public commença à vouloir faire revivre

Une luxuriante forêt pluviale tempérée accueille les randonneurs à l'extrémité nord du sentier de la Côte ouest.

le sentier, et un groupe appelé le Sierra Club of Western Canada fit pression en faveur de la création de la réserve de parc national Pacific Rim. Ce sentier de randonnée plein de défis entraîne le visiteur depuis les longues plages de sable tassé jusqu'aux caps et aux canaux houleux. Les randonneurs doivent préalablement obtenir un permis auprès de Parcs Canada. Le triangle de Nitinat est un ajout important au parc et un lieu de canotage de choix.

De toute part, l'écologie de la réserve de parc national Pacific Rim a subi les assauts de l'industrialisation. Les activités d'exploitation forestière dans les régions adjacentes pourraient avoir des effet néfastes sur les ressources, le bassin hydrographique et la faune du parc. De même, on ne sait pas encore quels seront les effets à long terme du déversement de pétrole survenu en janvier 1989.

Le parc Pacific Rim est déclaré réserve de parc national en attendant le règlement d'une revendication territoriale entre le gouvernement et les représentants des premières nations qui ont vécu ici pendant des milliers d'années.

Réserve de parc national Pacific Rim

- **Province : Colombie-Britannique**
- **Superficie : 286 kilomètres carrés**
- **Fréquentation : 800 000 visiteurs**
- **Camping : secteur Long Beach : 2 terrains de camping, 94 emplacements accessibles en voiture et 80 emplacements accessibles à pied. Îles Broken Group : 8 emplacements de camping sauvage. Camping sauvage le long de la Côte ouest.**
- **Sentiers : 8 sentiers de randonnée, en plus des 75 km de la Côte ouest**
- **Collectivités locales : Tofino, Ucluelet, Bamfield, Port Renfrew**
- **Accès : la Route 4 à Long Beach depuis Port Alberni ; sentiers d'accès au sentier de la Côte ouest depuis Port Renfrew et Bamfield ; Îles Broken Group : par bateau depuis Ucluelet, Bamfield et Toquart Bay.**
- **Personne-ressource : le directeur, réserve de parc national Pacific Rim, C.P. 280, Ucluelet (Colombie-Britannique) V0R 3A0 ; téléphone : (604) 726-7721**

PARC NATIONAL DE LA POINTE-PELÉE

L'extrémité sablonneuse de la pointe Pelée est le point de terre ferme le plus méridional du Canada. Cette pointe est en fait une péninsule de sable dynamique de 17 kilomètres dotée d'une longue plage façonnée par les tempêtes et par la fluctuation du niveau des eaux du lac Érié. Elle s'étend plus au sud que la limite septentrionale de la Californie et que les pays méditerranéens du nord, en Europe. La basse latitude du parc national de la Pointe-Pelée ajoutée aux effets modérateurs du lac Érié produisent un climat local permettant d'accueillir une faune et une flore très diversifiées et des espèces typiques de l'écorégion carolinienne qui atteignent leur limite dans le sud-ouest ontarien. Certaines espèces de fleurs des bois sont les premières à apparaître en raison du climat relativement plus doux qui y règne.

Amalgame unique de marais, de forêts, de dunes et de plages, le parc national de la Pointe-Pelée représente la zone ouest des basses-terres du Saint-Laurent dans le réseau des parcs nationaux. À l'évidence, ce parc doit son nom à la langue de terre qui s'avance dans le lac Érié ; cette péninsule « pelée », c'est-à-dire chauve et dénudée, correspond bien à la description qu'en firent les pères Dollier et Galinée, en 1670. La pointe Pelée est un terrain jeune qui s'est formé en majeure partie il y a 4 300 à 1 200 ans, à partir du sable déposé il y a quelque 10 000 ans le long d'une arête immergée traversant le lac Érié jusqu'à la rive américaine. Les impressionnants complexes plages-dunes du parc accueillent une grande diversité de plantes et d'animaux représentatifs de la forêt carolinienne du sud de l'Ontario. Les prairies et les savanes du parc national de la Pointe-Pelée contribuent à protéger l'habitat de la raquette, un cactus que l'on retrouve très rarement dans l'est du Canada.

La partie ouest du parc est une formation complexe de crêtes d'anciennes dunes et de plages, alors que la partie est est constituée d'une barrière de plage plutôt simple. Ces deux secteurs limitent un marécage de 1 080 hectares (2 700 acres) qui couvre un peu plus de soixante-cinq pour cent de la superficie du parc. Ce marécage d'eau douce accueille de nombreuses espèces végétales, dont la ketmie des marais ; il a été proclamé marécage d'importance internationale selon les termes de la Convention de Ramsar relative aux zones humides d'importance internationale. Une promenade en bois d'un kilomètre (0,6 mille) permet aux visiteurs de pénétrer au cœur du marécage et de sa splendeur. Si vous visitez le parc en juillet ou en août, prenez soin de vous arrêter au kiosque situé à l'entrée de la promenade afin d'en connaître un peu plus sur la vie et l'écologie du marais et sur la nécessité de gérer cette ressource patrimoniale de façon appropriée.

Si vous devez visiter Pointe-Pelée en mai, arrivez tôt. C'est alors la saison d'observation des oiseaux et, quelquefois, les jours de fin de semaine, les ornithologues amateurs venus dans le parc pour assister à la migration de printemps sont si nombreux que le terrain de stationnement des visiteurs est rempli dès sept heures. On a recensé ici plus de 350 espèces d'oiseaux ; parmi celles-ci, environ une centaine nichent à l'intérieur du parc, et près d'une cinquantaine y

Sur cette photo prise en 1957, le garde en chef Norris McCarron indique l'une des attractions du parc à des visiteurs.

hivernent. Les voies migratoires du centre du Mississippi et de l'est de l'Atlantique se chevauchent au voisinage du parc de la Pointe-Pelée, et les oiseaux en quête de ravitaillement y font halte au grand plaisir des observateurs d'oiseaux munis de leurs jumelles. De plus, entre la fin d'août et le début d'octobre, les papillons monarques se rassemblent ici avant de migrer vers le Mexique.

Comme une grande partie de la forêt carolinienne a été altérée dans le sud de l'Ontario, y compris à la pointe Pelée, plusieurs espèces sont devenues rares. Dans le parc même, soixante-dix espèces de plantes vasculaires, vingt-cinq espèces d'oiseaux, huit espèces de papillons, sept espèces de poissons, deux espèces d'amphibiens et trois espèces de tortues sont « rares » en Ontario. Un grand nombre d'entre elles sont officiellement classées comme vulnérables, menacées ou en voie d'extinction par le Comité sur le statut des espèce menacées de disparition au Canada. La perte d'habitat, la surexploitation et certains autres facteurs ont entraîné l'élimination de neuf des trente espèces de reptiles et d'amphibiens recensées, de même que celle du petit polatouche. Près de quarante

Parc national de la Pointe-Pelée

- Province : Ontario
- Date de création : 1918
- Superficie : 15 kilomètres carrés
- Fréquentation : près de 500 000 visiteurs par année
- Camping : aucun terrain de camping n'est aménagé au parc national de la Pointe-Pelée, mais on peut trouver motels, terrains de camping privés et gîtes du passant aux abords du parc.

- Randonnée : plusieurs sentiers d'interprétation et de randonnées de courte durée
- Collectivité locale : Leamington
- Accès : 10 kilomètres au sud de Leamington
- Personne-ressource : le directeur, parc national de la Pointe-Pelée, R.R. 1, Leamington (Ontario) N8H 3V4 ; téléphone et ATS : (519) 322-2365

Une jetée de bois s'avance dans le marais sur plus d'un kilomètre au cœur du parc national de la Pointe-Pelée.

pour cent des plantes vasculaires du parc ne sont pas indigènes. Certaines de ces espèces peuvent chasser les espèces indigènes ; d'autres sont des plantations isolées que l'on s'efforce d'éliminer du territoire. Cette activité est subventionnée par une fondation locale privée appelée Friends of Point Pelee.

Étant donné l'importance des modifications qu'ont subies les terres à l'extérieur du parc et la pression exercée par les visiteurs qui fréquentent le parc en grand nombre, et par les transformations historiques infligées aux ressources du parc, il n'est pas surprenant que l'écosystème de la pointe Pelée soit fortement menacé. Cependant, depuis 1985, l'incidence de la présence des observateurs d'oiseaux a été réduite parce que la fréquentation hors sentiers a énormément diminué. Ne piétinez pas la végétation si vous vous rendez observer les oiseaux dans le fragile environnement de ce parc national ; de plus, avant de vous rendre à l'une ou l'autre des attractions du parc, informez-vous sur son programme de protection de la végétation. Environ onze pour cent de la superficie de terrain sec du parc est consacré aux aménagements touristiques.

Le programme de gestion de l'écosystème du parc s'attaque à plusieurs de ces sources de pression. Depuis l'élimination des principaux carnivores du parc, le cerf de Virginie n'a plus de prédateur naturel et il broute une végétation carolinienne déjà rare. La harde a été réduite il y a plusieurs années et, en 1993, un immunocontraceptif a été mis à l'essai dans le but de créer un meilleur équilibre entre la population de cerfs de Virginie et la végétation du parc, de manière à favoriser la régénération naturelle de la forêt. En avril 1993, on a réintroduit le petit polatouche après une absence de cinquante ans. Un programme de restauration des habitats naturels encourage activement la plantation d'arbres caroliniens indigènes sur les terres publiques dans l'ensemble du comté d'Essex.

Divers programmes d'interprétation et sentiers autoguidés offrent aux visiteurs du parc d'extraordinaires occasions d'apprendre à connaître l'un des écosystèmes canadiens les plus fortement menacés. Le parc a aussi beaucoup à dire sur ses efforts de stabilisation et de restauration de la zone écologique carolinienne. Sa publicité présente les zones protégées comme des îlots d'espoir, et elle souligne toute l'importance de l'action individuelle.

Grey Owl, en compagnie de son épouse, Anahareo, accueillent des visiteurs à leur cabane du lac Ajawaan. L'ingénieux imposteur avait apprivoisé deux castors qui pouvaient entrer chez lui en passant par le tas de bois que l'on aperçoit à droite.

PARC NATIONAL PRINCE-ALBERT

Le parc national Prince-Albert contribue à protéger une zone de transition naturelle allant de la forêt boréale à la tremblaie et à la prairie de fétuques. Ici, la faune et la flore de trois zones écologiques distinctes créent une mosaïque variée. De plus, comme la plupart des terres entourant Prince-Albert ont été exploitées à des fins d'agriculture ou de foresterie, le parc constitue un refuge important pour la faune riche et diversifiée de cette région de transition.

Dans le réseau des parcs nationaux, la région naturelle des plaines et plateaux boréaux du Sud est représentée par le parc national Prince-Albert. Le paysage général du parc est vallonné, piqué de grands lacs, tels les lacs Waskesiu, Crean et Kingsmere, ainsi que de centaines de lacs plus petits. Le terrain doucement ondulé et les cours d'eau ont été créés par l'avance et le recul des glaciers au cours de la dernière période glaciaire, il y a quelque 10 000 ans.

La transition entre la zone boréale et la tremblaie se fait graduellement du nord au sud. Dans la partie nord du parc, on trouve des lacs, des étangs, des ruisseaux et des tourbières dans une forêt mixte. Les conifères prédominent, mais de nombreuses essences d'arbres à feuilles caduques telles que le peuplier faux-tremble et le bouleau font aussi leur apparition. Le sentier d'interprétation Boundary Bog entraîne le visiteur dans un muskeg d'épinettes noires où il apprendra à connaître l'histoire naturelle de cette zone. On peut voir de la mousse de sphaigne et du lichen des caribous en plusieurs endroits. Dans les tremblaies du parc, les prairies se mêlent aux peupliers faux-trembles. Le parc national Prince-Albert assure la protection du quart environ de ce qui reste des prairies naturelles de fétuques du Canada.

L'un des nombreux rôles de conservation du parc vient de ce qu'il abrite une colonie de Pélicans blancs d'Amérique, la deuxième en importance au Canada et la seule qui soit entièrement protégée. Une zone de protection spéciale prévient le dérangement de la colonie par les visiteurs, mais on peut quand même apercevoir ces splendides oiseaux en d'autres endroits du parc. Le parc contribue également à protéger l'habitat naturel d'espèces végétales et fauniques représentatives des prairies, des clairières et de la forêt boréale, telles que le blaireau, le spermophile, la loutre, le lynx, le carcajou, le wapiti, l'orignal, le cerf et l'ours noir. Une petite harde de caribous des bois erre à travers la région, laquelle contient aussi des zones de tanières de loups. De plus, près de 100 bisons des plaines vivent librement dans le parc national Prince-Albert.

L'histoire bien remplie du parc national Prince-Albert est racontée en détail par Bill Waiser dans un livre intitulé *Saskatchewan's Playground : A History of Prince Albert National Park*. La création du parc national Prince-Albert semble être un exemple classique de manœuvre politique. Avant d'accepter de désigner Mackenzie King comme candidat à l'élection fédérale de 1926, l'association de comté de Prince-Albert lui présenta une série de requêtes, parmi lesquelles figurait la création d'un parc national. Après avoir défait le jeune avocat et futur premier ministre John Diefenbaker, le premier ministre Mackenzie King présida, en 1928, l'inauguration du parc national Prince-Albert.

Parc national Prince-Albert

- **Province** : Saskatchewan
- **Date de création** : 1927
- **Superficie** : 3 875 kilomètres carrés
- **Fréquentation** : environ 180 000 visiteurs par année
- **Camping** : 6 terrains de camping accessibles en voiture offrant 521 emplacements, en plus de 62 emplacements de camping d'arrière-pays
- **Sentiers** : vaste réseau de sentiers de randonnée, de vélo de montagne et de ski de randonnée
- **Accès** : 70 kilomètres au nord de Prince-Albert par la route panoramique 263
- **Centre d'accueil** : au lac Waskesiu
- **Personne-ressource** : le directeur, parc national Prince-Albert, C.P. 100, Waskesiu (Saskatchewan) S0J 2Y0 ; téléphone : (306) 663-5322

Un lourd nuage d'été menace les rives cerclées de roseaux de l'un des nombreux lacs placés sous la protection du parc national Prince-Albert.

On conserve toujours, au bord du lac Ajawaan, la cabane où vécut Grey Owl. Ce personnage coloré a écrit de nombreux livres et articles, et il a participé à la production de films portant sur la préservation du castor, dont il avait fait le symbole de sa croisade pour la conservation de la faune au Canada. Grey Owl a été engagé en 1931 par le Service des parcs nationaux afin de promouvoir l'intérêt pour la conservation. Ce n'est qu'en 1938, après sa mort dans un hôpital de Prince-Albert, que le public apprit la véritable identité de Grey Owl : il s'appelait, en fait, Archibald Belaney, et il était né en Angleterre.

Le parc national Prince-Albert fait face à un certain nombre de problèmes de gestion. Par exemple, la suppression des feux de forêts au cours des ans a peut-être nui à l'équilibre naturel créé par le cycle des incendies et produit une communauté forestière différente de ce qu'elle aurait été si on avait laissé les feux faire leur œuvre. La surpêche et la manipulation des niveaux d'eau a provoqué un important déclin des populations de dorés jaunes et d'ombles de fontaine. L'absence de zone tampon autour de l'extrémité nord de l'aire de nidification du pélican et l'exploitation forestière à venir dans la région pourraient menacer la viabilité à long terme de cette espèce. Le parc national Prince-Albert participe au programme fédéral de la Forêt modèle, qui pourrait atténuer certaines des répercussions possibles de l'exploitation forestière des terres adjacentes.

Les visiteurs du parc national Prince-Albert peuvent apprendre à connaître ce parc en participant à certaines de ses principales activités d'interprétation, dont voici quelques thèmes : « Les valeurs des régions boréales sauvages », « La transition du nord au sud du Canada », « Les paysages des plaines et plateaux boréaux » et « Grey Owl ». Le parc national Prince-Albert participe aussi à un programme de recherche international ayant pour but de surveiller les modifications de l'environnement naturel causées par le changement climatique à l'échelle planétaire.

De l'herbe et de l'eau au parc national de l'Île-du-Prince-Édouard.

En 1950, l'année où cette photographie a été prise, plus de 100 000 visiteurs profitaient des joies de la plage. Une dizaine d'années plus tard, le nombre des visiteurs du parc avait décuplé.

PARC NATIONAL DE L'ÎLE-DU-PRINCE-ÉDOUARD

Le parc national de l'Île-du-Prince-Édouard est l'un des plus petits parcs nationaux du Canada, mais cela ne signifie rien. Le parc assure la conservation d'une merveilleuse diversité de caractéristiques naturelles, parmi lesquelles de vastes pointes protectrices, de longues plages sablonneuses, des dunes côtières, des prairies, des étangs et des forêts. Les falaises de grès rouge intercalées entre les plages ajoutent à l'attrait de cette mince bande de nature située sur la rive nord de l'île du Prince-Édouard.

Les caractéristiques écologiques de la région naturelle des plaines des Maritimes, dans le réseau des parcs nationaux, comprennent des plages, des dunes, des marais salés, des lagunes tempérées et quelques vestiges des forêts acadiennes. Le parc emprunte son nom à la province où il se situe. Celle-ci, d'abord baptisée Île-Saint-Jean sous le régime français, prit le nom du prince Édouard, duc de Kent et père de la reine Victoria, en 1799.

C'est le député de Queens qui, en 1923, lança le premier appel public en faveur de ce parc national. Même si la direction des parcs fédéraux était en faveur de la suggestion, elle n'avait pas d'argent. Les progrès réalisés au milieu des années 1930 dans les dossiers des parcs nationaux des Hautes-Terres-du-

Cap-Breton, en Nouvelle-Écosse, et Fundy, au Nouveau-Brunswick, firent avancer le projet de l'Île-du-Prince-Édouard. En 1936, l'allocation de fonds fédéraux et l'approbation par le gouvernement provincial d'une loi sur l'expropriation des terres requises ouvrit la voie à la création du parc national de l'Île-du-Prince-Édouard. Proclamé officiellement en 1937, ce parc couvrait à l'origine une superficie de 8 kilomètres carrés. Il se révéla extrêmement populaire, le nombre de visiteurs passant de 108 000 en 1951 à plus d'un million en 1962. Il demeure l'un des parcs nationaux les plus fréquentés, avec ses 750 000 visiteurs par année.

L'île du Prince-Édouard offre un paysage de transitions. En empruntant la promenade en bois aménagée pour protéger l'écosystème des dunes et leur fragile végétation, on peut observer la succession des différentes zones écologiques. Juste au-dessus du niveau de la mer et de la plage s'élèvent des dunes formées avec le temps par accumulation éolienne de sable. L'ammophile commence à y pousser, retenant le sable en place contre l'action du vent et de la mer. En s'éloignant davantage de la mer, on peut voir comment d'autres formes de végétation, arbustes et arbres, par exemple, se sont implantées, formant bientôt une forêt d'épinettes sur les dunes tertiaires.

Observez bien l'effet *krummholz*, qui se manifeste par la présence de bouquets d'arbres rabougris marquant la transition entre les dunes et les écosystèmes forestiers. Soumis à l'assaut continuel des vents marins, les arbres prennent cette apparence noueuse caractéristique et produisent de longues branches sous le vent. Derrière les dunes, on trouve les *barachois*, des étangs où le déplacement du sable a créé des enclaves d'eau salée isolées de la mer ou des enclaves d'eau douce isolées de la terre, formant des étangs fermés alimentés par l'eau de pluie et par des ruisseaux. Ce sont des habitats très productifs pour les poissons, les plantes, les oiseaux et les insectes. On a rapporté l'observation de plus de 256 espèces d'oiseaux le long de la plage, des falaises et des terres intérieures du parc national de l'Île-du-Prince-Édouard ; parmi elles, on note la Sterne commune et la Sterne arctique, le Guillemot noir, le Balbuzard et le Pluvier siffleur, une espèce en voie d'extinction. Quant à la faune, elle compte des espèces telles que le renard roux, le coyote, le lièvre d'Amérique, le vison, le rat musqué et le raton laveur. Deux sites culturels valent une visite dans le parc national de l'Île-du-Prince-Édouard : la maison Green Gables et Dalway-sur-mer ou la maison Dalway. La maison Green Gables (« la maison aux Pignons verts »), près de Cavendish, représente le décor du roman *Anne la maison aux pignons verts*, écrit par Lucy Maud Montgomery et publié pour la première fois en 1908. La maison Dalway est un site historique situé dans la partie est du parc ; c'est un bel exemple d'architecture victorienne et des résidences d'été cossues construites par des citoyens fortunés. La partie originale de la maison fut érigée en 1896 par Alexander MacDonald, de Cincinnati, un dirigeant de la société Standard Oil.

Le parc national de l'Île-du-Prince-Édouard pose de nombreux défis à ses responsables. Ce type d'environnement de dunes côtières est très dynamique et subit d'importantes modifications. Les aménagements prévus à l'usage des visiteurs sont souvent affectés par les mouvements des dunes. Des essais antérieurs visant à contenir les processus d'érosion côtière ont provoqué de nombreuses modifications du littoral. La pression exercée par les visiteurs entraîne la perte de colonies d'oiseaux tels que la sterne et le Pluvier siffleur, et la perte de végétation dans les terrains de camping.

Parc national de l'Île-du-Prince-Édouard

- **Province :** Île-du-Prince-Édouard
- **Date de création :** 1937
- **Superficie :** 22 kilomètres carrés
- **Fréquentation :** environ 750 000 visiteurs par année
- **Camping :** 3 terrains de camping offrant 570 emplacements
- **Sentiers :** sentiers d'une journée ou moins et sentiers d'interprétation
- **Collectivités locales :** Cavendish, Rustico Nord, Brackley et Stanhope
- **Accès :** 24 kilomètres au nord de Charlottetown par la route 15
- **Personne-ressource :** le directeur, parc national de l'Île-du-Prince-Édouard, 2 Palmers Lane, Charlottetown (Île-du-Prince-Édouard) C1A 5V6 ; téléphone : (902) 566-7050

Une grande partie de l'île du Prince-Édouard est consacrée à l'agriculture. En raison de l'écoulement des eaux provenant des terres cultivées, l'usage d'engrais, de pesticides et d'insecticides a un effet négatif sur certaines ressources du parc, comme les populations de crustacés et la faune. Les processus d'accumulation de dépôts côtiers dans les limites du parc et ailleurs sont aussi affectés par le dragage pratiqué à la sortie des havres pour permettre aux bateaux de pêche d'avoir accès à la mer. L'énumération des facteurs internes et externes qui font sentir leur effets sur les ressources du parc national de l'Île-du-Prince-Édouard montre bien la difficulté inhérente au maintien d'une bande côtière sauvage à des fins récréatives et environnée de paysages fortement modifiés.

PARC NATIONAL PUKASKWA

Pukaskwa est le plus grand parc national de l'Ontario. Le thème du parc est « La rive sauvage d'une mer intérieure ». Cette rive sauvage est le lieu de rencontre du relief accidenté du Bouclier canadien avec la véritable mer intérieure qu'est le lac Supérieur. Un dépliant de présentation donne le ton à la visite du parc et de cette nature sauvage du nord de l'Ontario : « Un endroit sauvage, rude et isolé, où l'homme n'est qu'un visiteur et le restera à jamais. » La terre et le rivage, habités par une multitude de mouches noires, de moustiques, de taons et de mouches de sable, vous permettent de revivre le temps des premiers explorateurs.

Le nom du parc, qui se prononce « POC-que-ça », a une origine incertaine. Il pourrait signifier « endroit où l'on nettoie le poisson ». En 1971, le gouvernement provincial de l'Ontario donnait son accord initial en vue de la création d'un parc national devant protéger 80 kilomètres de rivage du lac Supérieur. Ce n'est qu'en 1978 que les terres furent officiellement cédées au gouvernement fédéral. En créant le parc, ce dernier confirmait que les droits ancestraux

du groupe autochtone visé par le traité Robinson-Superior y seraient maintenus.

Pukaskwa représente quelques-unes des ressources naturelles les moins détériorées existant à l'intérieur de la région naturelle des bas-plateaux boréaux du Centre. Ce domaine sauvage, qui repose sur la mince couche de sol du Bouclier canadien, correspond à une zone de transition entre la forêt boréale et la forêt de bois francs des régions plus au sud. On y retrouve, le long du rivage accidenté du lac Supérieur, des espèces végétales caractéristiques des écorégions arctique et alpine. Le parc contribue à protéger certaines plantes rares, comme le chardon de Pitcher et le cypripède blanc.

L'un des plus importants enjeux du parc national Pukaskwa est la survie de la population de caribous la plus méridionale du Canada, laquelle ne compte pas plus de quarante sujets. La modification de certains habitats ainsi que la prédation entraînent une diminution de la population restante. L'une des principales causes de la modification des habitats est la suppression des incendies. En règle générale, l'écosystème boréal, où vit le caribou, est influencé et renouvelé par les incendies. Il faudra avoir recours au feu pour empêcher cet écosystème de disparaître de la région. On trouve aussi à cet endroit le loup, l'orignal, l'ours noir et le Pygargue à tête blanche.

Le point culminant du parc est le mont Tip Top, qui s'élève à quelque 455 mètres au-dessus du niveau du lac Supérieur. Aucun sentier n'y mène, toutefois. Parmi les expériences de l'arrière-pays que l'on peut vivre à Pukaskwa, mentionnons le grand sentier de randonnée Coastal Hiking, qui longe le rivage du lac Supérieur depuis l'anse Hattie jusqu'à la rivière Swallow-Nord.

Vous pouvez également parcourir la rive du lac Supérieur en canot, de Marathon au havre Michipicoten, en périphérie de Wawa. Cette expédition comporte cependant certains risques, car des orages ou des brouillards terribles peuvent s'abattre en quelques minutes. Il faut vous attendre à être retenus sur la terre ferme une journée sur trois en raison des vents forts du lac Supérieur. Vous pouvez aussi profiter d'un certain nombre de randonnées d'une journée ou moins en empruntant un sentier d'interprétation autoguidé menant à l'anse Hattie, à la baie Horseshoe ou au lac Halfway depuis le terrain de camping principal.

La nature sauvage de Pukaskwa est menacée par les pluies acides et peut-être aussi par l'exploitation intensive du sol à l'extérieur des limites du parc. Les opérations forestières pratiquées sur les terres adjacentes, l'exploration et le développement des ressources minières ainsi que certains projets de développement hydroélectrique pourraient avoir des effets néfastes sur les ressources du parc. Parcs Canada a proclamé ce parc national réserve de la biosphère.

Parc national Pukaskwa

- Province: Ontario
- Entente de principe: 1971
- Superficie: 1 878 kilomètres carrés
- Fréquentation: environ 20 000 visiteurs par année
- Camping: 1 terrain de camping aménagé offrant 67 emplacements
- Sentiers de randonnée: le sentier Coastal Hiking, long de 60 kilomètres, et plusieurs sentiers d'une journée ou moins dans le secteur de l'anse Hattie
- Collectivités locales: Heron Bay, Marathon
- Accès: 325 kilomètres au nord-est de Thunder Bay par la route 627 depuis la Transcanadienne
- Personne-ressource: le directeur, parc national Pukaskwa, route 627, Hattie Cove, C.P. 39, Heron Bay (Ontario) P0T 1R0; téléphone: (807) 229-0801

Pendant la Grande Dépression, des centaines d'ouvriers ont participé à la construction de routes dans le parc national du Mont-Riding ; ces travaux ont été réalisés grâce à des fonds publics destinés à réduire le chômage.

PARC NATIONAL DU MONT-RIDING

Situé à l'ouest du lac Manitoba, le parc national du Mont-Riding, avec ses paysages accidentés, est le lieu de rencontre de trois zones écologiques sur l'escarpement du Manitoba. C'est une chance pour le Canada que l'on ait entrepris l'établissement du parc national du Mont-Riding assez tôt pour protéger ce lieu de rencontre car, aujourd'hui, il constitue un îlot de nature dans un océan d'agriculture. Le parc revêt une grande importance pour la région puisqu'il assure la protection des sources de treize bassins hydrographiques de la région, qui ont été fortement modifiés jusqu'aux limites du parc.

Le parc national du Mont-Riding représente les caractéristiques de la région naturelle des plaines et plateaux boréaux du Sud dans le réseau des parcs nationaux. Son secteur est comprend également certaines caractéristiques de la région naturelle des basses-terres du Manitoba, située immédiatement à l'est du mont Riding. Les caractéristiques physiques dominantes de ce parc sont ses collines ondulantes et boisées, ses prairies, ses lacs et ses cours d'eau.

L'escarpement du Manitoba est un plateau de hautes-terres, connu dans la région comme le mont Riding. Le point culminant du parc représente, avec ses 756 mètres, le troisième sommet en importance au Manitoba. Le nom de la montagne pourrait venir de l'existence de pistes de transport tracées par les Amérindiens et utilisées par les premiers explorateurs de cette région. Comme l'a cependant découvert en 1857 Henry Youle Hind, du collège Trinity, les Amérindiens de la région refusaient d'escalader le mont Riding lui-même, affirmant qu'il était « plein de démons ».

Les terres constituant le parc national du Mont-Riding ont d'abord été mises en réserve en 1906 en tant que réserve forestière fédérale. En 1927, des résolutions furent adoptées par les conseils municipaux d'un certain nombre de

cités, de villes et de villages, pressant le gouvernement fédéral de créer un parc national dans la réserve forestière du Mont-Riding. En février 1928, l'assemblée législative du Manitoba adoptait une résolution appelant le gouvernement fédéral à établir des parcs nationaux dans le voisinage du mont Riding et dans l'est du Manitoba. Cependant, le gouvernement fédéral n'était pas disposé à créer plus d'un parc. Des études additionnelles dans le secteur de Whiteshell, dans l'est du Manitoba, lequel avait été mis en réserve en 1928 à des fins de création d'un parc, laissèrent les représentants du gouvernement fédéral sceptiques. Des conclusions favorables à propos du secteur du mont Riding, ajoutées au soutien marqué de la population, aboutirent l'année suivante à la création du parc national du Mont-Riding.

Ce parc comprend trois zones écologiques : la forêt de feuillus de l'est, la tremblaie et la forêt boréale. La zone des feuillus de l'est domine le secteur est du parc avec ses érables à Giguère, ses chênes à gros glands, ses ormes et ses frênes. Le parc protège l'un des derniers échantillons manitobains de forêts de feuillus de l'est.

Dans la partie centrale du parc national du Mont-Riding, des clairières de prairies de fétuques parmi des peuplements de trembles et des forêts boréales

Parc national du Mont-Riding

- **Province :** Manitoba
- **Date de création :** 1929
- **Superficie :** 2 973 kilomètres carrés
- **Fréquentation :** environ 400 000 visiteurs par année
- **Camping :** 6 terrains de camping accessibles en voiture regroupant 700 emplacements
- **Sentiers :** 11 sentiers d'arrière-pays avec
emplacements sauvages
- **Centre d'accueil :** Wasagaming
- **Collectivités locales :** McCreary, Onanole
- **Accès :** 225 kilomètres au nord-ouest de Winnipeg par la route 10
- **Personne-ressource :** le directeur, parc national du Mont-Riding, Wasagaming (Manitoba) R0J 2H0 ; téléphone : (204) 848-2811

mixtes caractérisent la zone de tremblaie. Des espèces de gibier aquatique, de poissons et d'oiseaux vivent dans les nombreux lacs et marmites de prairie qui se sont creusés au moment du retrait des glaciers et de la fonte des glaces.

On trouve la zone de forêt boréale dans la partie nord du parc, là où l'on peut observer le remplacement de la tremblaie par des peuplements d'épinettes. Le sentier Brûlé guide les visiteurs à travers un secteur incendié, leur révélant l'importance du feu comme agent naturel de renouvellement dans les écosystèmes boréal et de prairies. Dans le parc, cependant, le cycle naturel du feu est perturbé, en partie à cause de la suppression des incendies, une mesure visant à préserver les collectivités avoisinantes. Une telle suppression a un effet négatif sur les espèces de la zone boréale qui dépendent de cet élément régénérateur.

Les mammifères prédominants dans le parc national du Mont-Riding comprennent l'ours noir, le loup, le wapiti, l'orignal, le cerf de Virginie et le castor. On y trouve également des tanières d'hibernation de la couleuvre rayée à flancs rouges et des aires de nidification de l'Urubu à tête rouge et de la Chouette lapone. Des études récentes confirment que les ours noirs du parc national du Mont-Riding sont parmi les plus gros du monde. Toutefois, comme l'habitat de l'ours s'étend au-delà des limites du parc et que les routes et le développement ont empiété sur ces mêmes limites, la chasse et le braconnage sont responsables de la disparition d'un certain nombre d'ours.

D'autres développements ont des effets néfastes sur les ressources du parc. Par exemple, des espèces végétales exotiques et des mauvaises herbes introduites à la faveur des activités agricoles des environs et par suite de l'uti-lisation des chalets construits à l'intérieur du parc font concurrence aux espèces indigènes. Certains produits chimiques agricoles transportés par le vent ont aussi des effets néfastes sur le parc. Le tourisme et le développement récréatif à l'intérieur comme à l'extérieur du parc ont une incidence sur le lac Clear. D'après une recherche récente, les eaux du lac auraient un cycle de renouvellement extrêmement lent. Il se pourrait que les polluants ne soient pas évacués aussi rapidement de ce lac qu'on l'a déjà cru. Il faudrait poursuivre les recherches et freiner le développement.

Un églantier illumine un coin de verdure dans le parc national du Mont-Riding.

En 1986, le parc national du Mont-Riding a été proclamé, avec sa région environnante, réserve de la biosphère dans le cadre du programme « L'homme et la biosphère » parrainé par les Nations-Unies. L'objectif de ce programme est de promouvoir une relation équilibrée entre la population et l'environnement naturel au moyen de la recherche, de l'éducation et de projets concrets de conservation. Au parc national du Mont-Riding, qui constitue le « cœur » de la zone protégée de la réserve de la biosphère du Mont-Riding, on tente d'harmoniser les activités du parc avec celles des vingt-cinq municipalités avoisinantes, situées dans un secteur désigné comme « zone de coopération ». Il est à souhaiter que la coopération entre le parc et les collectivités qui l'entou-rent assurera la survie à long terme des valeurs naturelles d'importance nationale que l'on trouve dans le parc tout comme dans la région environnante.

PARC NATIONAL
DES ÎLES-DU-SAINT-LAURENT

Bien qu'il soit le plus petit du Canada, le parc national des Îles-du-Saint-Laurent apporte au réseau des parcs nationaux une contribution qui n'est pas moins importante que celle des autres parcs. En effet, il assure le maintien dans leur état naturel d'un groupe d'îles représentatives de l'un des plus beaux paysages fluviaux du continent nord-américain. Il protège l'extension septentrionale de plusieurs essences d'arbres, le pin rigide et le noyer blanc entre autres. De plus, l'habitat de la couleuvre obscure, une espèce rare, qu'elle partage avec d'autres variétés d'amphibiens et de reptiles, est mis à l'abri du développement sur les vingt-trois îles et les nombreux îlots du parc.

Un groupe de pique-niqueurs pose ici pour le photographe sous le pavillon de Mallorytown, en 1904, année de l'inauguration du parc national des Îles-du-Saint-Laurent.

Certaines caractéristiques écologiques représentatives de plusieurs régions naturelles du réseau des parcs nationaux se retrouvent dans le parc national des Îles-du-Saint-Laurent. Ce parc est situé dans la région naturelle précambrienne du Saint-Laurent et des Grands Lacs, et il jouxte à la fois le secteur ouest et la zone centrale de la région naturelle des basses-terres du Saint-Laurent. Ainsi ce parc est une zone de transition de la faune et de la flore. Une remarquable diversité de plantes poussent sur ces îles de granite disséminées sur 80 kilomètres dans le fleuve Saint-Laurent.

Les Mille-Îles sont, en fait, les sommets d'une ancienne chaîne de montagnes maintenant usée qui reliait la bordure sud du Bouclier canadien à la chaîne Adirondack située dans la partie supérieure de l'État de New York. Appelé l'axe de Frontenac, ce pont de terre est devenu un chapelet d'îles à la suite de la retraite des glaciers et de l'établissement du cours du fleuve Saint-Laurent. Le paysage du parc est dominé par des arbres à feuilles caduques au feuillage développé, et parsemé de clairières jadis cultivées mais maintenant abandonnées. On peut voir dans le parc un nombre incroyable de plantes, comme la dicentre à capuchon, l'hépatique, la claytonie de Caroline, l'érythrone d'Amérique et le trille blanc. Parmi les espèces d'oiseaux que l'on peut y observer, notons les Piouis, les Parulines, les Balbuzards et les Hérons, qui y nichent, tandis que des canards et des pics, de même que le Grimpereau brun et la Sittelle à poitrine blanche, s'y arrêtent au cours de leur migration.

Le parc national des Îles-du-Saint-Laurent est situé dans une immense voie navigable criblée d'environ 1 700 îles, que les premiers explorateurs ont baptisées les « Mille Îles ». En 1856, les Indiens Mississauga cédaient ces terres par traité au gouvernement canadien qui en devenait le fiduciaire et qui les vendit finalement à des fins de villégiature. Cependant, lorsqu'au début du siècle, le gouvernement fédéral désigna plusieurs des plus grandes îles en vue d'une mise en vente, les résidents locaux pressèrent le gouvernement, par voie de pétition, de maintenir l'usage public de ces terres. En 1904, la gestion de celles-ci passa des mains du directeur général des Affaires indiennes à celles du ministre de l'Intérieur « en vue de l'aménagement d'un parc ». En 1914, ce groupe d'îles fut officiellement protégé en tant que parc national en vertu de la *Loi sur les parcs et les réserves forestières de la Puissance du Canada.*

La capacité du parc national des Îles-du-Saint-Laurent d'assurer la protection complète des écosystèmes représentatifs de cette région naturelle est limitée par la superficie des îles, petites et disséminées. Les pressions extérieures sur les ressources du parc ont une incidence certaine sur ses fragiles ressources. Les Mille-Îles jouissent d'une grande popularité comme lieu de vacances et d'activités estivales. Aussi, la fréquentation à des fins récréatives qui en découle entraîne-t-elle le compactage du sol et la détérioration de la végétation ; elle affecte également les habitats de la faune et de la flore littorales. Les ressources du parc subissent les effets de la pollution de l'air et de l'eau, et aussi ceux de la pollution par le bruit, en raison de la circulation terrestre et fluviale, de certaines pratiques liées à l'agriculture et à la gestion des déchets et de l'utilisation de pesticides par les collectivités riveraines. Les déversements de pétrole et d'autres produits provenant de la navigation commerciale et de plaisance sur le fleuve Saint-Laurent pourraient avoir des effets néfastes sur les rivages du parc.

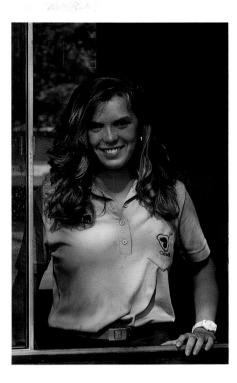

Une employée de Parcs Canada accueille les visiteurs à l'entrée du parc national des Îles-du-Saint-Laurent.

La juridiction et l'autorité de Parcs Canada s'arrêtent à la limite des eaux, ce qui restreint son pouvoir de maintenir l'intégrité écologique du plus petit parc national du Canada. Toutefois, un certain nombre de projets de surveillance de la ressource, une revalorisation des secteurs surexploités et des programmes d'éducation et d'information s'adressant aux visiteurs et aux collectivités avoisinantes devraient permettre au gouvernement de mieux faire comprendre aux gens de la région l'importance nationale et locale de « leur » parc national. Les responsables du parc tentent ainsi de jouer un rôle de leadership dans la protection des principaux écosystèmes du haut Saint-Laurent.

PARC NATIONAL TERRA-NOVA

Le parc national Terra-Nova, le plus à l'est des parcs nationaux canadiens, renferme des vestiges de l'ancienne chaîne des Appalaches en même temps qu'un paysage boréal. Plus de 200 kilomètres de littoral tourmenté caractérisé par des falaises rocheuses, des promontoires, des criques et des plages de galets sont le produit de la dernière glaciation. L'océan Atlantique Nord pénètre à l'intérieur du parc en trois endroits, soit le bras South West et les fjords Newman et Clode, inspirant au parc son principal thème d'interprétation : « La rencontre des paysages boréaux et des eaux abritées de la mer ». Les fjords, que l'on appelle

Parc national des Îles-du-Saint-Laurent

- **Province :** Ontario
- **Date de création :** 1914
- **Superficie :** 9 kilomètres carrés
- **Fréquentation :** environ 75 000 visiteurs par année
- **Camping :** un terrain de camping situé sur le continent regroupe 63 emplacements, 15 autres terrains de camping situés sur les îles offrent 83 emplacements additionnels
- **Sentiers :** sentiers d'une journée

ou moins uniquement
- **Collectivités locales :** Mallorytown, Lansdowne et Gananoque
- **Accès :** par la promenade des Mille-Îles et par bateau depuis le débarcadère de Mallorytown
- **Personne-ressource :** le directeur, parc national des Îles-du-Saint-Laurent, 2 County Road 5, R.R. 3, Mallorytown Landing (Ontario) K0E 1R0 ; téléphone : (613) 923-5261

Avec l'aide d'une agente d'interprétation de Parcs Canada, la zone intertidale du parc national Terra-Nova devient un lieu de découvertes.

ici des « détroits », découpent la côte est et constituent l'un des éléments caractéristiques du parc.

Le parc national Terra-Nova emprunte son nom, l'équivalent latin de « Terre-Neuve », à une rivière et à un lac situés à l'ouest du parc. Il est représentatif des caractéristiques précambriennes de la forêt boréale de la région naturelle atlantique de l'est de Terre-Neuve. Les collines ondulantes du parc sont couvertes d'épinettes noires et de sapins baumiers, alors que les terres humides regorgent, dans les régions basses, d'une végétation comprenant des mousses, des orchidées ainsi que la sarracénie pourpre, plante carnivore qui se nourrit d'insectes. Tourbières et marécages couvrent quinze pour cent du parc.

Séparé du continent par l'océan, le parc national Terra-Nova se distingue des autres forêts boréales par sa faune. Celle-ci comprend des espèces indigènes comme le lynx, l'ours et le castor, et des mammifères introduits par l'être humain, comme le lièvre d'Amérique et l'orignal. Le parc assure la protection d'habitats propices à plus de soixante-trois espèces d'oiseaux nicheurs, parmi lesquels le Pygargue à tête blanche et le Balbuzard. À la jonction de la terre et de la mer, les visiteurs peuvent découvrir des oursins, des étoiles de mer, des moules, des bigorneaux et des crabes communs. Depuis la terre ferme, on peut observer des baleines et des dauphins, attirés dans le secteur par la présence du calmar et du capelan. Il est également fréquent, tard au printemps, d'apercevoir des icebergs.

L'idée de créer le premier parc national de Terre-Neuve a été soulevée pour la première fois en 1947, au moment des négociations entourant l'entrée de Terre-Neuve dans la Confédération. En 1951, des représentants du gouvernement fédéral confirmèrent que le secteur de la baie de Bonavista représentait le paysage maritime le plus remarquable de la province. Protégée par la suite, la région n'a pas répondu à l'espoir qu'avait le gouvernement fédéral de créer un parc de 1 000 kilomètres carrés. Les frontières proposées ont été réduites petit à petit pour exclure des forêts de grande valeur ainsi que la rivière Terra-

Nova, à cause de son potentiel hydroélectrique.

Des témoignages du patrimoine culturel de Terra-Nova sont disséminés le long du littoral du parc. Les premiers habitants, les Amérindiens de culture archaïque maritime, prélevaient leur nourriture directement de la mer et de la terre, il y a de cela près de mille ans. Les Esquimaux dorsétiens et, plus tard, béothuquiens suivirent. Les Européens atteignirent la région de Terra-Nova dès les années 1500. Au milieu des années 1600, la région fut colonisée par les Britanniques, qui développèrent les ressources naturelles et pratiquèrent la coupe du bois, la construction navale et l'agriculture. La pêche et la récolte hivernale de bois de chauffage et de construction demeurent des activités importantes.

Le parc national Terra-Nova met fortement l'accent sur l'éducation du public. On y développe six thèmes d'interprétation principaux : « La rencontre des paysages boréaux et des mers abritées », « Le climat », « La mer », « La zone côtière », « L'effet insulaire » et « La persévérance de l'homme ». Le public peut apprendre à connaître les ressources patrimoniales du parc autour d'un feu de camp, en assistant à un diaporama, à une conférence ou à une pièce de théâtre, en participant à des promenades guidées, à des sorties d'interprétation en bateau et à des soirées à l'un des deux théâtres en plein air.

Parc national Terra-Nova

- **Province :** Terre-Neuve
- **Date de création :** 1957
- **Superficie :** 400 kilomètres carrés
- **Fréquentation :** près de 200 000 visiteurs par année
- **Camping :** 2 terrains de camping accessibles en voiture et semi-aménagés offrant 550 emplacements, plus 5 terrains de camping sauvage
- **Sentiers :** près de 150 kilo-

mètres de sentiers de randonnée
- **Collectivités locales :** Glovertown, Terra-Nova, Eastport, Traytown
- **Accès :** 222 kilomètres au nord de St. John's par la Transcanadienne sur la baie de Bonavista
- **Personne-ressource :** le directeur, parc national Terra-Nova, Glovertown (Terre-Neuve) A0G 2L0 ; téléphone : (709) 533-2801

Parc national Vuntut

Situé dans le nord du Yukon, le parc national Vuntut est le dernier-né des parcs nationaux du Canada. Il assure la protection des plaines d'Old Crow, paysage unique formé d'une vaste plaine couverte de plus de 2 000 étangs et lacs peu profonds. La harde de caribous Porcupine, l'une des plus grandes hardes de caribous vivant encore dans la toundra, erre à travers les plaines ; celles-ci constituent d'importants habitats d'automne, d'hiver et de printemps. Les plaines d'Old Crow sont reconnues comme des terres humides d'importance internationale en vertu d'une convention internationale de conservation.

Dans le réseau des parcs nationaux, le parc national Vuntut représente les vastes plaines intérieures d'Old Crow dans la région naturelle du nord du Yukon. Avec le parc national Ivvavik au nord, il renferme les caractéristiques écologiques essentielles de cette région naturelle, lesquelles comprennent les terres humides, le relief, la faune et les ressources culturelles. Un moratoire sur l'exploration pétrolière et gazière y a été décrété en 1970 et, en 1978, le gouvernement fédéral a soustrait cette région à tout nouveau développement industriel en vertu des recommandations de l'Enquête sur le pipeline de la vallée du Mackenzie. Il n'existe aucun aménagement destiné aux visiteurs.

Dans le cadre du règlement définitif de leurs revendications territoriales globales avec le Canada, les Vuntut Gwitchin du Yukon ont accepté la création du parc national Vuntut de même que celle d'un secteur géré de façon spéciale et qui protège davantage l'intégrité écologique de cette région. Les plaines d'Old Crow ont une importance primordiale pour la culture et le mode de vie des Vuntut Gwitchin. Ce peuple autochtone et le gouvernement fédéral partageront la responsabilité de la gestion du parc, qui mettra en valeur l'histoire et la culture des Vuntut Gwitchin.

La végétation des plaines d'Old Crow consiste en une mosaïque d'espèces typiques des terres humides et d'espèces aquatiques avoisinant des prairies de linaigrette et des hautes-terres peuplées d'arbustes bas. D'anciennes collines arrondies formant de vastes corniches façonnent le paysage de la partie septentrionale du parc. Le pergélisol sous-jacent y supporte des touffes de carex, des arbustes et des peuplements isolés d'épinettes entremêlés de taches de toundra. On est ici à la limite canadienne des arbres.

Les plaines d'Old Crow représentent un habitat d'oiseaux aquatiques parmi les plus importants du monde. Elles accueillent près de 300 000 oiseaux aquatiques pendant la période de reproduction, et jusqu'à un demi-million d'oiseaux viennent se ravitailler ici à la migration d'automne. On a découvert le long des rivières qui serpentent à travers les plaines plus de cinquante-six sites de vertébrés fossiles dont l'importance pour la recherche paléoécologique est considérable. Les artefacts découverts ici sont la preuve de l'occupation très

Le parc national Vuntut assure la préservation de plus de 2 000 étangs et lacs peu profonds.

ancienne des lieux par l'homme et de la présence d'espèces animales disparues, comme le castor géant et le mammouth. Des sites archéologiques témoignent d'une occupation humaine du Nord canadien il y a près de 40 000 ans.

Le complexe de parc national Ivvavik-Vuntut, ajouté à la zone de gestion spéciale des plaines d'Old Crow, représente une importante contribution internationale à la protection de la faune et des aires sauvages que partagent le Canada et les États-Unis dans cette région. En été, le caribou migre avec sa nouvelle progéniture vers la plaine côtière de la réserve nationale de la faune de l'Arctique et du parc national Ivvavik, dans le nord du Yukon. Nous rencontrons là la plus importante menace qui pèse sur cet écosystème international, car l'industrie veut ouvrir la réserve faunique à l'exploration et à l'exploitation des ressources pétrolières, ce qui aurait un effet dévastateur sur le caribou. Le gouvernement canadien, de concert avec des groupes autochtones et environnementaux dans les deux pays, fait pression sur le Congrès américain pour déclarer officiellement la plaine côtière de l'Alaska région sauvage.

À titre de contribution à la création du parc, six sociétés pétrolières canadiennes ont fait don de concessions minières couvrant plus de 400 000 hectares du parc national Vuntut à la Société canadienne de conservation de la nature qui a cédé ces droits au gouvernement fédéral. Celui-ci a dû acquérir les droits que détenaient les sociétés avant de placer le parc national Vuntut sous la protection de la *Loi sur les parcs nationaux*.

Parc national Vuntut

- **Territoire : Yukon**
- **Entente de principe : 1993**
- **Superficie : 4 345 kilomètres carrés**
- **Aménagements : inexistants**
- **Collectivité locale : Old Crow**
- **Accès : par avion**

- **Personne-ressource : le directeur, parc national Vuntut, Parcs Canada, C.P. 390, Dawson (Yukon) Y0B 1G0 ; téléphone : (403) 993-5462**

PARC NATIONAL DES LACS-WATERTON

Le parc national des Lacs-Waterton marque une transition spectaculaire entre les prairies ondulantes et les rudes montagnes, d'où ce thème d'interprétation du parc : « Point de rencontre entre les montagnes et la prairie ». Situé dans la partie sud de l'Alberta, ce parc jouxte la grande ligne continentale de partage des eaux, à l'ouest, et la frontière canado-américaine ainsi que le parc national Glacier du Montana, au sud. En 1932, les parcs nationaux Waterton et Glacier ont été proclamés conjointement parc international de la paix, le premier au monde, en reconnaissance du fait que le caractère naturel de cette région n'est pas interrompu par la présence d'une frontière politique.

On trouve dans le parc national des Lacs-Waterton des éléments représentatifs de la transition abrupte entre la région naturelle des Prairies et la région naturelle des montagnes Rocheuses. C'est donc un environnement très diversifié qui se retrouve sous la protection de l'un des joyaux du réseau des parcs nationaux. On a répertorié six écorégions principales dans ce parc : les terres humides, la prairie, la tremblaie, ainsi que les écorégions alpestre, subalpine et alpine. Les visiteurs sont invités à entrer en contact avec chacune de ces zones en utilisant le vaste réseau de sentiers d'arrière-pays et de sentiers d'interprétation, ainsi qu'un certain nombre de promenades construites il y a plusieurs dizaines d'années.

Bien avant l'arrivée des premiers Européens, en 1800, les Amérindiens appelaient cette région « la terre des montagnes ensoleillées ». Selon la légende, les montagnes, les forêts et les lacs de cette région ont été créés par le guerrier légendaire Sokumapi. Dans sa fuite des enfers en compagnie d'une jeune Amérindienne, il laissa tomber un bâton, et plus tard une pierre, créant ainsi une forêt, puis une montagne, qui ralentirent et arrêtèrent ensuite complètement ses poursuivants. N'ayant plus besoin de sa gourde d'eau mystique, il en vida

Le sommet Anderson domine la vallée Blakiston. Le lieutenant Thomas Blakiston serait le premier Européen à avoir mis le pied dans cette région désormais incluse dans le parc national des Lacs-Waterton.

le contenu le long des montagnes, créant ainsi les lacs Kootenay, maintenant connus sous les noms d'Upper, Middle et Lower Waterton. Les géologues auraient sans doute une autre histoire à raconter.

L'idée de la création du parc national Waterton a été émise pour la première fois en 1883 par Frederick Godsal, un éleveur local qui craignait que la poursuite de la colonisation ne ternisse la beauté de la région. La lettre qu'écrivit Godsal suivit les circuits bureaucratiques jusqu'à Ottawa et, en mai 1895, le gouvernement créa la réserve forestière des Lacs-Kootenay en mettant en réserve 140 kilomètres carrés de terre. À l'origine, l'exploitation industrielle n'était pas interdite dans la réserve ; aussi, à la suite d'un grand nombre de modifications de ses limites, le parc fut-il réduit à un maigre secteur de 34 kilomètres carrés, puis élargi jusqu'à une superficie maximale de 1·058 kilomètres carrés.

Le parc national des Lacs-Waterton coïncide avec la limite ouest des grandes plaines du Canada. La prairie de fétuques que l'on retrouve ici est l'un des habitats les plus rares dont le réseau des parcs nationaux assure la conservation, et elle est bien représentée dans le parc national des Lacs-Waterton. Elle offre d'importants habitats pouvant accueillir le bison, le coyote, le gaufre et des fleurs sauvages telles que le lupin et la potentille frutescente. Les lacs et les étangs de la zone de terres humides servent d'habitat à diverses espèces de plantes aquatiques, de canards et d'oies, ainsi qu'au castor, au rat musqué et au vison.

La tremblaie et les écorégions alpestre et subalpine sont également bien représentées dans ce parc national. Des bosquets de peupliers faux-trembles, caractéristiques de la tremblaie, sont entourés de prairies ou encore remontent progressivement les versants des vallées montagneuses. Le pin gris et le sapin de Douglas dominent la région alpestre touffue qui couvre les vallées montagneuses et les versants inférieurs des montagnes. La région subalpine s'étend entre la région alpestre et la ligne des arbres, sa végétation étant composée de forêts de sapins subalpins, d'épinettes bleues, de mélèzes de Lyall et de pins albicaules.

Les forêts de pins, de sapins et de trembles du parc national des Lacs-Waterton, ses prairies intérieures et ses prés alpins servent d'habitat au bison des plaines, au cerf mulet, à l'orignal, au wapiti, au grizzli, à l'ours noir, à la chèvre de montagne et au mouflon d'Amérique. De plus, comme le parc est une zone de transition entre la prairie et la montagne, on trouve ici des fleurs sauvages de ces deux régions ; par exemple, le rosier des prairies et l'épilobe à feuilles étroites qui poussent côte à côte. Le parc contribue également à protéger plus de 110 espèces parmi les plantes à fleurs les plus rares de l'Alberta, dont 24 ne se trouvent nulle part ailleurs dans la province. L'herbe à ours est un lys que l'on ne retrouve pas dans le reste du réseau des parcs ; elle sert d'emblème au parc international de la paix Waterton-Glacier.

Le parc national des Lacs-Waterton ne protège pas un écosystème complet. Certaines pratiques d'utilisation intensive qui s'exercent sur les terres environnantes entraînent des pertes d'habitats fauniques essentiels et ouvrent davantage l'accès à des territoires destinés à absorber en partie le choc du développement sur le parc national. Certaines des écorégions du parc sont menacées par la fréquentation intense à des fins récréatives de sa principale vallée, par la présence d'espèces végétales exotiques telles que la centaurée maculée et par la perturbation du cycle naturel du feu.

En 1979, le parc national des Lacs-Waterton a été reconnu comme le noyau de la réserve de la biosphère de Waterton. Des travaux menés au nom de la réserve de la biosphère ont permis de réduire les effets que peuvent avoir sur l'écosystème du parc certaines activités pratiquées sur les terres adjacentes. Ainsi la chasse au wapiti est plus étroitement réglementée, et les éleveurs inspectent leurs terres avec plus de vigilance à la recherche de la centaurée. La toute nouvelle Crown of the Continent Society espère réaliser une meilleure coopération entre les divers intérêts présents dans l'écosystème du parc national des Lacs-Waterton et de la région environnante.

Parc national des Lacs-Waterton

- **Province :** Alberta
- **Date de création :** 1895
- **Superficie :** 505 kilomètres carrés
- **Camping :** 3 terrains de camping accessibles en voiture et semi-aménagés regroupant 391 emplacements, plus 13 sites de camping d'arrière-pays
- **Sentiers :** 255 kilomètres de sentiers d'arrière-pays
- **Centre d'accueil :** parc municipal Waterton
- **Collectivités locales :** Cardston et Pincher Creek
- **Accès :** 265 kilomètres au sud de Galgary par les routes 55 et 6
- **Personne-ressource :** le directeur, parc national des Lacs-Waterton, Waterton Park (Alberta) T0K 2M0 ; téléphone : (403) 859-2224

PARC NATIONAL WOOD BUFFALO

En ouvrant une carte du Canada, on repère immédiatement le parc national Wood Buffalo, immense espace vert à cheval sur la frontière de l'Alberta et des Territoires du Nord-Ouest. Les responsables de Parcs Canada saisissent parfaitement l'esprit qu'il dégage lorsqu'ils présentent ainsi aux Canadiens les caractéristiques qui en font un élément du patrimoine mondial : « Il réunit les grands espaces et la nature sauvage qui sont la marque du Grand Nord canadien et qui deviennent rapidement des ressources mondiales rares et précieuses. »

Le parc national Wood Buffalo représente dans le réseau des parcs nationaux les caractéristiques écologiques de la région naturelle des plaines boréales du Nord ainsi que des plateaux du Sud et du Nord. On y trouve quatre zones écologiques : le plateau de l'Alberta, les basses-terres de la rivière des Esclaves, le delta des rivières de la Paix et Athabasca et les plateaux Caribou et Birch. Le plateau de l'Alberta, qui couvre la plus grande partie du parc, contient des cours d'eau sinueux, des lacs peu profonds, des tourbières, des entonnoirs et de vastes falaises de gypse. On trouve ici la plus vaste région karstique active du monde, où les eaux ont dissous la roche-mère de gypse, créant des cavernes, des vallées karstiques ou des entonnoirs.

Les basses-terres de la rivière des Esclaves se situent le long de la limite nord-est du parc. Contiguës au Bouclier canadien, elles marquent la limite des plaines boréales. C'est également à cet endroit que l'on trouve les plaines salées, une région de 250 kilomètres carrés dont la flore se compose d'espèces végétales tolérant une salinité élevée et qui sont plus courantes en milieu maritime. On y trouve également des prairies et des marais salés qui constituent d'importants habitats du bison et des oiseaux aquatiques et de rivage. Certaines eaux de source ramènent du sel en surface ; celui-ci précipite en formant des nappes ou des monticules. Au cours des ans, l'inquiétude des environnementalistes a été réveillée sporadiquement par des projets de construction d'un barrage hydro-électrique sur la rivière des Esclaves, à l'extérieur du parc.

À l'extrémité sud-est du parc se trouve le delta des rivières de la Paix et Athabasca, comprenant des lacs peu profonds, des tourbières et des prairies qui fournissent à la sauvagine des aires de nidification, de ravitaillement et de maturation. Cet attribut naturel spectaculaire a été proclamé site Ramsar, c'est-à-dire terre humide d'importance internationale, par une convention internationale de conservation. Plus de 400 000 oiseaux aquatiques fréquentent le delta à l'époque de la migration de printemps, en partie parce qu'il offre un habitat propice à des espèces de l'avifaune utilisant les quatre principales voies migratoires d'Amérique du Nord, qui convergent à cet endroit. Le delta s'est formé là où les rivières de la Paix et Athabasca, les deux principaux cours d'eau du parc, se déversent à l'extrémité ouest du lac Athabasca. Toutefois, depuis la construction du barrage Bennett en amont de la rivière de la Paix, en Colombie-Britannique, les autochtones et les écologistes ont noté que le delta est en train de s'assécher et que les espèces végétales caractéristiques des terres humides sont remplacées lentement par un plus grand nombre d'espèces ligneuses.

Dans deux petites sections du parc, les monts Caribou et Birch s'élèvent au-dessus des plaines boréales à une altitude relative de plus de 400 mètres. Ils sont composés de roche sédimentaire renfermant des fossiles de grand intérêt scientifique. Cette région est pratiquement inaccessible aux visiteurs parce que le parc est en grande partie dépourvu de routes.

Cette région boréale sauvage constitue un important habitat fréquenté par la plus grande harde de bisons en liberté du monde. Le parc national Wood Buffalo contribue à protéger la plus forte densité de loups en Amérique du Nord, créant un rapport proie-prédateur avec la population de bisons qui est unique tant au plan écologique que du point de vue comportemental. Il existe également d'autres raisons de considérer ce parc comme un trésor. Par exemple, il assure la conservation de quatre-vingts pour cent de l'un des plus grands deltas d'eau douce du monde, celui des rivières de la Paix et Athabasca. Les seules grandes

Un pélican blanc d'Amérique s'est posé sur la rivière des Esclaves, dans le parc national Wood Buffalo.

prairies d'herbe et de carex qui soient demeurées intactes en Amérique du Nord constituent le pâturage principal des bisons dans le parc. Le parc protège le dernier habitat naturel de nidification de la Grue blanche d'Amérique ainsi que la seule population survivante de Faucons pèlerins dans le sud du Canada.

Le nom du parc s'inspire de son but : il fut créé en 1922 pour assurer la protection de l'habitat primitif du bison des bois dans le voisinage de Port Smith. L'arrêté en conseil créant le parc précisait que, si la région n'était pas réservée à la conservation de l'espèce, il était à craindre que le dernier troupeau de bisons des bois vivant encore à l'état sauvage ne disparaisse. Malheureusement, le gouvernement fit transférer l'excédent de bisons des plaines, sous-espèce que l'on savait porteuse de maladie, du parc national Buffalo à Wainwright au parc national de Wood Buffalo. Le débat se poursuit toujours quant à la nécessité d'abattre le troupeau pour éliminer la maladie.

En 1983, l'UNESCO a inscrit le parc national Wood Buffalo sur la Liste des sites du patrimoine mondial parce qu'il abrite plusieurs phénomènes naturels exceptionnels et protège un habitat où survivent encore des espèces rares ou en voie d'extinction dans un écosystème boréal largement intact. Des efforts considérables ont permis d'amorcer le rétablissement de la population de Grues blanches d'Amérique et de Faucons pèlerins qui étaient au bord de l'extinction. Cependant, en 1990, des environnementalistes ont demandé à l'UNESCO d'ajouter le parc à la Liste des sites du patrimoine mondial en péril en raison des développements qui se faisaient à l'extérieur du parc.

En 1992, la cour fédérale mettait fin à l'exploitation forestière commerciale à l'intérieur du parc national Wood Buffalo, cette pratique allant à l'encontre de la *Loi sur les parcs nationaux*. La coupe de bois avait d'abord été permise, en 1956, dans le cadre du plan fédéral visant à promouvoir le développement économique dans le nord du Canada.

Parc national Wood Buffalo

- **Province/Territoire :** Alberta/Territoires du Nord-Ouest
- **Date de création :** 1922
- **Superficie :** 44 802 kilomètres carrés
- **Fréquentation :** environ 9 000 visiteurs par année
- **Camping :** 1 terrain de camping aménagé regroupant 36 emplacements, 2 sites de camping d'arrière-pays et une cabane d'arrière-pays pour les visiteurs
- **Collectivités locales :** Fort Smith, Fort Chipewyan, Hay River et Fort Fitzgerald
- **Accès :** par le réseau routier Mackenzie (route 35) et les aéroports de Fort Smith et Fort Chipewyan. La route 5 traverse le parc, reliant Fort Smith à la route Mackenzie
- **Personne-ressource :** le directeur, parc national Wood Buffalo, C.P. 750, Fort Smith (Territoires du Nord-Ouest) ; téléphone : (403) 872-2349

PARC NATIONAL YOHO

On comprend facilement que le parc national Yoho ait emprunté son nom, comme certains l'affirment, à une expression crie signifiant « merveille » ou « étonnement respectueux ». Des chutes alimentées par l'eau des glaciers plongent au pied de montagnes aux cimes enneigées, puis s'écoulent rapidement en torrents impétueux. Deux vastes champs de glace, le Wapta et le Waputik, chevauchent la ligne de partage des eaux, pendant qu'un impressionnant chaînon de pics s'élève juste à l'ouest de cette immense ligne qui divise le continent. La rivière Kicking Horse ouvre largement la topographie du parc, alors que la plupart des autres vallées sont étroites. La seule vallée accessible en voiture est la vallée Yoho ; la route qui y conduit prend fin aux chutes Takakkaw.

En 1886, le gouvernement fédéral jetait les bases du parc national Yoho en mettant en réserve 26 kilomètres carrés autour du mont Stephen. L'exploration, en 1896, de la vallée Yoho par un Allemand, Jean Habel, porta à l'attention du gouvernement la beauté des paysages splendides de cette région. En 1901, la superficie de la réserve Yoho fut portée à 2 153 kilomètres carrés, et l'endroit reçut le nom de réserve de parc Yoho.

Le parc national Yoho est le plus petit des quatre parcs des montagnes Rocheuses (Jasper, Banff, Kootenay et Yoho). Selon la classification du réseau des parcs nationaux, il est représentatif du versant occidental de la chaîne principale de la région naturelle des montagnes Rocheuses. Le parc assure la protection des sources de la rivière Kicking Horse, désignée rivière du patrimoine canadien. Comme les crêtes de la ligne de partage des eaux arrachent aux nuages se déplaçant vers l'est toute l'humidité qu'ils transportent depuis le Pacifique, les forêts intérieures humides de pruches de l'Ouest et de cèdres rouges de l'Ouest atteignent à Yoho leur limite orientale. De plus, on trouve dans

De part et d'autre de la vallée Kicking Horse, on a construit des tunnels en spirale sous la montagne pour permettre aux locomotives de gravir les pentes raides avec plus de facilité et de sécurité.

le parc plus de soixante espèces de mammifères, dont la chèvre de montagne, le wapiti, le cerf de Virginie et le grizzli. Les visiteurs ont plus de chances de rencontrer un orignal, un ours noir ou même un coyote qu'un grizzli.

L'usage récréatif du parc national Yoho est très important et concentré dans la portion est, particulièrement autour de l'arrière-pays de la vallée Yoho, du lac O'Hara, du lac Emerald et de la Transcanadienne. Environ douze pour cent du parc est consacré aux activités récréatives de plein-air, ce qui pèse lourd sur les fragiles ressources du parc. Parmi les sites les plus fréquentés de la vallée Yoho, notons les chutes Laughing, Twins et Takakkaw, ces dernières étant parmi les plus hautes au Canada avec leurs 254 mètres. On ne s'étonne pas que le thème du parc soit « Escarpements rocheux et chutes d'eau ». Le populaire terrain de camping du lac O'Hara n'est pas accessible en voiture puisqu'il s'agit d'un terrain de camping d'arrière-pays, mais il est desservi par autobus, sur réservation seulement, entre le 19 juin et le 30 septembre.

Le parc national Yoho assure la protection des schistes argileux de Burgess, qui constituent l'un des plus importants sites fossilifères au monde. Ces schistes argileux contiennent les restes fossilisés, vieux de 530 millions d'années, de plus de 120 espèces d'animaux marins invertébrés pétrifiés à l'intérieur d'anciens fonds marins. Dans un ouvrage intitulé *Wonderful Life : The Burgess Shale and the Nature of History*, l'auteur Stephen Jay Gould déclare que les schistes argileux de Burgess surpassent les dinosaures par leur capacité de nous révéler l'histoire de la vie. L'étude des schistes argileux de Burgess a permis l'établissement de nouvelles théories sur l'évolution de la vie sur la terre. Les lits fossilifères ont été déclarés site du patrimoine mondial en 1981 ; ils sont maintenant fermés au public parce qu'ils doivent être protégés pour éviter que leur valeur scientifique ne soit compromise. On peut voir des spécimens des schiste argileux de Burgess au centre d'accueil des visiteurs situé à Field. Les personnes désireuses de visiter les lits de trilobites du mont Stephen ou la carrière de Walcott, sur le mont Field, peuvent se joindre au personnel du parc ou aux guides autorisés.

Les responsables du parc national Yoho font état d'un certain nombre de pressions s'exerçant sur ses ressources patrimoniales. La fréquentation exces-sive de certaines régions sauvages populaires excède les capacités environne-mentales et sociales d'endroits tels que la vallée Yoho. La mortalité animale sur les route et les voies ferrées menace la faune. Les eaux de la rivière Kicking Horse sont polluées par le déversement d'eaux usées. De plus, le wapiti, l'ours et d'autres animaux sont les cibles du braconnage. Les coupes à blanc et la construction de routes sur les terres avoisinantes empiètent sur la zone tampon naturelle qui protège le parc contre les effets du développement. L'insularisation croissante du parc national Yoho créera une pression accrue sur certaines populations et espèces fauniques.

Conjointement avec les parcs nationaux Banff, Jasper et Kootenay, le parc national Yoho a été ajouté à la Liste des sites du patrimoine mondial, en raison de l'exceptionnelle beauté de ses paysages, d'une part, et de ses carac-téristiques géologiques, d'autre part.

Parc national Yoho

- **Province : Colombie-Britannique**
- **Date de création : création d'une petite réserve en 1886, agrandie en 1901 et baptisée réserve de parc Yoho**
- **Superficie : 1 313 kilomètres carrés**
- **Fréquentation : environ 700 000 visiteurs par année**
- **Camping : 4 terrains de camping accessibles par la route regroupant 280 emplacements, et 35 emplacements accessibles à pied**
- **Sentiers : 30 kilomètres de sentiers de randonnée et des sentiers d'équitation accessibles depuis les écuries du lac Emerald**
- **Centre d'accueil : Field**
- **Collectivités locales : Golden (C.-B.), Lac Louise et Banff (Alberta)**
- **Accès : 8 kilomètres à l'ouest du lac Louise et 26 kilomètres à l'est de Golden (C.-B.), par la Transcanadienne**
- **Personne-ressource : le directeur, parc national Yoho, C.P. 99, Field (Colombie-Britannique) V0A 1G0 ; téléphone : (604) 343-6324**

LES PRIORITÉS DES PARCS NATIONAUX

« Comment un ministre peut-il résister aux pressions exercées sur lui par les intérêts commerciaux qui veulent utiliser les parcs

pour l'exploitation minière et forestière et y installer tout un fatras d'infrastructures, si les gens qui aiment ces parcs ne sont pas prêts

à se regrouper, à soutenir ce ministre et à l'aider à faire en sorte que ces questions soient l'objet d'un débat public ? »

L'HONORABLE ALVIN HAMILTON, MINISTRE RESPONSABLE DES PARCS NATIONAUX, 1960-1963

Le mont Cathedral en hiver,
au parc national Yoho.

Page 198 :
Dans le parc national de la Mauricie, la zone
de transition entre la forêt d'érables,
de bouleaux et de hêtres et les peuplements
septentrionaux d'épinettes et de sapins
apparaît de façon évidente.

LA STRATÉGIE DE CONSERVATION ÉTABLIE À L'ÉCHELLE MONDIALE DICTE AU CANADA le devoir d'étendre son réseau de parcs nationaux. En vertu de la *Loi sur les parcs nationaux*, le gouvernement canadien a l'obligation morale et légale de maintenir l'intégrité écologique des parcs nationaux pour le bénéfice des générations futures et de donner la priorité à la protection des ressources naturelles sur la fréquentation touristique. Notre engagement, en tant que nation, à mettre en application le principe du développement durable exige de nous que nous fassions en sorte de laisser aux générations futures la chance d'entrer à leur tour en contact avec les vastes espaces sauvages et les régions naturelles spéciales du Canada. Le chapitre qui suit montre comment nous pouvons respecter ces obligations.

LES PARCS NATIONAUX ET LE POTENTIEL HUMAIN

Pour bon nombre de Canadiens, la rencontre avec les parcs nationaux peut bien se limiter à quelques coups d'œil jetés depuis la route transcanadienne ou à de petites promenades le long de sentiers d'interprétation. Mais avec le temps, bien des gens commencent à exiger davantage d'eux-mêmes et du réseau des parcs. Les arrêts le long des routes ne réussissent plus à satisfaire pleinement les visiteurs dans leur quête de solitude, l'un des avantages des endroits sauvages. Laissant derrière eux le bruit, le rythme accéléré et la confusion de la société de consommation, les visiteurs peuvent explorer le cœur d'une forêt à l'état primitif, faire halte à l'ombre d'une montagne ou se mettre à l'abri derrière une dune pendant que les vagues viennent se briser sur la plage.

Depuis le début de l'histoire des parcs nationaux, leurs promoteurs ont quasi uniformément insisté sur la nécessité de mettre l'accent sur le contact avec les sites naturels, et ce pour diverses raisons : afin de tonifier l'âme humaine, de favoriser la connaissance de la nature et de solliciter les facultés contemplatives.

C'est peut-être Aldo Leopold qui a le mieux exprimé cette idée. Dans son livre désormais classique intitulé *A Sand County Almanac*, il exprime l'avis qu'en ce qui concerne les parcs nationaux, « le développement récréatif ne consiste pas à bâtir des routes au cœur de régions pittoresques, mais à bâtir une réceptivité au cœur de l'esprit humain qui manque parfois de beauté ». Il ne

s'agit pas tant de construire de meilleures routes ou de meilleurs aménagements que de persuader les gens de sortir de leurs autos et d'observer de plus près les multiples détails et l'infinie variété de la nature.

En 1865, le célèbre architecte américain Frederick Law Olmsted soulignait que l'intérêt du public envers la vallée Yosemite reposait « globalement sur ses paysages naturels ». Il recommandait que soit exclu tout développement susceptible « d'amoindrir la dignité du paysage, de la détruire ou de lui porter atteinte ». Il émettait cet avertissement : « Toute blessure infligée au paysage, si infime qu'elle passe actuellement inaperçue aux yeux des visiteurs, prendra une ampleur regrettable lorsque ses effets sur la satisfaction de chaque visiteur seront multipliés par autant de millions ». On ignora le conseil servi par Olmsted et, actuellement, un siècle plus tard, le haut niveau de développement touristique dans le parc Yosemite constitue l'enjeu le plus problématique de sa gestion.

Les parcs nationaux offrent aux visiteurs la possibilité d'entrer en contact avec la fantastique puissance de la nature sans être dérangés par les activités et les produits humains qui dominent de plus en plus notre vie. Essentiellement, la tâche des dirigeants des parcs est de faire en sorte que chaque visiteur qui se présente dans un parc national ait le sentiment d'être le premier à y mettre les pieds. À cette fin, la politique du gouvernement fédéral à l'égard des parcs nationaux est de maintenir le nombre des aménagements et des attractions le plus bas possible, afin que l'attention des visiteurs ne soit pas distraite de l'environnement naturel.

Pendant plusieurs décennies, les environnementalistes ont exercé, dans certains cas avec succès, des pressions en faveur de l'adoption d'une politique des parcs nationaux favorisant un contact intense et direct plutôt qu'une *fréquentation* intensive. Ce sont les panoramas exceptionnels, la rencontre de la faune et la bienheureuse fatigue qui suit une longue journée de randonnée ou de canotage qui apportent satisfaction. Ces activités nous procurent un heureux changement dans un monde où l'utilisation intensive des ressources naturelles est plus souvent considérée comme allant de pair avec une économie nationale saine.

Les parcs nationaux offrent aux visiteurs l'occasion d'observer la façon dont les différentes espèces se sont adaptées et développées dans des environnements variés. Nous regardons avec admiration des sapins de Douglas vieux de plusieurs siècles. Nous nous émerveillons devant les fleurs multicolores qui viennent égayer des environnements qui nous semblent par ailleurs hostiles. Nous restons ébahis pendant des heures devant des chutes qui déversent leurs eaux à chaque seconde depuis des siècles. La nature est également un modèle de certaines valeurs que nous privilégions dans les groupements humains : la continuité, la stabilité et la durabilité. Dans un décor naturel non perturbé, on peut observer de nombreux exemples d'architecture, de production alimentaire, de résistance à la maladie, d'utilisation de l'énergie et de conservation. C'est là que l'étude de la diversité de la vie qui est conservée dans les parcs nationaux prend sa valeur concrète : la nature fournit les idées et les matériaux susceptibles d'améliorer l'efficacité énergétique et de mettre au point des médicaments et des produits alimentaires nouveaux.

Derrière chaque parc national, derrière chaque panorama, il y a une histoire. Il y a l'histoire naturelle d'un territoire : comment les vallées ont été façonnées par les glaciers, comment les montagnes se sont créées, comment la forêt a évolué et comment elle a soutenu l'évolution de la vie. Il y a également l'histoire humaine, celle des Haïdas de Gwaii Haanas et des Inuvialuit d'Ivvavik, celle des explorateurs et des constructeurs du chemin de fer du col Rogers, celle des villages de pêcheurs centenaires du Gros-Morne et de Forillon. Les parcs nous aident à mieux comprendre comment les générations précédentes ont perçu, utilisé, exploité ou protégé le paysage canadien et l'ensemble de sa faune indigène.

Les parcs nationaux sont une invitation lancée aux générations présentes à explorer, à découvrir et à comprendre les racines de l'histoire naturelle et humaine. Grâce à eux, nous transmettons aussi aux générations à venir des paysages sauvages qui représentent la diversité du monde naturel à partir duquel nous avons façonné la société canadienne. Nous leur transmettons également une source de connaissances dans le domaine de l'écologie qui pourraient devenir essentielles à la solution de crises environnementales futures.

LA NATURE SAUVAGE EN DÉCLIN

L'étendue des modifications que les activités humaines font subir aux processus qui maintiennent la vie de la planète menace notre capacité de transmettre un patrimoine de lieux sauvages. Il n'y a pour ainsi dire pas un seul endroit sur la terre qui n'ait à subir l'effet de la présence humaine. Il s'agit là d'une donnée rapportée en 1993 par des scientifiques rentrant du pôle Sud où ils avaient découvert des traces de polluants industriels et de gaz d'échappement de voitures. Même cet endroit, le dernier peut-être qui soit encore vierge sur la planète, est maintenant souillé par les activités humaines. Qu'elles soient protégées ou non, nous ne pouvons plus tenir pour acquis que nos régions sauvages survivront intégralement. Cette situation comporte des conséquences évidentes pour nos parcs nationaux.

Un nombre de plus en plus grand d'études indiquent que les parcs nationaux et les lieux protégés du Canada subissent la pression des activités humaines. On voit diminuer les possibilités d'accroître la superficie protégée de la nature sauvage car celle-ci disparaît, dans nos régions, à la vitesse d'un kilomètre carré à l'heure. Il n'existe plus d'étendues sauvages viables de plus de 50 000 hectares dans la plus grande partie du sud du Canada. De plus, on fait aussi du développement dans les régions naturelles adjacentes aux parcs nationaux, ce qui entraîne souvent des conséquences désastreuses pour les parcs eux-mêmes. Les exemples suivants illustrent les types de problèmes auxquels doivent faire face les planificateurs de parcs et les environnementalistes.

■ Les plans d'établissement d'un parc national dans les îles Gulf, en Colombie-Britannique, stagnent depuis plusieurs dizaines d'années. Les perspectives de protection, dans le cadre du réseau des parcs nationaux, de l'une des régions naturelles les plus diversifiées au Canada étaient prometteuses dans les années 1970. Cependant, on ne s'est mis à l'œuvre sérieusement que depuis quelques années, et le développement pratiqué dans l'intervalle a rétréci le choix des sites possibles pour l'établissement d'un parc national, car il ne reste plus que quelques sites naturels intacts.

■ Les limites du parc national du Mont-Riding apparaissent clairement sur des photographies prises depuis l'espace. De tous les côtés du parc, on a rasé des forêts au profit de l'agriculture, faisant du parc une île écologique au milieu d'une mer de champs cultivés. L'ours noir, ignorant de ces frontières imaginées par l'homme, connaît un taux élevé de mortalité en raison de certaines activités pratiquées sur les terres adjacentes, dont la chasse.

■ Le parc national Wood Buffalo est le plus grand parc national du Canada. Sa superficie équivaut à celle de la Suisse ; cependant, même ce vaste territoire boréal sauvage se déforme sous la pression du développement. L'expansion de l'exploitation forestière et des papetières à l'extérieur du parc, la construction d'un barrage en amont de la rivière de la Paix et les propositions visant à éliminer la harde de bisons malades du parc menacent ce site du patrimoine mondial. En 1991, l'Union internationale pour la conservation de la nature commentait cette situation, déclarant : « ...la vaste superficie du parc ne constitue plus une base suffisante pour en assurer l'intégrité à long terme ».

■ Aujourd'hui, le site urbain de Banff est davantage une effigie de la commercialisation qu'un temple commémoratif du lieu de naissance des parcs nationaux du Canada. Hôtels, lieux de congrès, centres commerciaux, centres de ski alpin, le tout desservi par un vaste réseau routier, continuent de distraire les visiteurs du message de conservation essentiel du parc national Banff.

Ces exemples ne sont pas des cas isolés. Ce sont les symptômes de problèmes auxquels est confronté notre réseau centenaire de parcs nationaux. Ces problèmes ont été portés à l'attention du gouvernement fédéral en 1991 dans le cadre du premier rapport sur l'état des parcs nationaux, qui exposait près de 300 exemples d'effets néfastes. Parmi les conclusions de ce rapport, mentionnons celles-ci.

■ La pêche commerciale et récréative, la pollution produite en amont des cours d'eau et les pluies acides ont fait de l'environnement aquatique la ressource la plus détériorée peut-être à l'intérieur des parcs.

■ L'exploitation forestière pratiquée aux limites de certains parcs nationaux tels que Pacific Rim, Prince-Albert, la Mauricie et Fundy a un effet de première importance sur l'écosystème du parc, à cause de la perte d'habitats fauniques, de la sédimentation des cours d'eau et du transport de pesticides.

■ Le caribou des bois est en déclin dans le parc national Pukaskwa ; les nids du Pluvier siffleur sont menacés dans le parc national Kejimkujik ; certaines espèces exotiques supplantent des espèces indigènes dans le parc national des Prairies ; les polluants environnementaux provenant d'Europe causent une détérioration de l'atmosphère au-dessus de la réserve de parc national de l'Île-Ellesmere.

■ La fréquentation excessive due aux voies de transport, aux collectivités locales et aux aménagements destinés aux visiteurs a entraîné la détérioration des vallées alpestres, considérées comme rares, dans les quatre parcs montagneux.

Les parcs nationaux sont souvent décrits comme les joyaux de la couronne de la nation. Cependant, si on enlève la couronne, il reste une poignée de gemmes multicolores dont la valeur se trouve grandement diminuée. En exploitant les terres situées autour des parcs et en réduisant ceux-ci à des îles écologiques, nous détruisons la couronne où sont enchâssés ces joyaux de la nature.

Cela apparaît de façon douloureusement évidente en un endroit appelé l'écosystème Crown of the Continent, territoire comprenant l'angle sud-ouest de l'Alberta, l'angle sud-est de la Colombie-Britannique et le nord du Montana. Le parc national canadien des Lacs-Waterton et le parc national américain Glacier contribuent à protéger la région sauvage qui constitue le cœur de cette région. Mais ce n'est pas suffisant. L'exploitation du pétrole et du gaz, l'élevage des bovins et l'exploitation forestière empiètent sur les limites du parc. Les grizzlis, qui traversent sans méfiance les limites du parc sont continuellement menacés ; on les abat, on les empoisonne ou on les piège pour les transporter à d'autres endroits. Le naturaliste Kevin Van Tighen écrit que, dans bien des cas, ceux qui gèrent l'écosystème Crown of the Continent « perçoivent l'endroit comme une valeur et des ressources immobilières à subdiviser puis à exploiter et pour lesquelles il faut se battre, au lieu de considérer ce milieu comme un écosystème unique qui doit être traité avec humilité et respect ».

Comme le révèle clairement le nombre croissant de menaces extérieures pesant sur les parcs nationaux, ceux-ci ne sont pas des forteresses entourées de murs solides qui empêchent les polluants d'entrer ou les animaux sauvages de

Dans la réserve de parc national Pacific Rim, des visiteurs de tous âges participent à une randonnée le long de la zone intertidale.

de parc national Pacific Rim ne renferme aucun écosystème complet, ni aucun bassin hydrographique demeuré intact à Long Beach et sur le sentier de la Côte ouest. La coupe de bois pratiquée sur les terres adjacentes a eu des effets néfastes sur les ressources, les bassins hydrographiques et les populations fauniques de ce parc ; celle qui se fait actuellement dans le détroit de Clayoquot et dans la partie supérieure de la vallée Carmanah ne feront qu'aggraver cette situation.

La construction du barrage Bennett sur la rivière de la Paix, en Colombie-Britannique, offre un exemple frappant de la façon dont le développement peut exercer ses effets négatifs sur les ressources d'un parc. Même si le barrage se trouve à des centaines de kilomètres en amont, il recueille et retient les eaux de ruissellement et réduit conséquemment l'inondation printanière du delta des rivières de la Paix et Athabasca, dans le parc national Wood Buffalo. Une étude prédit que le delta pourrait s'assécher d'ici cinquante ans. Il en résulte que l'habitat premier du bison est en voie de modification, perdant ses carex hautement nutritifs au profit de plantes indigestes comme les potentilles et les chardons. De plus, la pollution due à l'activité des papetières albertaines situées en amont occasionne le dépôt de produits chimiques toxiques dans les eaux lentes et peu profondes du delta. On prévient dorénavant les femmes enceintes et les aînés autochtones de diminuer leur consommation de poisson pêché dans le delta.

Chaque année, plus de seize millions de personnes visitent les parcs nationaux pour y goûter des vacances à la canadienne. Toutefois, l'arrivée de milliers de voitures, de remorques et de tentes, de même que l'impact physique de millions de pieds chaussés de bottes, ont un effet négatif. À lui seul, le nombre de personnes exerce une pression sur certains environnements et gâte le contact avec la nature que recherchent les visiteurs de l'arrière-pays. Chaque année, on fait sortir du parc national Yoho plus de 500 tonnes de détritus qui sont acheminés par camion vers des sites d'enfouissement situés près de Calgary, ce qui représente des coûts annuels de milliers de dollars. Un si grand nombre de personnes ont emprunté le sentier de la Côte ouest, dans la réserve de parc national Pacific Rim, qu'il faut maintenant y retenir une place des mois à l'avance.

Le gouvernement fédéral consacre une part substantielle du budget des

s'en aller. Au contraire, la limite des parcs est comme une membrane perméable que les pluies acides, les produits chimiques toxiques, les espèces exotiques et les pesticides traversent librement. Les limites des parcs marquent également le lieu d'un changement d'administration. À l'intérieur des parcs nationaux, le gouvernement a juridiction sur les ressources, mais à l'extérieur, il est pratiquement impuissant à modifier les pratiques d'utilisation des terres.

Plus les parcs sont isolés à l'intérieur de vastes territoires, plus le problème devient crucial. La limite des parcs, qui n'apparaissait à l'origine que sur les cartes, est maintenant parfaitement visible à l'œil nu. La perte de zones tampons naturelles isole les parcs et entraîne des effets préjudiciables. Cependant, la terre et l'eau qui font partie intégrante des écosystèmes des parcs débordent amplement des limites de ces parcs. Les activités de développement pratiquées dans les zones tampons réduisent et détruisent certains habitats fauniques essentiels ; elles réduisent également la quantité d'eau qui pénètre dans les parcs en provenance de l'extérieur et en détériorent la qualité. Par exemple, la réserve parcs nationaux à l'aménagement de services aux visiteurs. Routes, terrains de stationnement, corridors de passage pour l'eau et l'électricité, toilettes, douches, terrains de golf, hôtels, cabanes de gardiens, jetées de bois, pistes de randonnée et de vélo, centres d'accueil, installations d'infirmerie et de sauvetage font partie des préoccupations habituelles que comprennent la gestion et l'entretien d'un parc national.

Les dirigeants des parcs considèrent actuellement l'infrastructure touristique comme la source de pression la plus courante sur les ressources des parcs. L'obsession des services aux visiteurs a engendré un programme des parcs nationaux où les ingénieurs connaissent parfaitement « l'état de santé » de l'infrastructure des parcs, alors que les écologistes ne peuvent qu'estimer « l'état de santé » de l'écosystème de ces mêmes parcs. Même si cette situation est en train de changer lentement, la mise en place d'installations et leur entretien accaparent toujours une plus grande part du budget des parcs nationaux que la conservation.

La sarracénie pourpre capture des insectes pour s'en nourrir, au parc national Terra-Nova.

NOS PARCS NATIONAUX : UNE STRATÉGIE DE CONSERVATION

Les décisions qui seront prises au cours de la présente décennie seront largement déterminantes quant à l'envergure et à la santé du réseau des parcs nationaux que nous laisserons en héritage aux générations à venir. Le Conseil consultatif canadien de l'environnement a produit, en 1991, un document intitulé « Une vision des zones protégées pour le Canada », qui explique en détail les décisions qu'il faudra prendre. Faisant appel à la collaboration de certains groupes écologiques tels que la Fédération canadienne de la nature, la Société pour la protection des parcs et des sites nationaux du Canada, le Fonds mondial pour la nature, les organismes fédéraux et provinciaux responsables des parcs, ainsi qu'un certain nombre d'universitaires et de scientifiques, le Conseil a dressé un plan d'action. Il recommandait que Parcs Canada

■ complète d'ici à l'an 2000 son réseau de parcs nationaux représentant chacune des trente-neuf régions naturelles établies par le gouvernement fédéral ;

■ gère chaque parc national en fonction des écosystèmes, répondant à des besoins économiques et sociaux compatibles sur les terres adjacentes, tout en

maintenant le parc même à l'état le plus naturel possible ;

■ améliore les programmes d'éducation et d'interprétation dans les parcs nationaux afin que les valeurs du patrimoine naturel deviennent partie intégrante d'une éthique environnementale propre à unifier le pays.

Ces recommandations ont reçu un haut niveau d'appui de la part de la communauté environnementale ; de plus, elles complètent bon nombre des actions prises récemment par le gouvernement fédéral. Selon la vision du Conseil, les parcs nationaux « deviendront des catalyseurs d'une meilleure gestion des activités humaines dans toutes les parties du Canada et... d'une meilleure gestion de l'environnement dans le monde ».

Qu'entend-on par « compléter » le réseau des parcs nationaux ?

Avant 1970, le réseau des parcs nationaux n'avait du réseau que le nom. Il était constitué d'une série de parcs sans lien dont quelques visionnaires faisaient la promotion. On avait créé des parcs pour des raisons diverses : pour promouvoir le développement régional par le tourisme, pour protéger le paysage ou pour conserver des habitats fauniques. Vers la fin des années 1960, en partie en réponse à des pressions du public en faveur de la protection de l'environnement, plusieurs ministres responsables des parcs nationaux au sein du cabinet libéral suggérèrent la création de quarante à soixante nouveaux parcs. En raison des pressions croissantes réclamant une augmentation du nombre de parcs nationaux, Parcs Canada a senti le besoin d'établir un principe écologique sur lequel il puisse baser l'expansion du réseau.

On a choisi comme principe la préservation d'échantillons de tous les paysages canadiens ; ce principe est décrit dans un chapitre antérieur. Jusqu'à maintenant, vingt-trois des trente-neuf régions naturelles sont représentées à l'intérieur du réseau des parcs nationaux. Il existe des lacunes au Labrador, au Québec, au Manitoba, en Colombie-Britannique et dans les Territoires du Nord-Ouest. Le gouvernement a pour objectif déclaré de créer, d'ici à l'an 2000, au moins seize parcs additionnels pour représenter les régions naturelles qui ne le sont pas encore. Trois grandes étapes sont prévues pour atteindre cet objectif : répertorier les sites pressentis ; achever les négociations en cours avec les gouvernements provinciaux et territoriaux, les peuples autochtones et les collectivités locales en vue de la protection de ces sites ; protéger ces derniers en vertu de la *Loi sur les parcs nationaux*.

Qu'entend-on par gérer les parcs nationaux en fonction des « écosystèmes » ?

Les gestionnaires des parcs nationaux doivent travailler en collaboration plus étroite avec les promoteurs de projets de développement à proximité des parcs nationaux et avec les propriétaires des terres environnantes afin d'assurer la protection des écosystèmes des parcs. Les scientifiques tentent actuellement de répertorier les « écosystèmes élargis de parcs » qui doivent être protégés à l'extérieur des limites des parcs. L'objectif poursuivi est la gestion des parcs nationaux en tant que partie intégrante du paysage. Cet objectif entraîne la nécessité de gérer certaines activités humaines à l'échelle régionale de façon que les valeurs des zones protégées soient maintenues tout en respectant les intérêts humains et les activités économiques existant sur les terres environnantes.

L'objectif à court terme des projets d'écosystèmes élargis de parcs est d'identifier les pressions internes et externes qui s'exercent sur les ressources du parc et de voir à les réduire et à les éliminer. Parmi les sources d'effets néfastes sur les parcs nationaux les plus couramment rapportées dans le cadre d'une enquête gouvernementale menée en 1992, on mentionnait le tourisme et l'infrastructure des parcs, la végétation exotique, les corridors de services publics, les activités forestières commerciales, les pluies acides, l'agriculture, l'urbanisation et les barrages hydroélectriques. La restauration de l'écosystème des parcs constitue également une priorité à court terme. Dans un certain nombre de parcs nationaux, tel que le parc Prince-Albert, on a élevé artificiellement les niveaux d'eau, modifiant ainsi la nature des écosystèmes aquatiques. Dans plusieurs parcs, on étudie, à la lumière de données écologiques, la possibilité d'abolir certaines restrictions à l'écoulement des eaux, ce qui pourrait nuire au canotage.

L'objectif à long terme est de protéger un assez grand nombre d'habitats à l'intérieur et à l'extérieur des parcs nationaux pour assurer la survie de toutes les espèces indigènes, y compris les grandes espèces comme le grizzli et le loup. Pour cela, tous les gestionnaires des terres devront poursuivre l'objectif ultime d'assurer la protection, pendant les siècles à venir, d'une quantité suffisante de terres pour permettre aux espèces et aux écosystèmes d'évoluer dans des sites naturels à l'abri relatif du dérangement. Toutefois, de tels efforts de conservation doivent permettre la présence et l'activité humaines à des niveaux qui n'entraînent pas de détérioration écologique importante de l'écosystème élargi des parcs. Ce qui, bien sûr, ne veut pas dire qu'il faille ouvrir les parcs à une exploitation industrielle et touristique accrue.

Fixer des objectifs à long terme pour la gestion des écosystèmes qui entourent les parcs nationaux et les zones protégées nous oblige à faire face à plusieurs enjeux. Nous devons en arriver à une compréhension globale des relations écologiques existant entre les plantes, les animaux et les caractéristiques naturelles qui constituent un écosystème. Actuellement, nous sommes relativement ignorants de la façon dont les écosystèmes fonctionnent. De plus, nous avons besoin d'évaluer l'effet cumulatif des activités de développement sur les

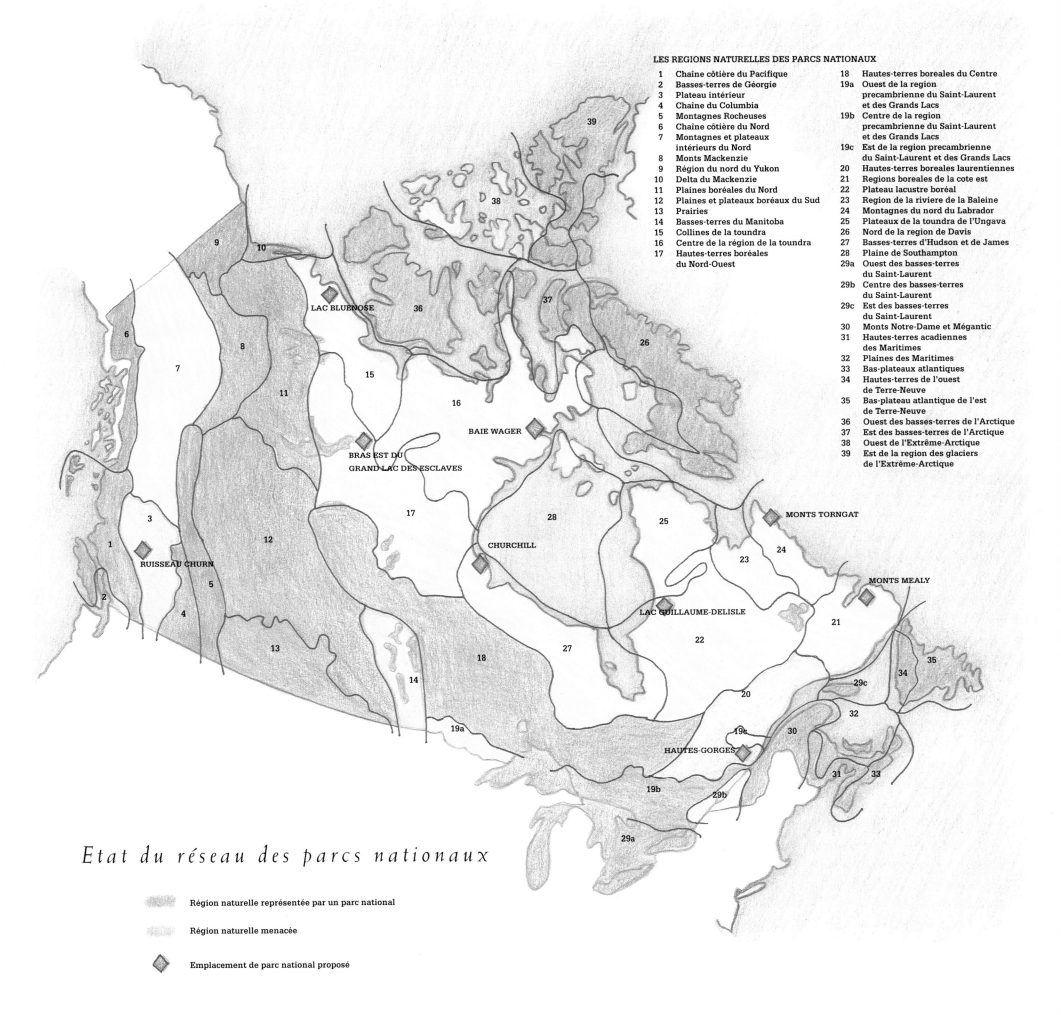

LES REGIONS NATURELLES DES PARCS NATIONAUX

1 Chaîne côtière du Pacifique
2 Basses-terres de Géorgie
3 Plateau intérieur
4 Chaîne du Columbia
5 Montagnes Rocheuses
6 Chaîne côtière du Nord
7 Montagnes et plateaux intérieurs du Nord
8 Monts Mackenzie
9 Région du nord du Yukon
10 Delta du Mackenzie
11 Plaines boréales du Nord
12 Plaines et plateaux boréaux du Sud
13 Prairies
14 Basses-terres du Manitoba
15 Collines de la toundra
16 Centre de la région de la toundra
17 Hautes-terres boréales du Nord-Ouest

18 Hautes-terres boreales du Centre
19a Ouest de la region precambrienne du Saint-Laurent et des Grands Lacs
19b Centre de la region precambrienne du Saint-Laurent et des Grands Lacs
19c Est de la region precambrienne du Saint-Laurent et des Grands Lacs
20 Hautes-terres boreales laurentiennes
21 Regions boreales de la cote est
22 Plateau lacustre boréal
23 Region de la rivière de la Baleine
24 Montagnes du nord du Labrador
25 Plateaux de la toundra de l'Ungava
26 Nord de la region de Davis
27 Basses-terres d'Hudson et de James
28 Plaine de Southampton
29a Ouest des basses-terres du Saint-Laurent
29b Centre des basses-terres du Saint-Laurent
29c Est des basses-terres du Saint-Laurent
30 Monts Notre-Dame et Mégantic
31 Hautes-terres acadiennes des Maritimes
32 Plaines des Maritimes
33 Bas-plateaux atlantiques
34 Hautes-terres de l'ouest de Terre-Neuve
35 Bas-plateau atlantique de l'est de Terre-Neuve
36 Ouest des basses-terres de l'Arctique
37 Est des basses-terres de l'Arctique
38 Ouest de l'Extrême-Arctique
39 Est de la region des glaciers de l'Extrême-Arctique

Etat du réseau des parcs nationaux

Région naturelle représentée par un parc national

Région naturelle menacée

Emplacement de parc national proposé

écosystèmes régionaux et sur les ressources des parcs. Par exemple, il faudra évaluer l'effet cumulatif du développement touristique dans l'ensemble des quatre parcs de montagne avant de pouvoir permettre la poursuite du développement.

Nous devons aussi nous pencher sur la question fondamentale qui se pose chaque jour un peu plus : donnons-nous la priorité à l'exploitation et au développement des ressources naturelles au profit des êtres humains, ou donnons-nous la priorité à la sauvegarde de la nature ? Nous avons favorisé grandement la première hypothèse en traçant les limites des parcs et en permettant le développement continu de leurs écosystèmes à des fins touristiques à l'intérieur de ces limites, et à d'autres fins à l'extérieur. Le gouvernement a fait des efforts pour maintenir la plus grande partie de la superficie des parcs à l'état sauvage. Cependant, la baisse de qualité que nous observons dans les ressources des parcs nous laisse croire que nous devons donner la priorité à la sauvegarde de la nature.

CONSERVATION : DE LA VISION À LA RÉALISATION

À part quelques timides tentatives, la gouvernement fédéral a rarement démontré une volonté soutenue de réaliser l'expansion du réseau des parcs nationaux. En 1930, le ministre responsable des parcs nationaux déclarait en Chambre : «Nous espérons qu'un jour il y aura un parc national dans chacune des provinces du pays.» Cet objectif ne fut atteint qu'en 1969, alors que le parc Forillon devenait le premier parc national au Québec. En 1967, le gouvernement libéral suggéra que le réseau des parcs nationaux soit complété pour 1985, l'année du centenaire du premier parc. Toutefois, en 1985, le réseau n'était qu'à moitié complété.

Après le lancement, en 1989, de la campagne Espaces en danger menée par la division canadienne du Fonds mondial pour la nature, des Canadiens de tous les coins du pays firent connaître leur appui au parachèvement du réseau des parcs nationaux pour l'an 2000. Publié en décembre 1990, le Plan Vert comportait un engagement formel du gouvernement fédéral à atteindre cet objectif. De la même façon, le premier ministre Jean Chrétien a fait vœu, dans son *Plan d'action libéral pour le Canada*, de «maintenir l'engagement de compléter le réseau des parcs nationaux d'ici à l'an 2000».

La publication du Plan Vert a eu pour effet d'accélérer les négociations en vue d'établir de nouveaux parcs nationaux. Après la publication du plan, trois nouveaux parcs ont été créés. Seize autres sont présentement requis. On a identifié des parcs nationaux possibles pour neuf des seize régions naturelles qui ne sont pas encore représentées. Les sites suivants (illustrés sur la carte de la page 207) pourraient bientôt faire partie du réseau des parcs nationaux.

RÉGION NATURELLE 3 – PLATEAU INTÉRIEUR

Le site du ruisseau Churn dans la région du plateau Chilcotin, en Colombie-Britannique, est extrêmement diversifié, allant de la prairie semi-désertique et des rudes canyons du Fraser et de la Chilcotin à la toundra alpine de la chaîne côtière, en passant par les vastes forêts de pins et les prairies des hautes-terres. On trouve ici des conditions mondialement reconnues de descente en radeau et des sites naturels spectaculaires. La végétation comprend des espèces typiques de la prairie méridionale et quelques échantillons de forêt de sapins de Douglas en terrain sec, de même que plusieurs marais intacts. La création d'un parc dans cette aire assurerait la protection d'habitats importants pour le mouflon de Californie, le couguar, le loup-cervier, le grizzli, le carcajou, l'orignal et le lagopède. Un tel parc offrirait d'excellentes possibilités d'activités récréatives dans l'arrière-pays, comme la randonnée pédestre, l'alpinisme et le ski de randonnée.

RÉGION NATURELLE 15 – COLLINES DE LA TOUNDRA

Le parc national projeté Tuktut Nogait, situé dans le secteur du lac Bluenose, dans les Territoires du Nord-Ouest, protégerait les aires de vêlage des caribous de la harde Bluenose qui regroupe 115 000 sujets. Le nom de Tuktut Nogait choisi pour ce parc signifie «jeune caribou». Ce parc comprendra certains éléments spectaculaires comme le canyon de la rivière Hornaday et les chutes La Roncière. La faune de cette région comprend le bœuf musqué, le grizzli et le loup. Le parc projeté comprend des terres faisant partie de régions assujetties au règlement des revendications territoriales globales des Inuvialuit, des Inuit et des Dénés et Métis.

Région naturelle 16 – Centre de la région de la toundra

La baie Wager, dans les Territoires du Nord-Ouest, est une mer intérieure qui s'étend sur plus de 150 kilomètres à partir de la côte ouest de la baie d'Hudson ; elle comporte des marées de 8 mètres, une chute à inversion de courant et une faune marine variée. Le paysage est diversifié, passant des promontoires rocheux de la rive sud-ouest aux collines ondoyantes, aux hauts-fonds et aux îles basses du nord-ouest. Le long de la côte rocheuse, on trouve des vestiges de pierres préhistoriques laissées là par les Inuit qui occupaient ces terres il y a 4 000 ans. Les passages étroits situés à chaque extrémité de la baie Wager engendrent des courants de marée assez puissants pour maintenir des zones d'eau exemptes de glace durant tout l'hiver, formant des « polynies » qui servent de refuges hivernaux à divers mammifères marins et oiseaux aquatiques.

Région naturelle 17 – Bas-plateaux boréaux du Nord

Le site projeté connu sous le nom de Bras est du Grand lac des Esclaves chevauche la ligne des arbres ; sa végétation va de la forêt boréale aux étendues de toundra. Elle est composée d'une vaste péninsule et de quelques îles du Grand lac des Esclaves, dans les Territoires du Nord-Ouest. Cinq zones écologiques y sont représentées sur une distance remarquablement faible. Les cuestas déchiquetées et les hautes falaises des péninsules qui s'avancent dans le Grand lac des Esclaves contrastent avec le terrain plus bas de la toundra qui entoure le lac La Prise et le lac Artillery. De grands eskers, vestiges du dernier âge glaciaire, serpentent à travers le paysage de la toundra.

Plus de 7 400 kilomètres carrés ont été soustraits au développement en 1970, mais en dépit de plusieurs tentatives, le projet de parc n'a pas progressé en raison du faible soutien de la collectivité locale. L'avenir du projet de parc national dépend actuellement du règlement des revendications territoriales dans la région des Esclaves-sud. Malheureusement, les chutes Tyrell situées sur la rivière Lockhart, au cœur du parc projeté, n'ont pas été incluses dans la zone mise en réserve en raison de leur potentiel hydroélectrique. La Fédération canadienne de la nature demande que le cours entier de cette rivière sauvage soit inclus dans le parc.

Région naturelle 20 – Hautes-terres laurentiennes

Le secteur des Hautes-Gorges, près de La Malbaie, au Québec, est un site de 233 kilomètres carrés qui comprend une gorge de 300 mètres de profondeur et des promontoires qui comptent parmi les plus escarpés à l'est des Rocheuses. Dans ce secteur, la végétation est extrêmement diversifiée, passant des érablières laurentiennes, dans les vallées, à la toundra alpine ou quasi-arctique, sur les sommets, ce qui en fait un endroit unique au Québec. Ce site est à moins de 100 kilomètres de la ville de Québec. Les responsables de Parcs Canada ont établi que les Hautes-Gorges constituaient le site le plus représentatif des caractéristiques de la région naturelle des hautes-terres laurentiennes ; cependant, on n'a pas encore officiellement atteint l'étape de l'étude de faisabilité.

Région naturelle 21 – Région boréale de la côte est

Le site des monts Mealy, dans la partie sud du Labrador, renferme de longues plages sablonneuses, des zones de forêt boréale, de tourbières et de toundra alpine, des lacs et des rivières sauvages comprenant des chutes spectaculaires et les pics abrupts des monts Mealy eux-mêmes. Une étude menée conjointement par les gouvernements du Canada et de Terre-Neuve et par la nation Innu est actuellement en cours. Si toutes les parties arrivent à la conclusion que la création d'un parc serait faisable et souhaitable, on pourrait établir une réserve de parc national en attendant le règlement définitif des revendications territoriales.

Région naturelle 22 – Plateau lacustre boréal

Situé à 100 kilomètres au nord de la Grande rivière de la Baleine et du site de la phase II du projet hydroélectrique de la baie James, le lac Guillaume-Delisle, identifié comme aire potentielle d'établissement d'un parc national, est un territoire sauvage reculé et intact. La rivière à l'Eau Claire est l'épine dorsale de ce parc projeté ; elle prend sa source dans le lac à l'Eau Claire, le deuxième plus grand lac naturel du Québec. Cette rivière coule en direction ouest en une suite de cascades et de chutes spectaculaires, jusqu'au lac Guillaume-Delisle, vaste estuaire aux eaux saumâtres relié à la baie d'Hudson.

Banff, le plus ancien parc national du Canada,
est encore aujourd'hui l'un des plus fréquentés.

En 1992, le gouvernement du Québec a confirmé le choix de ce territoire comme site potentiel d'établissement d'un parc provincial, et il a mis les terres en réserve en attendant la suite des études. Le site projeté est situé à l'intérieur du territoire couvert par la Convention de la Baie James et du Nord québécois, qui garantit la participation des peuples autochtones à la gestion et au développement du territoire. La prochaine étape consistera à entreprendre l'étude de faisabilité du parc.

RÉGION NATURELLE 24 – MONTAGNES DU NORD DU LABRADOR
Le secteur proposé des monts Torngat, dans le nord du Labrador, est un authentique paysage arctique comprenant des fjords spectaculaires et des montagnes parmi les plus hautes et les plus accidentées de l'est de l'Amérique du Nord. Une partie de la plus importante harde de caribous au monde, celle de la rivière George, qui compte 600 000 sujets, migre à l'intérieur du site proposé pour la création d'un parc. La région abrite une faune très riche, comprenant entre autres l'ours polaire et l'ours noir, le renard arctique et, dans les eaux adjacentes de la mer du Labrador, une grande variété de mammifères marins. Cette terre, demeure du dieu inuit du vent et de la tempête, est la contrée des Inuit depuis des milliers d'années. En 1992, les gouvernements du Canada et de Terre-Neuve et l'Association des Inuit du Labrador ont annoncé qu'ils entreprenaient conjointement l'étude de faisabilité d'un parc dans le secteur Torngat. Si toutes les parties arrivent à la conclusion que la création d'un parc serait faisable et souhaitable, on pourrait établir une réserve de parc national en attendant le règlement définitif des revendications territoriales.

RÉGION NATURELLE 27 – BASSES-TERRES D'HUDSON ET DE JAMES
Le projet Churchill, dans le nord du Manitoba, assurera la protection de la plus grande concentration de tanières d'ours blancs au monde et l'aire de nidification de centaines de milliers d'oies et de divers oiseaux du littoral, sur une vaste plaine de toundra humide. Le site proposé pour l'établissement d'un parc comprend un certain nombre d'éléments typiques de la grande région naturelle des

basses-terres d'Hudson et de James, telles que les vastes étendues de terres humides composées de muskegs et de tourbières en formation, les cordons de rivage, certaines caractéristiques glaciaires comme les eskers et le pergélisol. La faune est variée et comprend la harde côtière des caribous de cap Churchill. La végétation est typique des écosystèmes arctique inférieur et subarctique. C'est l'un des endroits les plus accessibles pour observer la faune nordique.

La Fédération canadienne de la nature a réclamé à maintes reprises du gouvernement fédéral qu'il détermine le reste des sites des parcs nationaux projetés. Elle demande en outre au gouvernement fédéral de négocier un moratoire visant à interdire la poursuite du développement dans les sites projetés en attendant l'issue des négociations sur les parcs. Ainsi, en 1993, le gouvernement du Manitoba a mis des terres en réserve, à l'abri du développement forestier, minier et hydroélectrique, aux fins d'établissement du parc national projeté Churchill. De cette façon, on évite que les richesses du parc ne soient compromises pendant la poursuite de négociations souvent longues.

À l'automne 1993, la Fédération canadienne de la nature a déterminé que les quatre régions naturelles du réseau des parcs non représentées et situées le plus au sud devaient être traitées prioritairement. Il faudrait prendre des mesures pour protéger les sites potentiels dans les îles Gulf et dans les basses-terres du Manitoba. L'augmentation du développement résidentiel et touristique, l'activité forestière et l'escalade du prix des terrains pourraient nuire à la création d'un parc dans les îles Gulf. Par ailleurs, deux sites des basses-terres du Manitoba en faveur desquels les environnementalistes se sont prononcés, soit Little Limestone et Long Point, sont menacés par des activités d'exploration minière et d'exploitation forestière d'envergure.

Il est du ressort de Parcs Canada et de la Direction des Parcs nationaux d'identifier de nouveaux sites de parcs. Toutefois, les politiciens n'ont pas l'obligation légale de protéger un nombre additionnel de sites sauvages ou d'établir de nouveaux parcs nationaux. Seule la pression populaire peut les obliger à agir. Il a fallu ajouter la volonté politique à l'agitation populaire pour que soit sauvegardée la région sauvage de Moresby-Sud.

En 1987, des députés de toute allégeance se sont levés en Chambre pour réclamer la préservation de l'aire de vie sauvage de Moresby-Sud. Le ministre de l'Environnement, Tom McMillan, reconnaissait « la forte emprise exercée par cet ensemble unique d'îles sur la conscience des Canadiens ». Jim Fulton, le député néo-démocrate chargé de la critique des questions d'environnement, signalait que « plus de 3,5 millions de personnes représentées par divers groupes ont adressé une pétition au gouvernement canadien [...] lui demandant de mettre de côté ce site pour en faire une réserve de parc national ». Tom McMillan rapportait avoir reçu un millier de lettres personnelles en trois mois. L'une d'elles provenait d'un jeune garçon du Cap-Breton âgé de onze ans, qui lui écrivait : « Ça ne suffit pas de parler. Vous devez faire quelque chose. » Au cours du débat tenu le 14 mai 1987, le gouvernement canadien décidait unanimement de créer une réserve de parc national sur les îles de la Reine-Charlotte. Deux mois plus tard, cet objectif était atteint.

Ce débat parlementaire historique démontre que les Canadiens doivent exiger de leurs représentants politiques, au moyen de lettres, d'appels téléphoniques et de rassemblements, que des mesures soient prises pour protéger la nature sauvage. Il est essentiel que les politiciens, souvent même les politiciens de toutes les allégeances politiques, soient clairement et directement informés du soutien populaire dont bénéficient les parcs nationaux projetés. Sans cet appui du public, les politiciens ont tendance à exiger des promoteurs des parcs qu'ils répondent aux moindres objections soulevées par leurs opposants.

Il existe d'autres exemples de progrès réalisés dans la création de nouveaux parcs nationaux. En 1986, après de longs mois de délai, la Société pour la protection des parcs et des sites naturels du Canada réussit, grâce aux pressions exercées auprès du ministre fédéral de l'Environnement, à obtenir la création de la réserve de parc national de l'Île-Ellesmere. En 1988, une coalition de groupes environnementaux réussit à faire débloquer une impasse politique qui empêchait la création du parc national des Prairies. Aujourd'hui, près de la moitié des 907 kilomètres carrés proposés comme site du parc national des Prairies ont été acquis. Enfin, en 1991, la Fédération canadienne de la nature réussit à convaincre Jean Charest, alors ministre fédéral de l'Environnement, de relancer les négociations avec la population de Sachs Harbour, à l'île Banks, dans les Territoires du Nord-Ouest. Jean Charest suivit les conseils de l'organisme, et le parc national Aulavik vit le jour en août 1992.

Le gouvernement fédéral doit obtenir l'accord de trois groupes distincts avant de pouvoir procéder à l'établissement d'un parc national : les gouvernements provinciaux qui administrent l'ensemble des terres de la Couronne situées au sud du Yukon et des Territoires du Nord-Ouest, les groupements autochtones qui défendent des questions de titres non résolues ou dont les traités couvrent des terres pressenties comme parcs nationaux et les populations locales susceptibles de bénéficier des parcs proposés ou d'en subir le contre-coup.

Les négociations peuvent échouer pour plus d'une raison. Ainsi, il est possible que les gouvernements ne soient pas disposés à laisser échapper certaines possibilités de développement que pourrait offrir l'exploitation des ressources naturelles de la région. Il est possible que les terres aient déjà été allouées à des fins d'exploitation forestière, minière, pétrolière, gazière ou autre. Des revendications territoriales autochtones en cours ou des questions de titres non résolues pourraient également nuire aux négociations. Finalement, les populations locales peuvent arriver à la conclusion que le parc national projeté aurait des répercussions négatives sur leur mode de vie.

Ces obstacles, toutefois, disparaissent peu à peu. En mars 1992, le gouvernement de Terre-Neuve annonçait qu'il était disposé à étudier la possibilité d'établir des parcs nationaux dans les secteurs des monts Torngat et Mealy. Le gouvernement des Territoires du Nord-Ouest appuie la création de nouveaux parcs nationaux sur ses terres. Enfin, le gouvernement manitobain collabore avec le gouvernement fédéral en vue d'établir le futur parc national Churchill et de choisir un site pour la création d'un parc national dans la région naturelle des basses-terres du Manitoba. Par ailleurs, les négociations avec le gouvernement québécois pourraient être difficiles compte tenu de la longue tradition de résistance de ce dernier en ce qui a trait à la cession de terres au gouvernement fédéral en vue d'établir des parcs nationaux. (Le parc national Forillon repose

sur un bail de quatre-vingt-dix-neuf ans ; celui de la Mauricie a été créé dans le cadre d'un échange fédéral-provincial de terres, et l'archipel de Mingan a été acheté à la société Dome Petroleum.) Des discussions constitutionnelles récurrentes perturbent également ces négociations. Les deux gouvernements se sont cependant entendus pour accorder le statut de parc à certains sites, comme les Hautes-Gorges et le lac Guillaume-Delisle.

Les peuples autochtones se sont montrés de plus en plus intéressés à la création de nouveaux parcs nationaux dans la mesure où ils peuvent obtenir l'assurance que des mesures seront prises pour régler leurs revendications territoriales et qu'ils auront un rôle à jouer dans la gestion des ressources de ces parcs. Les trois plus récents parcs nationaux, soit le parc Aulavik, le parc Vuntut et le parc du Nord-de-l'Île-de-Baffin, ont vu le jour à la suite de l'appui accordé au projet par la population autochtone. L'accord définitif du Nunavut comprend un engagement du gouvernement fédéral à représenter chacune des régions naturelles du Nunavut au sein du réseau des parcs nationaux. Enfin, les Inuit du Labrador participent à des études sur le parc du Mont-Torngat depuis qu'il y a eu déblocage sur la question de leurs revendications territoriales.

De nombreux leaders autochtones ont déclaré qu'ils étaient disposés à partager leurs terres avec les Canadiens. Cependant, il faut que ce soit fait à leurs propres conditions, en respectant leurs intérêts et leurs aspirations, parmi lesquelles figurent la chasse de subsistance et la création d'emplois. Au cours des deux dernières décennies, le réseau des parcs nationaux a grandement bénéficié de l'appui des peuples autochtones et du règlement de leurs revendications territoriales. On réussira à étendre le réseau des parcs dans la mesure où les dirigeants gouvernementaux et autochtones seront capables d'en venir à des ententes. Dans pratiquement tous les cas, les négociations pour la création des futurs parcs mettront en cause les peuples autochtones.

Les populations locales ont également démontré qu'elles étaient disposées à accueillir de nouveaux parcs nationaux. En 1990, par exemple, les Inuvialuit de la collectivité de Paulatuk se sont prononcés, dans le cadre de leur plan local de conservation, en faveur de la protection prioritaire de la harde de caribous

Le lac McArthur, dans le parc national Yoho.

de la toundra comptant 115 000 sujets et en faveur d'un parc national comme moyen de réaliser cet objectif. Plus de vingt municipalités de la région de Charlevoix, au Québec, ont adopté des résolutions appuyant la création de l'éventuel parc national des Hautes-Gorges.

Le défi consiste à convaincre les populations locales que toutes ces merveilles naturelles constituent moins une ressource utilitaire à exploiter qu'un trésor à préserver ; on doit réussir à démontrer que les parcs nationaux sont un élément susceptible d'entraîner des retombées environnementales, sociales et économiques tangibles. L'établissement de nouveaux parcs nationaux dans les régions rurales oblige les tenants des parcs à affronter les craintes, les frustrations et les aspirations de personnes de plus en plus dépossédées, dans une société dont la population est à quatre-vingt-dix pour cent urbaine. C'est un défi que nous devons relever avec succès, car les parcs nationaux survivront à long terme à condition d'obtenir l'appui de la population locale envers les valeurs naturelles dont ils assurent la protection. Si nous n'y arrivons pas, les pressions qui s'exercent en faveur de la poursuite du développement tant à l'intérieur du parc que sur les terrains environnants finiront par les faire disparaître.

PRÉSERVER L'INTÉGRITÉ DES PARCS NATIONAUX

Le parc national de la Pointe-Pelée est le deuxième plus petit parc national du Canada. Son environnement naturel a connu une longue histoire de manipulations par l'homme. Avant la création du parc, en 1918, on y a fait du piégeage, de l'agriculture et de l'exploration minière, pétrolière et gazière. Après la création du parc, on en a fait une large utilisation récréative.

Le parc national de la Pointe-Pelée a été l'un des plus malmenés, par le passé. La priorité consiste maintenant à restaurer et à protéger cet écosystème unique de type carolinien, ainsi que les espèces végétales et fauniques indigènes rares qu'il contient. Il faut, à cet effet, réduire l'incidence des quelque 500 000 visiteurs annuels, éliminer du territoire les espèces végétales et fauniques exotiques, réintroduire certaines espèces, telles que le petit polatouche, qui sont disparues localement, et essayer d'instaurer à l'extérieur du parc des pratiques d'utilisation des terres qui soient plus compatibles avec sa vocation.

Les modifications apportées sont remarquables. Le camping n'est plus permis. L'usage du parc à des fins de villégiature est presque complètement éliminé. La chasse au canard a pris fin en 1988, et la route de la Plage-est a été enlevée en 1990. Afin de protéger la végétation fragile des dunes, on ne peut accéder à la plage qu'en parcourant des jetées de bois. Récemment, on a éliminé une population excédentaire de cerfs qui broutaient une végétation en voie d'extinction. On suit par radio les déplacements des reptiles afin de déterminer les habitats à préserver de manière plus stricte. S'il est possible de réaliser des améliorations au plan de la conservation d'un écosystème en voie d'extinction dans l'un des parcs nationaux les plus petits et les plus détériorés du Canada, alors des espoirs sont permis dans bien d'autres parcs.

Le projet d'Écosystème élargi de Fundy, au Nouveau-Brunswick, peut également servir d'exemple d'amélioration. Le parc national Fundy est assiégé par un certain nombre de pressions extérieures, telles que la pratique de la coupe à blanc sur des terres avoisinantes, la reforestation par monoculture d'espèces non indigènes, l'envasement des rivières du parc, l'accès routier plus facile pour les braconniers et la pollution de l'eau due à l'utilisation d'herbicides et de pesticides à l'extérieur des limites du parc. Le loup et le caribou ont quitté la région, et d'autres espèces, comme la martre des pins et le Faucon pèlerin, sont menacées en raison de l'impact croissant du développement.

Parcs Canada conjugue actuellement ses efforts avec ceux du gouvernement provincial, des sociétés forestières, des propriétaires forestiers et des universités du Nouveau-Brunswick, afin de définir les besoins d'habitats fauniques à l'extérieur du parc et de s'assurer qu'on laisse en place des habitats suffisants pour permettre la survie de la faune. « À l'aide de la science des écosystèmes, nous tentons de déterminer quel volume de bois pourrait être coupé, tout en permettant la conservation de populations viables d'animaux sauvages, tant à l'intérieur qu'au voisinage du parc », explique l'écologiste des parcs nationaux Stephen Woodley. La coopération du gouvernement provincial et des sociétés forestières est essentielle au succès du projet de l'Écosystème élargi de Fundy.

Si l'on veut que les valeurs des parcs survivent, Parcs Canada doit alors gagner l'appui des propriétaires des terres environnantes et des autres intérêts à l'œuvre à l'intérieur des écosystèmes des parcs. La Crown of the Continent Society est l'exemple d'une initiative qui a réuni les industriels, les environnementalistes, les chasseurs, les éleveurs, les gouvernements et les intérêts touristiques, afin d'aider à planifier l'avenir de l'écosystème entourant le parc national des Lacs-Waterton. Ensemble, ces intérêts divers ont défini une vision commune pour l'écosystème Crown : « Garantir aux générations futures de toutes les espèces vivantes la survie d'un chef-d'œuvre naturel connu sous le nom de Crown of the Continent, grâce à une approche coopérative ayant des assises locales, qui assurera la préservation, l'usage réfléchi et la restauration de l'environnement naturel, de même que le bien-être des collectivités de la région. »

Nous assistons peut-être à une transition, à un passage de la suprématie des valeurs industrielles à une reconnaissance des valeurs naturelles de cette région. Il y a plusieurs années, alors qu'il était à la fois président de la Crown of the Continent Society et propriétaire d'un ranch local, Hilton Pharis faisait remarquer que l'ensemble des pressions dues au développement dans la région « pourraient entraîner l'érosion des éléments naturels locaux de grande valeur avec lesquels nous avons grandi ». Selon lui, l'organisme qu'il présidait devait avoir à cœur de « convaincre la population et les gouvernements de prendre les difficiles décisions qui s'imposent pour protéger l'intégrité [de cette zone] et qui peuvent parfois se traduire par un refus du développement ». Il reste encore à voir si la société réussira à changer quelque chose, mais c'est un début.

En complément du travail accompli par la Crown of the Continent Society, la Castle-Crown Wilderness Coalition, de Pincher Creek, en Alberta, propose de créer une zone sauvage protégée de 750 kilomètres carrés comprenant des montagnes et des contreforts situés au nord du parc national des Lacs-Waterton. Une partie de la zone touchée par cette proposition a déjà fait partie du parc national des Lacs-Waterton, mais elle en avait été soustraite en 1921. Le nombre incroyable d'initiatives enregistrées dans cette région, ajouté aux progrès réalisés quant à la protection du parc national Glacier et de ses

environs, dans l'État américain du Montana, pourraient constituer un excellent modèle de protection et de restauration applicable aux écosystèmes vulnérables.

En défendant les éléments de grande valeur que contiennent les parcs nationaux, les associations vouées à la conservation se trouvent parfois en désaccord avec le gouvernement fédéral. Ainsi, l'exploitation forestière industrielle au parc national Wood Buffalo n'a pris fin qu'en 1992, après que la Société pour la protection des parcs et des sites naturels du Canada et le Sierra Legal Defense Fund eurent poursuivi le gouvernement pour infraction à la *Loi sur les parcs nationaux*. Les récentes décisions du gouvernement fédéral visant à prolonger la route transcanadienne à travers le parc national Banff et à permettre le développement des aménagements de ski au village Sunshine se sont heurtées à l'opposition de certains groupes environnementaux en raison de la pression croissante que ce genre de développement fait peser sur les valeurs naturelles du premier parc national du Canada.

Parfois, ces mêmes groupes font cause commune. Parcs Canada et la Société pour la protection des parcs et des sites naturels du Canada ont tous deux participé aux audiences publiques tenues par le National Resources Conservation Board de l'Alberta qui menait une étude d'impact en rapport avec un projet de développement touristique de grande envergure dans la vallée Bow, juste à l'est du parc national Banff. Ces deux organismes ont exprimé des préoccupations quant à la perte d'habitats fauniques au profit du développement et aux graves conséquences d'une telle situation pour les animaux qui entrent et sortent librement du parc, comme le wapiti, le grizzli, l'ours noir, le couguar, le loup et plusieurs espèces en voie d'extinction. L'organisme albertain décidait par la suite d'interdire le développement dans les principales zones d'habitat faunique.

Pendant de nombreuses années, les parcs nationaux ont été créés principalement en réaction à la menace du développement. On supposait qu'en traçant une frontière artificielle, on pouvait protéger certains éléments naturels particuliers contre les ravages de la société industrielle. Nous savons maintenant que cet énoncé n'est pas sans faille. Le solide héritage que nous a valu la décision bien inspirée prise par sir John A. Macdonald en 1885 est constitué d'une juxta-

C'est au début des années 1900 que la société
des chemins de fer Canadien Pacifique a tracé
les premiers sentiers de randonnée dans la vallée
Ten Peaks, dans le parc national Banff.

Si vous êtes doués et disposez du matériel requis, vous trouverez peut-être que le kayak est le meilleur moyen d'explorer les îles de l'archipel de Mingan.

Pour en savoir plus sur la nécessité de protéger les terres sauvages du Canada, consultez *Endangered Spaces : The Future for Canada's Wilderness*, sous la direction de Monte Hummel (Toronto, Key Porter Books, 1989). Ce recueil de vingt essais a servi de point de départ à la campagne Espaces en danger que mènent depuis dix ans le Fonds mondial pour la nature et d'autres organismes en vue de compléter le réseau canadien des zones protégées. La Fédération canadienne de la nature collabore à cette campagne, incitant principalement le gouvernement fédéral à prendre des mesures pour que le réseau des parcs nationaux soit complété d'ici l'an 2000.

ALLEZ À LA SOURCE !

La meilleure façon d'apprendre à connaître les parcs nationaux est de les visiter. Entrez directement en contact avec les sites naturels qui représentent la diversité du paysage canadien. En arrivant sur place, faites connaissance avec le parc en arrêtant au centre d'accueil. Faites une randonnée d'interprétation pour apprendre à connaître les zones écologiques particulières du parc. Attardez-vous également au point de vente géré par une association coopérative locale, telle que Friends of Yoho ou Friends of Point Pelee ; les quelques articles que vous y achèterez permettront à cet organisme de soutenir les programmes de conservation du parc, et ils vous aideront à mieux connaître les parcs et l'environnement.

FAITES CONNAÎTRE VOTRE OPINION !

Le gouvernement est responsable à la fois de la création de nouveaux parcs nationaux et de la préservation des parcs existants. Il existe divers représentants du gouvernement, dont le ministre fédéral responsable des parcs nationaux, votre député(e) local(e) et le directeur du parc, à qui vous pouvez transmettre votre point de vue. Écrivez-leur pour exprimer votre appui au projet d'établissement d'un parc national, votre opposition à la perte incessante d'espaces de parcs au profit du développement ou encore votre préoccupation à propos d'un problème particulier touchant un parc national qui vous est familier ou que vous avez visité. Demandez une réponse et, si vous n'êtes pas satisfait, écrivez de nouveau.

position de divers sites protégés qui nous permettent de raviver constamment notre amour et notre compréhension de la nature. Notre tâche est maintenant de faire porter notre regard au-delà des limites des parcs et d'appliquer le même niveau d'attention et de respect à l'ensemble du paysage canadien.

COMMENT CHACUN PEUT FAIRE SA PART

On peut obtenir gratuitement deux importantes publications, *Une vision des zones protégées pour le Canada* et *Projet de réseau des parcs nationaux*, en en faisant la demande à l'informathèque d'Environnement Canada, Ottawa (Ontario) K1A 0H3.

PHOTOGRAPHIES

Toutes les photographies sont de J.A. Kraulis, sauf indication contraire.
Mike Beedell : 17, 65, 92, 94, 112, 117, 172, 174, 218
Mike Beedell / Parcs Canada : 124
Claude Bouchard : 22, 91, 95
Pauline Brunner : 19
Ralph Brunner : 108, 113, 115, 116
T.W. Hall / Parcs Canada : 160, 162
Wayne Lynch : 74, 135, 136
Wayne Lynch / Masterfile : 179
Wayne Lynch / Parcs Canada : 132, 144, 147, 152, 171, 195, 205
P. McCloskey / Parcs Canada : 204
S. Mackenzie / Parcs Canada : 190
Kevin McNamee : 161
Pat Morrow : 75, 111, 114, 153
Brian Milne / First Light Associated Photographers : 73, 146
Parcs Canada : 126, 134, 137, 140, 143, 145, 156, 170, 178, 180, 183, 186, 188, 191, 197
P. St-Jacques / Parcs Canada : 166, 168
J. Stevens / Parcs Canada : 158
Ed Struzik : 120
John de Visser : 189
Darwin Wiggett / First Light Associated Photographers : 71, 72, 133

BIBLIOGRAPHIE SÉLECTIVE

Berger, Thomas R. *Northern Frontier, Northern Homeland*. Vancouver, Douglas and McIntyre, 1977.

Brown, Robert Craig. « The Doctrine of Usefulness : Natural Resources and National Park Policy in Canada, 1887-1914. » In J.G. Nelson. *Canadian Parks in Perspective*. Montréal, Harvest House Limited, 1969.

Canada. Ministère des Approvisionnements et Services. *Rapport sur l'état des parcs, Tome 2 : 1990 Profils*. Ottawa, 1991.

Catlin, George. « An Artist Proposes a National Park ». In Roderick Nash. *The American Environment*. Don Mills (Ontario), Addison-Wesley Publishing Company, 1976.

Chrétien, Hon. Jean. « Foreword ». In John Theberge. *Kluane : Pinnacle of the Yukon*. Toronto, Doubleday Canada Limited, 1980.

Foster, Janet. *Working for Wildlife : The Beginning of Preservation in Canada*. Toronto, University of Toronto Press, 1978.

Henderson, Gavin. « The Role of the Public ». In J.G. Nelson. *Canadian Parcs in Perspective*. Montréal, Harvest House Limited, 1969.

Leopold, Aldo. *A Sand County Almanac*. New York, Ballantine Books, 1966.

Lopez, Barry. *Arctic Dreams*. Toronto, Collier Macmillan, 1986.

Lothian, W.F. *Petite histoire des parcs nationaux du Canada*. Ottawa, Ministère des Approvisionnements et Services, 1987.

Marcia, Kaye. « Pick Me ! Pick Me ! » *Canadian Living*. Vol. 18, No 9, septembre 1993.

Marty, Sid. *A Grand and Fabulous Notion : The First Century of Canada's Parks*. Toronto, NC Press Limited, 1984.

Nash, Roderick. « Wilderness and Man in North America ». In J.G. Nelson and R.C. Scace. *The Canadian National Parks : Today and Tomorrow*. Calgary, University of Calgary, 1969.

Page, Robert. *Northern Development : The Canadian Dilemma*. Toronto, McClelland and Stewart, 1986.

Rowe, Stan. *Home Place : Essays on Ecology*. Edmonton, NuWest Publishers Limited, 1990.

Runte, Alfred. *Yosemite : The Embattled Wilderness*. Omaha, University of Nebraska Press, 1990.

St-Amour, Maxime. *Forillon National Park*. Vancouver, Douglas and McIntyre. 1985.

Stephenson, Marylee. *Canada's National Parks : A Visitor's Guide*. Scarborough (Ontario), Prentice-Hall Canada Inc., 1991.

Union internationale pour la conservation de la nature. « Monitoring the State of Conservation of Natural World Heritage Properties ». Rapport préparé par l'UICN pour la réunion du Comité du patrimoine mondial tenue à Carthage, en Tunisie, du 9 au 13 décembre 1991.

Van Tighen, Kevin. « Waterton : Crown of the Continent ». *Borealis*. Vol. 2, No 1, 1990.

Waiser, Bill. *Saskatchewan's Playground : A History of Prince Albert National Park*. Saskatoon, Fifth House Publishers, 1989.

Wareham, Bill. *British Columbia Wildlife Viewing Guide*. Edmonton, Lone Pine Publishing, 1991.

Woodcock, George. *The Century that Made Us : Canada 1814-1914*. Toronto, Oxford University Press, 1989.

Acte concernant le Parc canadien des Montagnes
   Rocheuses, 21
Aksayook (col), 124
Alberta Wilderness Association, 25
Alberta (plateau de l'), 194
Algonquin Wildlands League, 25
Annexe côtière, 158
Appalaches (zone des), 97-98
Archipel-de-Mingan (réserve de parc national de l'),
   26, 89, 132, 167-168
Arctic Dreams, 110, 122
Association des Inuit du Labrador, 210
Athabasca (glacier), 156
Aulavik (parc national), 109, 121-122, 212, 213
Auyuittuq (réserve de parc national), 26, 77,
   122-124
Avalon (parc sauvage), 98

Baffin (île de). *Voir* Nord-de-l'Île-de-Baffin
baie d'Hudson (plaines de la), 77-78
Banff (parc national), 20-21, 24, 25, 27, 124-127,
   203, 216
Banff-Windermere (promenade), 162-163
Banks (île), 121-122
bas-plateau atlantique de l'est de Terre-Neuve
   (région naturelle du), 190
bas-plateaux boréaux du Nord
   (région naturelle des), 209
bas-plateaux atlantiques (région naturelle des), 157
basses-terres de la rivière des Esclaves, 194-195
basses-terres de l'Arctique (région des), 109-110
basses-terres d'Hudson et de James
   (région naturelle des), 210
basses-terres de Géorgie (région naturelle des),
   35-36
Bay du Nord (parc sauvage), 29, 98
Beausoleil (île), 143
Beaver (collines), 133
Bennett (barrage), 195, 204
Berger, Thomas, 110
biosphère (réserves de la), 16, 185, 187, 194, 209
Bouclier canadien, 77-78, 143
Bow (vallée de la), 126
Bowron Lakes (parc provincial), 48
Bras est du Grand lac des Esclaves
   (parc national du), 77, 209
Britanniques (monts), 153
British Columbia Wildlife Viewing Guide, 48
British Columbia Forest Service, 170
Broken Group (îles), 175
Bruce, Robert Randolph, 162
Bruce (sentier), 130
Burgess, A.M., 22
Burgess (schistes argileux de), 197
Bylot (île), 173

Cabot Trail, 98, 130
Canadian Parks Partnership, 219
Canadien Pacifique (chemins de fer du), 20-22,
   47, 145
cap St. Mary's (colonie d'oiseaux de mer du), 98
Cap-Tourmente (réserve faunique nationale du), 89
Caribou et Birch (monts), 195
Carmanah (vallée), 35-36, 204
carnivores (secteur de conservation des), 126
Carpenter, Edmund, 110
Carson, Rachel, 25
Castle-Crown Wilderness Coalition, 216
Cathedral Grove, 35
Catlin, George, 18, 20
centre de la région de la toundra, 209
chaîne côtière du Pacifique (région naturelle de la),
   175
Charest, Jean, 212
Chic-Chocs (monts), 97
Chrétien, Jean, 25-26, 167, 208
Churchill (parc national projeté), 210, 212
Churn (ruisseau), 208
Clayoquot (détroit de), 17, 28, 36, 204
Clinton, Bill, 154
collectivités locales, 213, 215
collines de la toundra (région naturelle des), 208
Colombie-Britannique (gouvernement de la), 29,
   36, 59, 151, 162
Columbia (chaîne du), 47, 144-145, 169-170
Columbia (montagnes du).
   Voir Columbia (chaîne du)
Commission Brundtland, 17-18
Commission mondiale sur l'environnement et le
   développement, 17-18
Conseil consultatif canadien de l'environnement,
   18, 205
conservation, 23, 205-208, 219
Crown of the Continent Society, 194, 203-204,
   215-216
Cyprus (parc provincial du lac), 129-130

Dalway (la maison), 183-184
Daly, T.M., 22
Delkatla Slough, 36
Diefenbaker, John, 181
Direction des parcs fédéraux. *Voir* Parcs Canada
Dome Petroleum, 89
Dorcas (réserve naturelle de la baie), 129
dunes de sable de l'Athabasca (parc sauvage des), 78
Ecosystème élargi de Fundy (projet de l'), 141, 215
Elk Island (parc national), 23, 70, 133-134
Endangered Spaces: The Future for Canada's Wilderness,
   218
Enquête sur le pipeline de la vallée du Mackenzie,
   110, 191

est de la région des glaciers de l'Extrême-Arctique
   (région naturelle de l'), 110, 135
est des basses-terres de l'Arctique
   (région naturelle de l'), 109, 173
États-Unis, 18, 20, 24, 154, 192

Fathom Five (parc marin national), 89, 129-130
Federation of Ontario Naturalists, 129
Fédération Tungavik de Nunavut, 137, 173
Fédération canadienne de la nature, 16, 59, 148,
   161, 205, 209, 212, 218, 219
Flowerpot (île), 89, 144
Fonds mondial pour la nature, 16, 28, 70, 205, 208,
   218
forêt pluviale, 28, 35-36, 151, 175
forêt carolinienne (zone de la), 89
Forêt modèle des contreforts (projet de), 157
Forillon (parc national), 25, 27, 97, 132, 138
Fort Conger, 137
Frame, Al, 25
Fraser, John A., 22
Friends of the Stikine, 59
Frontenac (axe de), 188
Fulton, Jim, 212
Fundy (parc national), 18, 97-98, 140-141, 215

Garry Oak Meadow Group, 36
Gaspésie (parc provincial de la), 97
Glacier Bay (parc national américain), 161
Glacier (parc national américain), 192
Glaciers (parc national des), 21, 48, 144-145, 169
Glaciers (promenade des), 156
Godsal, Frederick, 193
Gould, Stephen Jay, 197
gouvernement fédéral : sites de parcs nationaux
   projetés, 212 ; engagement envers les parcs
   nationaux, 201, 208 ; création de parcs nationaux,
   16, 25, 213 ; juridiction des parcs nationaux, 204 ;
   règlements de revendications territoriales avec les
   peuples autochtones, 26-28, 60, 109, 122, 137,
   151-152, 153, 161, 168, 172, 173, 191, 208, 210,
   213 ; parcs marins, 97 ; transferts de parcs
   ontariens au, 129, 184 ; aménagements pour les
   visiteurs, 205
Green Gables (maison). *Voir* Pignons verts
Grey Owl, 181
Gros-Morne (parc national du), 15, 27, 98, 132,
   148-149
Groupe des Sept, 143
Guillaume-Delisle (lac), 209-210
Gulf (îles), 203, 212
Gwaii Haanas (réserve de parc national), 18, 26, 28,
   35, 36, 151-152

Habel, Jean, 196

Haïdas, 26-28, 151-152
Hamber (parc provincial), 127
Hamilton, Alvin, 24-25
Harkin, James Bernard, 23-24
Hautes-Gorges (site des), 209, 213
hautes-terres laurentiennes (région naturelle des),
   209
hautes-terres de l'ouest de Terre-Neuve
   (région naturelle des), 148
Hautes-Terres-du-Cap-Breton (parc national des),
   23, 34, 98, 130-132
Hazen (lac), 135, 137
Hind, Henry Youle, 186

Île-d'Ellesmere (parc national de l'), 28, 109,
   135-137, 212
Île-du-Prince-Édouard (parc national de l'), 98,
   183-184
Île-du-Prince-Édouard (gouvernement de l'), 183
Îles-de-la-Baie-Georgienne (parc national des), 23,
   77, 89, 143-144
Îles-du-Saint-Laurent (parc national des), 23, 77,
   188-189
Inuit, 26, 109, 122, 173, 210
Ivvavik (parc national), 18, 20, 59, 60, 69, 152-154,
   192

Jasper (parc national), 23, 127, 154-157

Kejimkujik (parc national), 18, 25, 97, 157-158
Khutzeymateen (vallée), 35
Kicking Horse (rivière), 196, 197
King, Mackenzie, 180-181
Kluane (réserve de parc national), 26, 59, 160-161
Kootenay (parc national), 127, 162-163
Kouchibouguac (parc national), 27, 97, 98, 163-164

L'Anse-aux-Meadows, 98
La Mauricie (parc national de), 25, 77, 166-167
Lacs-Kootenay (réserve forestière des), 193
Lacs-Waterton (parc national des), 16, 22, 23, 24,
   48, 192-194, 216
Lancaster (détroit de), 109, 174
Leopold, Aldo, 201
Lincoln, Abraham, 20
Little Limestone, 212
Loi sur les terres fédérales, 154
*Loi sur les parcs et les réserves forestières de la Puissance
   du Canada*, 23, 189
Long Beach, 175, 204
Long Point, 212
Long Range (monts), 98
Lopez, Barry, 110, 122
Louise (lac), 25, 124, 126

Macdonald, sir John A., 21, 216

Mackenzie (delta du), 69

Maligne (lac), 156

Manitoba (basses-terres du), 69-70, 212

Manitoba (escarpement du), 186

Manitoba (gouvernement du), 186, 212, 213

Maritimes (hautes-terres acadiennes des), 97, 130, 140

Maritimes (plaines des), 163

Maritimes (région naturelle de la plaine des), 97, 98

Marsh (delta), 70

McCabe, Franklin, 20

McCardell, William et Thomas, 20

McMillan, Tom, 28, 212

Mealy (monts), 209

Megin (vallée de la rivière), 36

Menissawok (parc national), 23, 24

Mercy (baie), 121

Micmacs (Indiens), 157

Mississauga (Indiens), 188

mont Saint-Hilaire (réserve de la biosphère du), 89, 90

Mont-Assiniboine (parc provincial), 127

Mont-Edziza (parc sauvage provincial), 59

Mont-Revelstoke (parc national du), 48, 169-170

Mont-Riding (parc national du), 16, 23, 27, 70, 186-187, 203

Mont-Robson (parc provincial), 127

Mont-Royal (parc du), 90

montagnes de l'Ouest (zone des), 47-48

montagnes Rocheuses (parc des).
    Voir Banff (parc national)

montagnes du nord du Labrador
    (région naturelle des), 210

montagnes Rocheuses du Canada (parc des), 15, 127

monts Mackenzie (région naturelle des), 170, 172

Moresby-Sud (archipel), 26-28, 212

Musk Ox Way, 137

Nahanni (réserve de parc national), 15, 18, 26, 59-60, 170-172

Nakimu (cavernes), 144

Nash, Roderick, 24

Nations Unies, 15, 90, 187

Nemiskan (parc national), 23, 24

Niagara (escarpement du), 89-90, 129-130

Nord-de-l'Île-de-Baffin (parc national du), 173-174, 213

Nord-du-Yukon (parc national du).
    Voir Ivvavik (parc national)

Nord-Ouest (montagnes du), 59-60

Nouveau-Brunswick (gouvernement du), 164, 215

Nouvelle-Écosse (gouvernement de la), 132, 158

Nunavut, 173

O'Brien, Lucius, 22

O'Hara (lac), 197

Old Crow (plaines d'), 60, 191-192

Olmsted, Frederick Law, 90, 201

Ontario (gouvernement de l'), 129, 184

Orr, C.B., 143

ouest de l'Extrême-Arctique (région naturelle de l'), 109

ouest des basses-terres de l'Arctique
    (région naturelle des), 109, 122

Pacific Rim (réserve de parc national), 18, 26, 27, 35, 36, 151, 175-177

Pacifique (zone maritime du), 35-36

Page, Robert, 25

Paix et Athabasca (delta des rivières de la), 69, 195, 204

Paix (parc international de la), 192, 193

Palliser, capitaine John, 162

Parcs Canada, 23, 26-28, 35, 109, 110, 124, 127, 129, 132, 134, 137, 141, 146, 149, 157, 158, 164, 167, 168, 170, 172, 175, 177, 185, 194, 206, 209, 212, 215

parcs marins, 89, 151

parcs nationaux : peuples autochtones, 213 ;
    stratégies de conservation, 205-208 ; création,
    16-18, 213, 215 ; comment le public peut
    s'engager, 218-219 ; histoire, 20-29 ; maintien des
    valeurs, 215-216 ; gestion, 206 ; politique,
    201-202 ; menaces, 203-205

patrimoine mondial (sites du), 15, 48, 127, 152, 156, 161, 172, 194, 195

Péninsule-Bruce (parc national de la), 16, 27, 28, 89, 129-130

Penny (calotte glaciaire), 122

peuples autochtones : règlement des revendications
    foncières des, 26-28, 60, 109, 122, 137, 151-152,
    153, 161, 168, 172, 173, 191, 208, 210, 213

Pharis, Hilton, 216

Pignons verts (la maison aux), 183-184

pingos de Tuktoyaktuk (site canadien des), 69

plaines boréales du Nord (région naturelle des), 69, 194

plaines intérieures (zone des), 69-70

plaines et plateaux boréaux du Sud
    (région naturelle des), 69-70, 133, 180, 186

plateau lacustre boréal (région naturelle du), 209

plateau intérieur (région naturelle du), 208

Pointe-Pelée (parc national de la), 15, 17, 23, 89-90, 177-179, 215

Polar Bear (réserve nationale de faune du col), 110

prairies, 69-70

Prairies (parc national des), 18, 20, 27, 70, 146-148, 212, 219

Prince-Albert (parc national), 18, 23, 70, 180-181, 206

Pukaskwa (parc national), 26, 77, 184-185

Québec (gouvernement du), 25, 78, 167, 209-210, 213

Rabbitkettle (sources thermales), 60

Ramsar (sites), 15, 90, 98, 178, 195

région boréale de la côte de l'Est, 209

régions sauvages : de l'Arctique, 109-110, 121-122 ;
    protection des, 24-25, 212 ; Pukaskwa, 184-185 ;
    réserves, 17, 59 ; pression des activités humaines,
    202-203

Reine-Charlotte (îles de la), 151-152, 212

Reine-Maude (sanctuaire d'oiseaux migrateurs
    du golfe de la), 77

réserve nationale de la faune de l'Arctique, 154, 192

réserve de bisons du Mackenzie, 69

Richardson (monts), 153

Robson Bight (réserve faunique d'épaulards de), 35

Rocheuses (montagnes), 47-48, 162

Rogers (col de), 47, 144-145

Rowe, Stan, 17

Sachs Harbour, 121-122

Saint-Laurent (zone des basses-terres du), 89-90, 167, 177

San Cristoval (monts), 151-152

Sand County Almanac, 201

Saskatchewan (gouvernement de la), 78, 146-148

Saskatchewan Natural History Society, 147

Saskatchewan's Playground : A History of Prince Albert
    National Park, 180

sentier de la Côte ouest, 175, 204, 205

Sierra Club of Western Canada, 36, 177

Silent Spring, 25

Simpson, sir George, 47

Société canadienne de conservation de la nature,
    192, 219

Stanfield, Robert, 158

Stikine (rivière), 59, 60

stratégie de conservation mondiale, 17-18

Strathcona (parc provincial), 28, 36

Suffield (base des Forces canadiennes de), 70

Tatshenshini (parc sauvage provincial), 29, 59

Terra-Nova (parc national), 98, 189-190

Terre-Neuve (gouvernement de), 29, 98, 190, 210, 213

Territoires du Nord-Ouest (gouvernement des), 60, 135, 213

Thelon (sanctuaire faunique), 77

Thompson, David, 47

Thomsen (bassin de la rivière), 121-122

Torngat (monts), 210

tourisme, 23-24, 25, 97, 124, 130, 137, 138, 143-144, 167, 179, 184, 201, 205, 206, 208

Transcanadienne, 48, 145, 216

Trudeau, Pierre Elliott, 26

Tuktut Nogait (parc national), 208

Valerie (grotte), 172

Valhalla Wilderness Society, 59

Van Horne, William Cornelius, 20

Van Tighen, Kevin, 204

Virginia, chutes, 59, 170, 172

Vuntut Gwitchin du Yukon (première nation des), 191

Vuntut (parc national), 15, 60, 191-192, 213

Wager (baie), 209

Waiser, Bill, 180

Ward, Israel Raymond, 20

Wareham, Bill, 48

Wawakesy (parc national), 23, 24

Wells Gray (parc provincial), 48

Western Brook (étang), 98, 149

Wilderness Act (É.-U.), 24

Witless (colonie d'oiseaux de mer de la baie), 98

Wonderful Life : The Burgess Shale and the Nature of History, 197

Wood Buffalo (parc national) 15, 18, 23, 24, 69-70, 194-196, 203, 216

Woodcock, George, 22

Woodland Caribou (parc sauvage), 78

Woodley, Stephen, 18, 215

Wrangell - St. Elias (parc national), 161

Yellowstone (parc national américain), 20, 21

Yoho (parc national), 21, 127, 196-197, 205

Yosemite (parc national américain), 20, 90, 201

Yukon Conservation Society, 161

L'auteur désire remercier les nombreux employés
de Parcs Canada qui ont généreusement révisé
la description des divers parcs et offert des
suggestions, le personnel des éditions
Key Porter Books ainsi que Jacinthe Séguin
pour leur soutien littéraire, J. David Henry
qui lui a donné sa première chance d'agir
comme lobbyiste en faveur des parcs nationaux
et, enfin, Bob Peart et John Theberge
qui ont vu à ce qu'il en tire le maximum.

Design : Scott Richardson
Typographie et mise en pages : Ateliers de typographie Collette inc.